山と溪谷社

沢登り

山と溪谷社 編

Contents

ヤマケイ登山学校

沢登り

グラフ 水と戯れる……4
沢登りQ&A……6

Part 1
沢登りの始め方……9
沢登りとは……10
沢登りに必要なスキル……14
沢登りの適期……16
沢登りに行こう ①ルートの情報を収集する……18
②山行計画を立てる……20
遭難対策……22
装備一覧……23
コラム1 原始性・創造性に魅せられて～私の沢登り始め～……24

Part 2
沢登りの装備……25
沢登りに必要な装備……26
ウエアと足回り……28
身の安全を守る装備……30
そのほかのアイテム……32
コラム2 身近なものを沢登りに生かす～ホームセンターで手に入る便利な道具たち～……34

Part 3
沢登りの読図……35
沢の地形……36
地図の準備……40
地図を使う……42
遡行図とは?……44
遡行図を書く……46
コラム3 沢登りとGPS……48

Part 4
遡行技術……49
沢を歩く……50
岩場の通過……52
流れを渡る……55
泳ぐ……58
高巻き……62
ヤブこぎ……64
雪渓の通過……66
コラム4 雪渓と水量に阻まれて～沢登りの失敗談～……68

Part 5

ロープの登攀と下降技術……69

ロープを使う……70
登攀に必要な装備……72
登攀技術……74
支点のとり方……76
確保支点の構築……78
フォロワーのビレイ……80
リードクライマーのビレイ……82
3人以上の登攀技術……83
懸垂下降……84
懸垂下降までの準備……86
下降する……88
アセンディング① フリクションヒッチを使う……89
② ビレイデバイスのガイドモードを使う……90
仮固定……91
そのほかの技術……92
ロープワーク……95
コラム5 沢登りとクライミングの違い ～冒険的な登攀で未知の世界へ～……106

Part 6

沢のリスクマネジメント……107

沢にひそむリスク……108
落石……110
転落・滑落……111
水の危険……112
動植物の危害……114
負傷箇所の処置……116
レスキュー技術……118
コラム6 滑落～沢における事故から～……120

Part 7

沢に泊まる……121

沢に泊まる楽しみ……122
泊まるための装備……124
装備を濡らさないパッキング術……126
タープの張り方……128
ツエルトの張り方……130
焚き火……132
山菜……134
キノコ……136
渓流釣り……138
コラム7「四〇センチオーバーの夏」～爆釣の奥利根遡行～……142

Part 8

全国沢登りガイド……143

北海道……144
東北……146
南会津・上越……149
首都圏……152
日本アルプス……154
西日本……156
海外の沢……159

水と戯れる

水を浴び、岩を攀り、
見上げれば青い空。
青々と茂った木々の緑が染み渡る。
森に、渓に抱かれ遊ぶ、
沢登りの世界へ、ようこそ。

みずみずしい樹林、木漏れ日を浴びて輝く渓（二口山塊・大行沢）

岩や緑、水がつくりだす、日本庭園のような風景
（北アルプス・赤木沢）

真夏は泳ぎの沢も楽しい（朝日連峰・東大鳥川 西ノ俣沢）

初心者・初級者の悩み解決！

沢登り Q&A

沢登りに興味がある、始めてみたい。でも未知のジャンルで疑問がたくさん……。少しでも不安なく、楽しく始められるよう、沢登り初心者・初級者の、よくある疑問をピックアップした。

Q1 沢登りにはどのような知識・技術が必要になりますか。身につけるにはどうしたらいいでしょうか。

沢登りは登山の総合力が必要といわれます。滑る岩や不安定な石の上を歩く技術、通過困難な滝などでのルートファインディング、精度の高い読図。さらに泳ぎや徒渉、雪渓処理など沢登り独自の技術もありますし、滝の登攀や悪場の登下降にはロープワークが必要です。これらの技術を独学で身につけるのは難しいので、沢登りの講習会や登山教室、沢登りを随時行なっている山岳会に入会するなど、技術や知識のある人から学ぶことが望ましいです。

「沢登りに必要なスキル」P14

Q2 初心者ですが、行く沢はどうやって選んだらよいでしょうか。

慣れていないうちは、水量が少なく難しい滝の少ない、日帰りで遡行できる初級の沢が安心して楽しめます。沢登りのルート集には滝の登攀や泳ぎの要否など、沢登りの要素を考慮した難易度が記載されています。インターネットで見られる個人の山行記録は、沢の直近の状況を調べるのに役立ちます。少し慣れてきたら、沢登りの経験者と、初級の沢で幕営するのもいいでしょう。沢で泊まる体験をすると、沢登りがいっそう好きになると思います。

「沢登りの適期」P16／「沢登りルートの情報収集」P18

Q3 沢登りを一緒に楽しめるパートナーや仲間はどうやって見つけたらいいでしょうか。

沢登りの経験や知識のある友人・先輩がすぐ見つかれば話は早いのですが、沢登りを楽しむ人口は多くなく、見つかりにくいのが現状です。山岳団体や登山用品メーカー、山岳ガイドなどが開催する沢登り講習会を受講し、そこで経験を積みながら仲間を見つける方法があります。同じような目的、技術レベルの受講生がパートナーになりえます。継続的に技術を学び、スキルアップをしていきたいなら、沢登りを多く実践している山岳会への加入も一案です。

「講習会や山岳会」P14

Q4 沢登りを始めるために、必要な装備は何でしょうか。

通常の登山と異なるのが足回り。水に濡れ、滑りやすい沢登りでは、沢登り専用の沢靴が必要になります。沢靴に合わせて靴下（ネオプレーンのソックスなど）も用意します。また、すねを保護するネオプレーンのスパッツもあるといいでしょう。とはいえ、実は足回り以外は、通常の登山やクライミングと共通で使うことができる服装や装備が多いです。服装に関しては、水と接する時間の長い沢登りでは、速乾性や保温性を特に重視しています。

「沢登りの装備」P25

登れる美しい滝が次々と現われる（北アルプス・赤木沢）

Q5 沢登りのルートはどのようにして判断していますか？

沢には明確な登山道が設けられていません。人の多く訪れる有名な沢なら、わかりにくい場所に目印のテープがついていることもあるのですが、何もないと考えたほうがいいでしょう。沢登りでは、地形と地形図を照らし合わせながら、現在地を把握し、進む方向を判断します。特に、水流がなくなり地形の判別が難しい源頭では緻密な読図が必要です。滝やゴルジュなど地形の詳細な情報は、沢の要素を図式化して表示した遡行図（トポ）が参考になります。

「地形図を使う」P42 ／「遡行図」P44

押し流されないよう、慎重に流水の中を進む（吾妻連峰・前川大滝沢）

Q6 ほとんど泳げないのですが、沢登りに興味があります。

淵やトロで悠々と泳いだりゴルジュを突破したり。泳ぎは沢登りの楽しみのひとつで、泳げるに越したことはありませんが、まったく泳がなくても遡行ができる沢はたくさんあります。深い淵やゴルジュがあっても、へつったり巻き道を使って通過できるところもあります。泳ぎの得意なメンバーに突破してもらい、ロープで引いてもらいながら泳ぐこともできるでしょう。「水に浸かるのが怖くて無理」でなければ、沢を選び楽しむことは充分可能です。

「ルートの選び方」P18／「泳ぐ」P58

赤々と燃える火は体を温めるだけでなく、心も癒やしてくれる

Q7 沢の中で大ケガをした場合、対処できるか不安です。

沢登りでも通常の登山でも、事故があった場合の対処は同じです。事故者（傷病者）の状況を確認し、応急処置を行ない、自力下山の可否を判断し、自力下山が難しければ救助要請となります。沢の中では携帯電話による救助要請ができない場合が多く、救助機関のアプローチも難しいため、救助に時間がかかるものです。少なくとも一次救命処置や応急処置を自分たちで確実にできるよう、救急法などセルフレスキューの技術を身につけておきたいものです。

「救助要請」P109／「レスキュー技術」P118

Q8 沢で泊まる場合、どこに泊まって、何をしているのですか？

沢にはキャンプ指定地がなく、広く平坦で、増水や落石などの心配がない安全で快適な場所を選んで泊まっています。泊まる場所を決めたら、整地をしてタープやツエルトを張り、焚き火をするための薪を集めます。焚き火で体を温め、濡れたウェアを乾かし、食事をして休息をとり、翌日に備えます。焚き火を囲んでの食事、星空を見上げながら仲間と語らう時間は、沢登りの醍醐味のひとつでもあります。焚き火の後始末はしっかり原状回復を行ないます。

「ビバークポイント」P123／「焚き火」P132

Part 1

沢登りの始め方

沢登りとは……10
沢登りに必要なスキル……14
沢登りの適期……16
沢登りに行こう① ルートの情報を収集する……18
沢登りに行こう② 山行計画を立てる……20
遭難対策……22
装備一覧……23
コラム1　原始性・創造性に魅せられて
～私の沢登り始め～……24

■監修／後藤真一（登山学校主宰）

沢登りとは

森と渓谷美を味わう、原始性・創造性の世界

行く手にどんな景色が待っているのか心が躍る（奥只見・恋ノ岐川）

沢登りとは「沢に沿って山を登る」登山スタイルである。

日本は国土の約7割が山地や丘陵地という「山の国」であり、四季があって豊富な降水がある「水の国」でもある。雨が豊かな森と谷をつくり、日本の各地には幾多の渓谷が存在する。

河原を歩き、水に浸かりながら進み、ときに滝を登り、淵を泳ぐ。沢登りとは、渓谷を舞台に水と戯れ、森を味わう登山だ。

自然と一体になり未知の世界をたどる

沢登りの舞台は手つかずの渓谷である。うっそうと木々が茂る森、時折姿を現わす動物、美しく、ときに恐ろしいほどの勢いをもつ水流。自然災害の爪痕にぞっとすることもある。

川のせせらぎ、風が木々を揺らす音、鳥のさえずりやシカの鳴き声。雨上がりに立ちのぼる森の匂い。深い森に抱かれて遡行し、自分が自然のなかにある小さなひとつの存在でしかないことを感じる。自然との一体感は、沢登りの大きな魅力だ。

整備された登山道はなく、たどるルートも泊まる場所も、すべて自分たちで判断する。沢登りは登山本来のもつ「冒険心」「探究心」を満たすものであり、「創造」の世界でもある。

たとえ多くの人が歩いている人気の沢であっても、水量や天候で沢の様相は大きく変わりうるもので、そのときどきで遡行者のルート取りがあり、そこは少なからず創造の余地があるといえよう。

自分で判断をしながら進むことは、自由に山を楽しむことができると同時に、自己責任の困難もつきまとう。

頼れるのはこれまでに培った知識と技術と経験のみ。体力、ルートファインディング、悪場を通過するクライミング力など、登山の総合力が要求される沢登りだが、困難を克服し、遡行を終えたときには、格別の達成感、充足感をもたらしてくれるだろう。

沢登りの世界を知る

渓を旅する

沢に泊まりながら、数日かけての遡行。河原歩きからゴーロ、滝や淵、連瀑帯を経て最初の一滴へ。山麓から沢の一生をたどりながら原始の森を満喫する

泳ぎの沢

淵やゴルジュ、大きな釜を泳いで突破するのは沢登りの醍醐味のひとつ。泳ぐ、飛び込む、ウォータースライダーなど、真夏は水とたっぷり戯れる沢が楽しい

ゆるやかな沢

どこまでも続くようなナメ、穏やかな水の流れ。木漏れ日を浴び、冷たい水に足を浸し、樹林の美しさに目を留めながら歩くウォーターウォーキングが心地よい

日本の沢登りの歴史

沢登りを目的とした登山の発祥は大正時代。黒部渓谷に魅せられた冠松次郎（かんむりまつじろう）は、大正時代末期から昭和初期にかけて黒部渓谷を踏査した。登頂のために登山道として沢を遡行するのではなく、渓谷を探り、愛でることを目的とした冠の遡行が、沢登りの始まりといわれている。

時を同じくして、登山家の田部重治（たなべじゅうじ）は奥秩父で森林と渓谷の美しさを見いだしている。

その後、沢登りは登山の一形態として日本各地に広まった。戦後には地域研究として、特定の地域の沢の踏査に精力的に取り組む社会人山岳会や個人も多く現われ、一方で、大滝登攀や険谷突破など、挑戦的な沢登りに取り組む先鋭的なクライマーも登場した。沢登りの世界は多彩な広がりを見せ、美しい森と渓をもつ日本ならではの登山形態として、連綿と受け継がれている。

近年では意欲的な遡行家により、台湾やニュージーランドなど海外での沢登りも行なわれており、沢登りの舞台は日本を飛び出し世界の渓谷へと広がりを見せている。

渓を舞台に多彩な楽しみが広がる

ひと言で「沢登りが好き」といっても、沢登りに何を求めるかは人それぞれだ。

大滝登攀やゴルジュ突破は沢登りの華であり、沢ヤの憧れでもある。ロープを引き、水しぶきを浴びながら大滝を登っていく。長く薄暗いゴルジュの中をじわじわと泳いで進む。ラインを見いだし、突破できたときの高揚感はひときわだ。

一方で、穏やかな渓谷を旅のように歩いて楽しむのも沢の醍醐味。渓流釣りやキノコ狩りなどを楽しみ、河原で焚き火をし、星空を眺めながら過ごす一夜。つめ上がり、源流の一滴にたどり着いたとき、充足感がじわりと込み上げる。

沢に慣れ、経験を積んできたら、名もなき沢を探し歩いてみるのもよい。人気の山域から離れ、情報の少ない沢を訪ねる。地図を頼りに、その先に何が待っているのか、ワクワクしながら沢をたどるのは宝探しのような喜びがある。

どれもみな沢登りの要素であり、沢登りの楽しみのひとつである。

渓流釣りを楽しむ
渓流釣りは沢登りの魅力のひとつだ。狙った場所にエサを飛ばし、釣り上げた瞬間の喜びは得がたいものがある。その日に食べる分を釣り、焚き火で焼いて味わうのは至福のひととき

山の幸を味わう
春はコゴミ、タラノメ、コシアブラなどの山菜、秋はマイタケやナメコなどのキノコ。山行の途中で出合うと思わず笑顔がこぼれてしまう。文字どおり「天然もの、旬の食材」だ

キャニオニングとは?

谷の水流に沿って下るウォータースポーツで、19世紀後半にヨーロッパアルプスで地質調査のために谷を下ったのが発祥といわれる。1980年代にフランスでブレイクして世界中に広がり、日本にも90年代に入った。

その魅力は、下からでは遡行不能のゴルジュの奥の院に入ることができることであり、激流を泳ぎ滝に飛び込むことは高揚感と爽快感を生む。しかし沢登りならば引き返すことが可能だが、キャニオニングは戻れないので下りきることが唯一の生きる道というリスクがあり、危険度は沢登りよりも高い。ロープを多用する技術は沢登りとは別の技術体系であり、沢登りの延長でできるとは思わないでほしい。最初はキャニオニングガイドの指導を受けるのが望ましい。

下り方：水に浸かって流れに乗っていく。飛び込み、懸垂下降し、スライディングする。終日水に浸かるのでウエットスーツの着用を。渦に巻き込まれても水に浮くようにライフジャケットの着用をすすめる。水中をよく確かめること。岩に当たって足や腰の骨折、頭部強打、さらに水中の鋭い流木端に串刺しになったり岩の下の流れに吸い込まれて溺れる可能性もある。

キャニオニングに適した谷：連瀑あるいはゴルジュの谷が対象になる。奥美濃（おくみの）の川浦（かおれ）谷流域、紀伊半島の大台ケ原、大峰、南紀に優れた谷が多い。九州の大崩（おおくえ）山の祝子（ほうり）川流域や屋久島もすばらしい。（茂木完治）

大台ケ原の大峡谷、圧倒的なスケールに心が躍る

篤志家の沢

困難を極める大滝やゴルジュへ、果敢に挑む沢のエキスパートたちがいる。高いレベルのクライミング能力を要する大滝や、水流が激しく脱出路も見いだせないゴルジュなど、通常では突破不能と思われていた悪場の通過を伴う高難度のルートが、技量のある意欲的な沢ヤたちによって遡行されている。

大滝登攀

もろい岩質、激しい水しぶき、乏しい支点。高度なクライミング技術に加え、確実なルートファインディング能力が必要（北アルプス・称名川ハンノキ滝）

ゴルジュ突破

岩と水流が織りなす自然の芸術ともいうべきゴルジュ。水温の低さや水流の強さに耐えて進み、抜け口では滝や壁の登攀に難儀する（越後・清津峡）

未知・未踏を求めて世界の渓谷へ

左から『渓谷登攀』（大西良治著／山と溪谷社）、『外道クライマー』（宮城公博著／集英社インターナショナル）、『新編増補 俺は沢ヤだ!』（成瀬陽一著／ヤマケイ文庫）

未知・未踏の谷を求めて、日本にとどまらず、世界を舞台に活動する遡行家たち。彼らの遡行記録がまとめられた著書があり、国内の登攀困難な大滝やゴルジュ、魅力的な大渓谷が名を連ねる台湾をはじめとする海外の沢など、手に汗を握るような臨場感あふれる記録を、迫力のある写真とともに見ることができる。称名川下ノ廊下や台湾の恰堪溪（チャーカンシー）など、複数の遡行家たちが関わっている遡行もあり、それぞれが記した記録を読み比べると、挑戦の過程や印象に残っている場面の違いが垣間見えて興味深い。

沢登りに必要なスキル

登山の「総合力」が高い精度で求められる

沢登りには滝や岩場、草付、泥壁、急流、ゴルジュ、雪渓などさまざまな要素があり、水に起因する沢登り特有のリスクもある。また、登山道のない沢では、確実な読図やルートファインディングが必要となる。沢登りのための技術は多岐にわたり、それぞれが高いレベルで求められるといえる。

沢登りの基礎技術

大前提となるのは歩行技術。沢登りで歩く場所は一般登山道のように整備されていないうえ、濡れて滑りやすくなっていたり、河原やゴーロ、ザレなど歩きにくい場所も多い。流れの中を歩く場合、水流の見極め、歩きやすい場所選びが必要だ。

危険な場所では、その都度ロープを出して通過することも多い。深い釜をもった滝の登攀、急斜面の高巻きやトラバース、沢床に下るための懸垂下降、激流の徒渉や泳ぎのときにもロープが使われる。

初級の沢だからロープは不要、と言いきれないのが沢登りだ。むしろ初級者ほど、悪場を安全に通過するためにロープを出す場面が多くなるだろう。ロープの使用が必要な場所で素早く準備をし、確実に通過できるように対処することが求められる。

経験者から学ぶ

沢登りの技術は、書籍など独学で学ぶには限界があり、現場で経験を積まなければ身につかないものだ。楽しい沢登りの第一歩は、豊富な経験があり、確かな技術をもつ人に指導を受けながら踏み出したい。

技術の習得には、山岳団体やガイドが実施している沢登り教室や講習会を利用するとよいだろう。沢登りの山行を多く行なっている山岳会の入会も一案だ。技術を学ぶことができるうえ、仲間が得られるメリットもある。

「連れていってもらう」沢登りから、自らが計画の主体となって楽しむ沢登りにステップアップできるのは、山岳会ならではだ。

沢登りの始め方

沢登り教室や講習会は、山岳団体やガイドが開催するものがある。技術を体系的に学べる複数回の教室や、テーマを絞った単発の講座、机上と実技を交えたものなどさまざまなので、目的に合ったものを選ぼう。登山用品メーカーなどが主催する体験会やガイド登山の利用も一案だ。

■遡行同人「渓游会」

谷を遡行し、滝の登攀、渓流釣り、山菜・キノコ採りなど、渓谷をフィールドにして自然を楽しむ同人組織の会。沢登りを主体に、岩、雪山、アイスクライミングなど季節に応じた活動を行なっており、山行を通じて技術や知識を学べる

■登山教室 Timtam

東京近郊の山を教室に、安全で楽しい山、そして時にワクワクする山（岩登り、沢登り、雪山）を講習する登山スクール。沢登り教室はロープワーク、不整地の歩き方、地図読みなどを通じて複合的に登山を学ぶ。日帰りの講座を個別に申し込む方式

■マウントファーム登山学校

丹沢の山をメインフィールドに、自立し、主体性をもった登山をめざす人を支援する登山教室。丹沢に精通した講師が沢登り、地図読み、クライミングの講習を行なっており、沢登りに必要な遡行、読図、ロープワークなどの技術を多角的に学ぶことができるのが魅力

■東京都山岳連盟

「沢を楽しく安全に登る」ために、必要な沢登りの歩き方、ロープワークなど基礎的な技術の習得をめざす、初心者を対象とした半年間の講座。月1回机上と実技講習あり。低体温症、熱中症についての机上講習、泊まりの沢で生活技術を学ぶ講習などもある

■山岳ガイド「風の谷」

山岳ガイド山田哲哉の主宰する登山教室。「アルピニスト講座」では自立した登山者を育てることを目的に、雪山、岩登り、沢登りを中心とした山行を行なう。沢登りは日帰りの初体験講習会や泊まりの沢を実施。希望の講習会や山行を個別に申し込む方式

■渓友塾

自立した沢ヤとして活動できる人材の育成をめざす、沢登りを専門に指導する学校形式の沢登り教室。活動期間は3～11月、年間カリキュラムに従って、日帰りから1泊程度の沢を実技講習として実施。講習場所は関東、甲信越および東北方面の沢。初級者コース、中級者コースあり

■神奈川県山岳連盟

沢登り、岩登り、縦走をテーマにした「登山教室」がある。沢登りは2日間の講座を年に数回実施し、各講座を個別に申し込む方式。初級、中級の沢が中心で、初日はロープワーク等の基礎技術の講習を行ない、翌日に遡行を行なう。初級、中級の講習は丹沢の沢で開催

沢登りの技術

遡行技術

河原、ゴーロ、濡れた岩や流れの中の歩行など、歩くだけでもさまざまなシチュエーションがある。歩行技術に加え、歩きやすい場所を選ぶルートファインディングも必要。さらに徒渉や泳ぎ、高巻き、ヤブこぎ、雪渓処理など、沢登りならではの技術が加わる【→P49】

読図

登山道のない沢では、確実に地形図を読み、現地の地形と照らし合わせて現在地を特定し、進むべき方向を判断しなくてはならない。さらに、アクシデント発生時のエスケープルートの判断、より安全なビバークポイントの選定などにも、精度の高い読図が必要となる【↓P35】

生活技術

沢での宿泊は増水や落石のリスクが少ない安全な場所選びから始まる。タープやツエルトの設営、焚き火など、沢登りならではの生活技術がある。釣りや山菜、キノコ狩りで得た山の幸は沢での食生活を豊かにする【→P121】

登攀・下降技術

滝の登攀だけでなく、急斜面のトラバース、懸垂下降など、沢登りではロープを使う場面が多い。素早く確実なロープワークが要求される。初級者ほど悪場を安全に通過するためにはロープワークが必要となる【→P69】

リスク管理

溺れや転落・滑落、増水、雪渓崩壊など沢登りにはさまざまなリスクが存在するが、事故発生時に沢の中でできることは限られる。事故が起きる要因を把握し、回避する行動をとることが重要だ。事故が発生した場合の対処も身につけなくてはならない【↓P107】

沢登りの適期

山域ごと、季節ごとの楽しみがある

積雪・水量で異なる適期

南北に長く、3000m級の山から標高500m以下の低山までそろう日本列島は、気候の違いにより沢登りに適した時期が山域ごとに異なる。

遡行適期を左右する要因のひとつが積雪だ。積雪の多い山域は遅くまで沢筋に雪渓が残る。上流域が雪で埋まっている間は沢登りに適しておらず、雪解けの時期は雪渓処理の難しさもあるため、遡行時期は雪解け後から新たに降雪が始まる時期までとなり、遡行適期が短い。

水量も遡行適期を決める要因。水を浴び、泳ぐ場面の多い水量の多い沢では、ある程度水温が上がらないと遡行に適さない。逆に、積雪が少なく、水量も多くない関東周辺、西日本の沢は、春先の4月から晩秋の10月下旬まで遡行が楽しめる。

手足に触れる水に冷たさを感じる芽吹き直後の時期、新緑の美しい初夏、つめ上げた湿原に花が咲き乱れる夏、積極的に泳ぎ、シャワークライミングを楽しむ盛夏、赤や黄色に彩られた樹林を愛でる秋。深い山の懐で四季折々の姿を楽しめるのも、沢登りのすばらしさだ。

5月

5月上旬は低山の芽吹きの時期。まだ気温は低いので、よく晴れて暖かい日を選んで、足慣らしを兼ねて短時間の日帰り沢へ。シーズン初めは岩がぬめって滑りやすいので注意

6月

梅雨時は低山から中級山岳の沢が美しい季節。木々の緑が深くなり、水をたっぷり含んだ苔がみずみずしい。水量も多くなり、小滝がダイナミックな景観になっていたりする

積雪の少ない山域例
（関東・西日本など）

遡行可

3月　4月　5月　6月

積雪の多い山域例
（東北・上越など）

遡行可

5月下旬

標高の高い上流部はまだ雪に覆われているので、低山で沢歩きを楽しんだり、山麓で山菜採りを楽しんだり。芽吹きの時期、雪解け直後の沢沿いにはコゴミやウドなどの山菜が顔を出す

6月下旬

北関東、東北南部の沢は遡行適期に。豪雪地帯の沢はまだ雪渓が残り、崩落の危険が高まる。積雪や気候により雪渓の状況は変わるので、通過の判断が難しい季節である

日本各地の遡行適期

■北海道

広大な面積を占める地域ゆえに、沢登りに適した時期は山域、標高、北面の沢か南面の沢かなどによって、大幅に変わる。一般的な言い方をすれば、6月下旬〜9月上旬となるだろう。毎年の降雪量に伴う融雪状況や、気温の推移に左右されることが多い。ひと夏を通じて、泳いだりシャワークライミングがしたいと思うほどの高温日に当たるのは片手でも余る。ほとんどは極力濡れるのを避けての遡行となる。

■東北

飯豊（いいで）連峰を除き、東北の沢の標高は低い。しかし雪国の沢は、雪代（ゆきしろ）（雪解け水）と雪渓から逃れられない。雪代が落ち着き、梅雨の明ける7月後半から10月上旬が遡行適期に

適期解説文／岩村和彦（北海道）、高桑信一（東北、南会津・上越）、宗像兵一（首都圏）、丸山 剛（日本アルプス）、吉岡 章（西日本）、片山 昂（西日本）

なるだろう。ただ、地形のおだやかな渓なら、梅雨入り前から入渓が可能になるはずである。標高の高い飯豊連峰と朝日連峰は、梅雨明けの天気の安定した時期を狙いたいものだ。

■南会津・上越

遡行適期は7月下旬～10月上旬。標高が低く、積雪の少ない下田・川内に限って6月上旬から遡行が可能。それ以外の山域は、いずれも渓が険しく増水が早いので、雪国と同じく梅雨明けを待ちたい。まして近年の局地豪雨の傾向を思えばなおのことだ。さらに標高の高い山ほど降雪が早いので、10月に入っても遡行が可能とはいえ、冬型の気圧配置が現われる前には遡行を終えたい。

■首都圏

降雪量の少ない首都圏の沢は、残雪量や水温、沢の方位（北面か、日当たりのよい南面か）や水量の多寡によって遡行可能時期が変わる。日原川上流部を除く奥多摩、丹沢、奥武蔵などは4月上旬ごろから、そのほかの山域は5月下旬ごろまでにはほとんどで遡行可能となり、11月までが遡行適期といえる。ただ房総や表丹沢、奥多摩の秋川水系の一部のように降雪がなければ一年中遡行できるところもある。

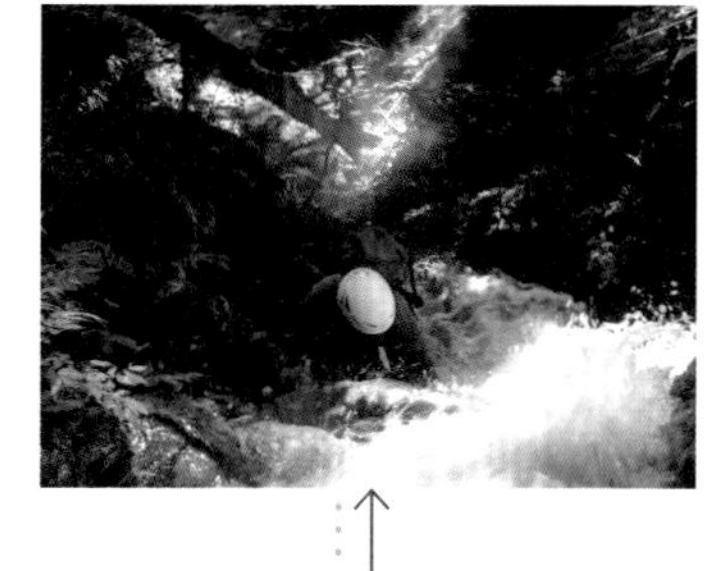

7～9月

気温が高く、沢登りが快適な季節。濡れたウェアもすぐ乾く。泳げる沢、水量の多い沢が楽しい。小滝の登りも積極的に水を浴びながら水流を攻めていきたいところだ

10月

寒暖の差が激しく水分の多い沢沿いは紅葉の美しいポイントでもある。紅葉を愛でながら水量の少ない沢を歩くのが楽しい季節。暖かい地域の沢は10月も充分に遡行が楽しめる

遡行適期　遡行可

7月　8月　9月　10月　11月

遡行適期　遡行可

8月

天気が安定し、本格的な遡行シーズンに。日本アルプスの水量の多い沢は、水量が減少する8月半ば以降が遡行適期となる。夏休みを利用して長期、遠方の遡行を楽しむ人も多い

10月

水温が下がり、標高の高い山では雪の便りも届き始める。9月下旬～10月上旬の紅葉の時期を過ぎたら、山麓でのんびりとキノコ狩りなどを楽しみながら歩くのが気持ちよい

■日本アルプス

3000m級の山々の連なるエリアで、梅雨明け前後まで雪渓が残るため、沢登りが楽しめるシーズンは短い。南アルプス・中央アルプスは雪解けが早く、秋の冷え込みが早いので、7月下旬～9月下旬が遡行適期。北アルプスは雪解けが遅く、雪の降り始めが早いので8月上旬～9月下旬。

■西日本

関西の大峰山脈、台高山脈、南紀、中国、四国の沢の遡行適期は、一般的には4月下旬～10月下旬ごろまでが適期となるが、水量の多い谷、ゴルジュの突破や淵、トロ、釜泳ぎの要素が多い谷（ガイド・泳ぎ★★～★★★）は、水と遊べる遡行ができる6月下旬～9月上旬までの入渓が最適期となる。また、温暖な気候の南紀では冬でも沢登りができるエリアもある。

九州は多くの谷で通年遡行が可能だ。しかし冬季に標高1000mを超す山域では、九州といえども、氷瀑が発達するほどの冷え込みとなる。一般的に遡行の適期は3月～11月上旬だ。

沢登りに行こう①

ルートの情報を収集する

沢選びのための資料

山岳会の会報

沢登りを主体に活動する山岳会の会報は、山行記録も多く、沢登り情報の宝庫。会報を発行せずサイトに山行記録をアップしている会もある

インターネット上の山行記録

沢登り好きの個人のブログや「ヤマレコ」などの登山記録投稿サイトに掲載されている記録。写真やトラックデータなどが情報として有効

ルート集や雑誌

沢の概要やアクセス情報、遡行適期、コースタイム、難易度などを明記し、遡行図も掲載されている沢登りのルート集は情報収集の定番。山岳雑誌の沢登り特集や、渓流釣りの雑誌の山行記録の記事なども参考になる

まずは遡行する沢の情報収集から始めよう。山域、適期、日数や沢の特徴、要素などを考慮し、どの沢に行くかを検討する。初心者・初級者のうちは、水量が少なく難しい滝やゴルジュの少ない近隣の山域の日帰り沢を、経験者の同行のもとに遡行するとよいだろう。

ルートを探す手段

ルートの検討、情報収集が最もしやすいのは、沢登りのルート集だろう。沢の概要がわかりやすく表示されている。エリアごとのルート集は、よく訪れる山域のものを一冊持っていると使い勝手がよい。10年以上前に発売した古いルート集であっても、直近の情報をネットで補完しつつ活用することができる。沢の情報としては有効だ。

ルート集は人気の山域のものが多い。人があまり入らない、情報の少ない沢については、山岳会の会報を入手したり、インターネットの個人の山行記録などを検索し、参考にすることができる。個人の山行記録に関しては「主観」であることを充分に考慮する。

一般の登山同様に、難易度の評価は登山者の技術・体力に大きく左右される。さらに沢では遡行した季節、天候、水量も難易度に影響するし、台風などの自然災害後の渓相の変化もある。あくまでも「遡行者の一記録」として参考にとどめよう。

沢の難易度の基準

一般の登山の場合、山の難易度は体力度（歩行時間、高低差）と技術度（岩場などの有無）を基準に設けられることが多い。沢登りの場合は、歩行に加えて泳ぎや登攀などさまざまな要素があり、それらを加味して難易度を判断する必要がある。多くのルート集では「遡行グレード」と「登攀グレード」でルートの難易度を示している。

遡行グレードとはルート全体のグレードで、遡行時間や滝の登攀、徒渉、泳ぎなどの要素を総合的に判

断したもの。1970年代に沢登り研究会が考案・発表した「6等級グレード」を採用しているガイドブックが多い。1～6級まであり、数字が大きいほど難しくなる。「2級上」「3級下」のように、同じグレードでもやや難しいものは上、やさしいものには下とつけて区別することもある。同じグレードであっても、沢の要素により困難さは異なる。

登攀グレードは、沢の中に現われる滝や岩場のクライミンググレードのこと。ルートのなかで最も難易度の高い滝をRCCⅡグレード（ローマ数字）で表記している。目安としてはⅢ級からがクライミングの領域、Ⅳ級になると初心者・初級者には登るのが難しいレベルといえるだろう。

市販のルート集といえども、ルートの難易度は遡行者の主観が大きい。難易度についてはあくまでも「目安」と考えたい。

自分で「沢を探す」楽しみ

沢登りに慣れてきたら、地形図をもとに登りたい沢を探し、遡行することもできる。地形図を頼りに情報のない沢を歩くのは、沢登りのもつ冒険性をさらに高めるものとなる。

グレーディングとルートの変化

沢登りのグレード

1級	初心者向き	岩場でⅢ級のピッチ（区間）をリードで登れる人や、沢に慣れたパーティはロープ不要の場合が多い
2級	中級者向き	初級者のみでの入渓は控えたい。滝の直登にはロープを要する部分もある。高巻き技術も必要
3級	中級者向き	滝の直登には部分的にⅣ・Ⅴ級のピッチを含む。ゴルジュの通過にも高度な技術を要する
4級	上級者向き	沢の中でビバークする長い谷で、高巻き道も不明瞭。遡行技術だけでなく雪渓の対処法など総合的な登山技術も必要
5級	熟達者向き	日本の渓谷としては最高ランク。泳ぎ、徒渉、高巻きなどで失敗すれば命取り。年に10パーティほどが遡行に成功している
6級	篤志家向き	昼なお暗く、井戸の底のようなゴルジュが続く。雨が降っても逃げ場はなし。完全遡行パーティは極めて少ない

沢のグレーディングは水量による変化が大きく、増水によりグレードが増すことも多い。自然災害で滝がなくなったり淵が埋まることによりルートが変化する場合もある。

渇水の年の利根川本谷。まったく泳がなかった

創造の沢登り

現役時代（いまでも現役のつもりだが）は地域研究に没頭していた。沢登りにおける地域研究は、ある特定の山域での未知・未踏の渓谷を探る行為である。

当時から未知・未踏の渓は危機に瀕していた。魅力的な渓のほとんどは遡行されていたのだ。だが、たとえすでに遡られていた渓でも、水害の多いこの国では、10年も経てば未知・未踏に近い状態に変貌する可能性がある。ではどうやって遡る渓を探すのか。

ネットのない時代、情報は他会の部会報や『日本登山大系』（白水社）や『関東周辺の谷』などのガイドブックに頼るしかなかった。遡る渓の情報を得たかったのではない。情報のある渓を排除するためだ。

あえて逆説的な手法を駆使してでも未知・未踏を探し求めたのは、あのカーブを曲がると、その先に何があるかを知りたくなかったからだ。その不安と未知への期待が創造につながる。

未知・未踏の渓の遡行は、創造の宝庫なのである。

もちろん情報を得て準備を整え、遡行に万全を期す沢登りを否定はしない。しかし、そこに創造を生む余地は残されていない。

広義の意味での未知・未踏ではなく、個人としての未知・未踏でいいなら簡単に得られる。情報を遮断すればいいだけのことだ。

沢登りを始めてすぐにそうしろとは言わない。それなりの経験を積んだなら、やさしそうな渓でいいから挑戦してみればいい。計画のすべてを自分が担うことの、思いがけない困難を知るはずだ。

登攀具はなにをどれほど持てばいいのか。泳ぎの対策は必要なのか。そもそも何日で抜けられるのか。日数によっては食料計画も大幅に変わってこざるを得ない。その経験を積むことによって、遡行の実力は格段に上がるだろう。これが私からの「創造の沢登りのススメ」である。（高桑信一）

沢登りに行こう②

山行計画を立てる

山行計画で検討する項目

いつ?	どこへ?	誰と?	どうやって?	何を持つ?
日程	行き先	メンバー	行動予定	装備
時期および日数	山域と遡行ルート	人数とパーティ内の役割	アプローチ行動時間幕営地の検討	個人装備共同装備食料など
沢の遡行適期を踏まえて日程を決める。遠方の沢の場合は登山口までの所要時間も考慮	メンバーの技量や日程を考慮しながら、遡行ルートを選ぶ。エスケープルートの検討も	参加メンバーを確定したらメンバー内でリーダー、会計係、食料担当など役割を決める	入渓から下山までの行動予定を立てる。交通手段、アプローチの林道が通行可能かも調査	遡行する沢により必要な装備を検討する。個人で持つ装備のほか、共同装備の分担も決定

ルートの情報を収集したら山行計画を立てよう。日程、メンバー、行動予定、装備などを検討する。計画を立てたら登山計画書の作成を。

コースタイムと行動時間

無雪期の登山ではルート集や登山地図のコースタイムが行動時間の参考になり、情報がない場合も地形図から距離、標高差を読み取ることである程度判断ができる。

沢登りのルート集のコースタイムは、著者（遡行者）が遡行したときの時間をもとにした「参考時間」。慣れた人同士の少人数ならコースタイムより早く遡行できる場合がある。一方で人数が多い、あるいは初心者を交えたパーティでは、ロープを多く使用したり悪場の通過を1人ずつ行なうなどで時間がかかるもの。沢登りでは一般の登山より早発ち・早着を意識して計画を立てる。難しい滝や高巻きがある場合を除き、時速1㎞が遡行速度の目安だ。

泊まる場所については、増水や落石のリスクが低い適地がどこにでもあるわけではない。コースタイムどおりに進まず、予定のビバーク地までたどり着けないことも考慮し、予定地以外の適地も考えておく。

アプローチの交通を検討

首都圏以外のエリアでは、入山口や下山口に公共交通機関を利用してアクセスするのが難しいことが大半だ。マイカーやタクシーの利用を検討することになる。

マイカーやタクシーで入山の場合、アプローチの林道が通行止めになっていないか、事前に状況確認を行なうこと。マイカーは入山口と下山口が異なる場合、車の回収が必要。タクシー利用のほか、車2台で来て一方を下山口に置く、自転車を入山口または下山口に置くなどの方法もある。

下山後にタクシーを利用する場合、下山口で携帯電話がつながらない場合も多い。事前にタクシー会社に予約（または携帯電話のつながる場所の問い合わせ）をしておくとよい。

食料計画

長い休憩をとらずに動き続けることが多い沢登りでは、すぐ食べられる行動食を用意する。冷えで足がつるケースが多いので、塩分をこまめに摂取するよう意識したい。冷え対策として魔法瓶に糖分を含む温かい飲料を用意するのもよい。泊まりの山行では、焚き火での調理や、現地で調達した山の幸をいただくことも楽しみ。

沢の水で締めたそば。水が豊富な沢ならではの贅沢なメニュー

道中に採ったキノコをたっぷり入れた鍋で体を温める

パーティの構成

滝の登攀や激流の徒渉など、沢登りでは1人ずつしか行動できない場面も多い。パーティの人数が多いと通過にかなりの時間を費やすことになる。スムーズに行動できる人数の目安は3～4人程度だ。人数の多いパーティは時間がかかることを見越して行動計画を立てたい。また、ロープ使用の要否など行動中の判断を適切にできるよう、メンバーはお互いの技量を把握していることも大切だ。

人数の多いパーティは、通常のコースタイムより遡行時間を多く見積もる

天候判断

増水など悪天候によるリスクが大きいのが沢登り。当日の天気がよくても、雨の日が続いていれば水位が上がり、遡行が困難になる場合も多い。近年は大気の状態変化も顕著だ。1週間程度前から山域の天気予報をチェックし、入渓日の少なくとも3日前から大雨が降っていないか、下山予定日までの期間に雨の予報がないかを確認する。山岳の気象に特化した気象予報サイトや、雨雲の動きや降雨量、風速などの予測をするサイトが役立つ。

沢登りの場合、携帯電波の受信状況が悪く、現地で気象予報サイトにアクセスできないことが多い。特に泊まり沢の場合は、週間天気予報や山行期間中の予想天気図などを確認しておく。天気予報は気象予報会社により若干のばらつきがあるので、複数の情報から判断をするようにしたい。

気象庁

日本国内の気象に関する情報が網羅されている。各地の天気予報のほか、週間天気予報、天気図、雨雲の動き、降水短時間予報など、天候判断に必要な情報を得ることができる

山の天気予報

山岳気象予報サイト。会員登録（有料）をすると、全国18山域、59山の山頂の天気予報の閲覧ができるほか、専門天気図の閲覧、天気予報や大荒れ情報のメール配信も受けられる

遭難対策

計画書の提出と山岳保険

計画は提出と共有が重要

登山計画書は有事の際の命綱となるものだ。作成した計画書は、山域を管轄する警察署に必ず提出する。

通常の登山では、登山口や駅などに設けられている登山届ポストに提出する方法が多くとられているが、沢登りでは入山地点にポストがないことのほうが多く、Ｗｅｂでの事前提出が望ましい。Ｗｅｂでの提出方法は、警察署などのサイトでフォームに必要事項を入力して送信する、あるいは自作の計画書を電子メールで送付など、警察署により異なるので提出前に確認を。

日本山岳ガイド協会が運営する「コンパス」は、登山計画書の作成・提出ができるほか、下山が遅れた場合に、指定した緊急連絡先へのメール通知も行なわれる。

作成した登山計画書は、警察署に提出するだけでなく、家族や友人などの緊急連絡先にも伝えることが重要だ。予定時間に下山がない場合、捜索は家族や友人などからの救助要請により開始される。適切に捜索を進めてもらうためにも、登山計画を共有しよう。さらに「下山予定日の翌日正午を過ぎても連絡がなかったら管轄の警察署に救助要請をする」などのルールを設けておきたい。

山岳保険

沢登りに限らず、登山をする人は捜索救助給付の付いた山岳保険への加入が必要だ。沢登りの場合は、補償される山行に「ロープを使用する山岳登攀」が含まれる保険に加入する。山岳保険には、年間で加入できるもの、山行ごとに短期で加入できるものがあるほか、補償される内容が捜索救助費用に特化したもの、ケガへの補償も含まれるもの（死亡、後遺障害、入院、通院など）がある。補償される内容を考慮し、自分に合った保険を選びたい。

行方不明、または死亡した登山者が山岳保険に加入していたものの、契約内容などの情報を家族に伝えておらず、保険会社に保険加入しているか遺族が問い合わせるケースもあるという。山岳保険もまた、補償内容や保険会社の連絡先などを家族に知らせておく必要がある。

会員制捜索ヘリサービス「ココヘリ」

遭難時にヘリによる捜索が受けられる会員制サービス。会員には小型の高精度発信機が会員証として貸与される。要請を受けると山域へ捜索ヘリが出動し、発信機からの電波をもとに位置情報を特定。救助機関に情報を引き継ぐ。もしもの場合の強い味方だ。

3.9×5.7×1.3cm、重さ20g。軽く小さい発信機

山岳保険

沢登りも補償の対象となるプランがあり、誰でも加入できる山岳保険や遭難対策制度の一例を挙げた。

■日本山岳救助機構

www.sangakujro.com
年会費と分担金の支払いで、捜索救助費用を550万円まで補償。年間に支払われた捜索・救助費用を会員（加入者）全員で負担する会員制度。会員は遭難防止講演会や講習会が無料

■日山協山岳共済会 ジムスカ保険

https://sangakukyousai.jp
傷害事故による死亡・後遺障害などに加え、遭難捜索費用をセット。「登山コース」では雪山やロープを使う登山の事故も補償される

■やまきふ共済会

www.yamakifu.or.jp
捜索救助にかかる救援者費用の内容が手厚く、親族が駆けつけるための交通費、宿泊費もカバー。3パターンの年間タイプと、3泊4日までの短期あり

■モンベルのアウトドア保険

https://hoken.montbell.jp/
年単位の長期補償と、日帰りから6泊7日までの短期補償があり、それぞれ山岳登攀を対象にした保険とハイキング向けの保険を設定。遭難救助費用以外の補償も手厚い

装備一覧

沢登りに必要なもの

◎ 必ず用意する
○ できれば用意したい
△ あれば可

基本装備 【→P28】

分類	装備	
ウェア	ウェア上下	◎
ウェア	アンダーウェア（ドライ系レイヤー）	◎
ウェア	レインウェア	◎
足回り	沢靴	◎
足回り	ひざ当て	△
足回り	靴下	◎
足回り	スパッツ	◎
身の安全を守るギア	ヘルメット	◎
身の安全を守るギア	ハーネス	◎
身の安全を守るギア	カラビナ	◎
身の安全を守るギア	スリング	◎
身の安全を守るギア	確保器／下降器	◎
個人装備	ザック	◎
個人装備	着替え	◎
個人装備	スタッフバッグ	◎
個人装備	ヘッドランプ	◎
個人装備	地形図（遡行図）	◎
個人装備	コンパス	◎
個人装備	ファーストエイドキット	◎
個人装備	笛	◎
個人装備	腕時計	◎
個人装備	携帯電話	◎
個人装備	行動食	◎
個人装備	非常食	○
共同装備	ツエルト	◎
共同装備	バーナー&クッカー	◎
あると便利なもの	下山用シューズ	△
あると便利なもの	保温ボトル	△
あると便利なもの	グローブ	○
あると便利なもの	防虫グッズ	○

登攀用具 【→P72】

装備	
ロープ	◎
補助ロープ	○
バイル&ホルスター	○
クイックドロー	○
プロテクションギア（カムやピトン）	○
ランヤード	◎

宿泊装備 【→P124】

装備	
タープ・ツエルト	◎
シュラフ・シュラフカバー	◎
マット	◎
水筒	◎
ライター	◎
朝食・夕食	◎
調理器具	◎
ランタン	△
ノコギリ	△

Column 1

原始性・創造性に魅せられて

～私の沢登り始め～

私の沢登り始めは年齢的にも決して早いほうではないと思う。学生時代は登山クラブで、重荷を背負って日本アルプスなどのテント泊縦走中心。一度だけ先輩に三ツ峠へマルチピッチクライミングに連れていかれ、今、思い返せば大根おろしで、足はミシンを踏みながらでなんとか登りきり、「何でこんな怖いことをするのか」と思ったほどだ。そういう意味では大学などで沢登りやクライミング、雪稜などを日常的に行なっている学生を羨ましく思う。

社会人になってさまざまな登山のアクティビティ、特に人がつくったルート以外のものを踏破することに食指を動かされ、クライミング、雪山バリエーション、登山道以外のルートの山行を行なうようになる。そんななかで岳友が沢登りにはまっており、同行するようになった。当時の記録はあまり取っていなかったので記憶もうつろだが、初めての沢は奥秩父の釜ノ沢か西丹沢の小川谷廊下だったように思う。

幸いなことにある程度のクライミングルートは登っていたので、特段難しいとも感じなかった。むしろ滝をクライミングしたり、ヤブを巻いたり、ときには背が立たない釜を泳いだり、焚き火をしたりで、なんて面白いジャンルなんだ! と感じ、すぐに私も沢登りにはまった。何より、人が決めたルートをトレースするのではなく、自分たちでルートを切り開く「登山本来の姿である原始性・創造性」に心を奪われた。

そうはいっても、最初はほかの方々の残したルートの記録をたどるだけで、たくさんの沢登りルート集や沢登り専門の同人や山岳会の年報などを買い求め、読み漁る。まだネット環境が整備されていなかった時代だから、今と比べて情報は限られている。とはいえ、わくわく感に満たされた。

沢を始めて数年目、連盟の仲間と初夏の悪沢へ

上:20年くらい前。会の初心者を連れて釜ノ沢へ
左:初級者時代、県連講習で東のナメ沢の大滝を登る

装備の使い方やロープワークなどはそれまで培ってきたクライミングと同じなので、特に問題はなく、地形図の作り方や3級程度のやや難しい沢の経験などは、加盟していた日本勤労者山岳連盟の他会や救助隊の先輩から骨子を学び、その後は自分のつくった山岳会のメンバーとの山行や単独遡行で、ときには怖い思いもしながら経験を積み重ねていった。

一般登山は遠望できる景色を眺めることが多くの目的であるが、沢登りはそのプロセスを楽しむことが、一部を除きその目的となると思う。もちろん尾根ではまず見ることができない風景や植生などを見ることができる楽しさもある。道なき渓を自身の感性や技術で切り開いていける。沢登りを始めてから現在に至るまで、一貫してそのモチベーションが変わることはない。

写真・文／後藤真一（登山学校主宰）

Part 2

沢登りの装備

沢登りに必要な装備……26
ウェアと足回り……28
身の安全を守る装備……30
そのほかのアイテム……32
コラム2　身近なものを沢登りに生かす
～ホームセンターで手に入る便利な道具たち～……34

■監修／吉野時男（登山専門店スタッフ）

沢登りに必要な装備

日数や渓相に応じたものを持つ

いくつもの釜が行く手を塞ぎ、泳いで突破する沢もある

最初は日帰りがおすすめ。ビバーク装備がなくても楽しめる

大滝を登る場合、ピトンなど本格的な登攀用具が欠かせない

盛夏の沢登りは気持ちがいい。薄着で遡行できることもある

沢登りの装備を考えるとき、日差しがまぶしい夏に水と戯れる様子をイメージするかもしれない。しかし、状況はいくつかの要素によって大きく異なり、その都度必要になる装備が変わってくる。

装備に関わる4つの要素

日数　沢登りは手軽に楽しめる日帰りだけでなく、泊まりがけの計画も魅力的だ。沢に泊まる場合は、シュラフカバーやマットといったビバーク装備が欠かせない（ビバーク装備についてはＰ１２４参照）。

季節　暑い夏は沢登りのベストシーズンといえるが、山域によっては3月下旬から11月中旬くらいまで楽しめる。気温が高ければ薄手の服で遡行しても問題はないが、涼しい春や秋には、できるだけ保温性の高いウェアを着たほうがいい。

泳ぎ　飛沫を浴びるだけではなく、深いトロや大きな釜を突破するために、上半身まで水に浸かって泳ぐ沢もある。全身が濡れると、いくら真夏でも体が冷えてしまうので、保温性の高いウェアが欠かせない。ときにはマリンスポーツに使われるウエットスーツを準備したい沢もある。

登攀　沢によっては、登るのが難しい滝や大きな滝が出てくることもある。その場合、安全を確保するためにロープを使う。さらに厳しい登攀が考えられる場合は、カムやピトンといったプロテクションギアなど、より本格的な登攀用具が必要になる（登攀用具についてはＰ72参照）。

沢登りの基本装備

沢登りには多くの道具が必要になるが、これから沢登りを始めたい人は、ザックなど一般的な登山用品に加えて「ウェア」「足回り」「身の安全を守る装備」からそろえるといい。これが沢登りの基本装備になる。

泊まりがけで沢に行く場合は、別途ビバーク装備を用意しよう。ロープなどの登攀用具は、自分たちで計画を立てるようになってから必要に応じて準備するといいだろう。

沢登りの基本装備

基本、肌は露出させない。足を保護するスパッツやひざ当ては、ロングパンツやタイツの上から身につける。ヘルメットで頭部を守り、ハーネスを装着した状態で遡行する。

ウェアと足回り

濡れることが前提。防水性は考えない

ウェア例

速乾性の高いウェアは主に登山用品店で購入できる。泳ぎの有無によって選び方が変わってくるので、歩きがメインの一般的な沢と泳ぎが多い沢でのウェア例を紹介する。

泳ぎが多い沢

夏でも沢の水は冷たい。泳ぐ場合は、生地に厚みがある保温性の高いウェアを選ぶ。足さばきをよくするために、下はタイツにハーフパンツがおすすめ

盛夏の一般的な沢

速乾性の高いウェアならどんなタイプを選んでもOK。ケガを予防する観点から長袖が望ましいが、暑い場合は半袖を選んでもいい

レインウェア

沢登りでは防寒着として活躍することのほうが多い。着ると内側に熱がこもり、風による体温の低下を防げる

アンダーウェア（ドライ系レイヤー）

高い撥水性や速乾性で肌面から水を遠ざける機能をもつタイプが好適。泳ぎメインの沢に向かうなら必須

ウェアでいちばん大切な性能は速乾性だ。終始水を浴び続けるような状況はまれなので、濡れた衣服で体温が奪われ続けないように、速乾性に優れるウェアを選ぼう。ただし、沢で泳ぐ場合は、速乾性があり、さらに保温性も高い厚手のウェアを用意する。下半身はロングパンツが一般的で、泳ぎがメインになる沢では、厚手のタイツにハーフパンツを合わせると動きやすい。いずれの場合も、アンダーウェア（ドライ系レイヤー）を着ると、より快適に行動できる。

足回りには沢靴が欠かせない。形状の違いで「足袋型」と「シューズ型」があり、ソールも「フェルト」と「ラバー」の2種類に分かれる。

ラバーは乾いた岩などで高いフリクション性能を発揮するが、滑りやすい場所もあるので注意が必要。これから沢登りを始める人には、平均的に滑りにくいフェルトソールの沢靴がおすすめだ。ラバーソールは、沢の歩き方に慣れてきてから検討するといいだろう。

沢靴など足回り

かつてはワラジで遡行していた時代もあったが、いまでは市販されている足袋型かシューズ型のいずれかを選ぶのが一般的。ウェアと同様に登山用品店で購入できる。

足袋型

ソールが柔らかく足裏感覚に優れ、シューズ型より安価。靴の中で足先が足袋のように分かれているため、専用のソックスが必要

シューズ型

ソールが硬く、クッション性があり、長い距離を歩いても足裏が疲れにくい。通常の靴下で対応できる

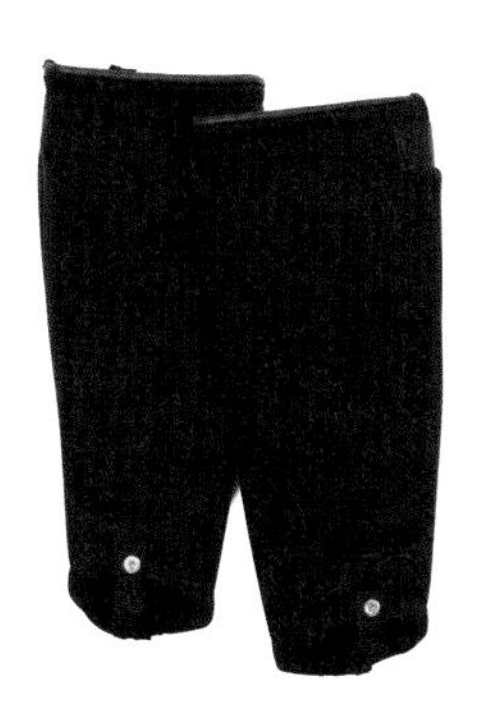

スパッツ

脚に巻きつけて倒木などからすねを保護する。ネオプレーンで作られているので足元の保温性もアップする

靴下

上が保温性の高いネオプレーンソックス。足袋型の沢靴にはつま先が分かれるものを選ぶ。ウールソックスも使える

ひざ当て

沢登りではひざをついて段差を越えたり、岩角にぶつけることもある。装着することでひざへの衝撃を軽減する

今ではラバー派

以前はフェルトが主流だったが、昨今ではラバーが台頭してきている。

私自身も5年ほど前まではフェルト一筋だったが、キャニオニングを始めたきっかけでラバーを履くようになり、以降、沢登りでもラバーの使用率が断然高くなった。それは、ラバーのほうがシビアな登攀で有利になることが多いからだ。

平均的なフリクション性能をもつフェルトに対し、ラバーの振れ幅は大きいが、通常の歩きにおいては慣れてしまえば大差ない。また、ぬめる岩の登攀でもブラッシングでフリクションを復活させられ、悪条件の改善が可能。

総合的に見れば、フリクション性能の高いラバーに軍配が上がる。（大西良治）

ラバー　フェルト

身の安全を守る装備

なぜ身を守るのか？

ヘルメット

必ず登山用の規格を通ったモデルを選ぶこと。モデルによってフィット感が異なるので、店頭で試着して頭の形に合うか確かめよう。素材の違いで主に2つのタイプがある。

発泡素材タイプ

発泡素材でできたタイプの利点は軽さ。衝撃吸収性はハードシェルタイプと変わらないので、こちらを選んでもいい

ハードシェルタイプ

外側が硬いシェルで覆われたタイプは頑丈で、枝などにぶつけても傷つきにくい。発泡素材タイプより重くなるが、値段が安い

ハーネス

体に合ったサイズを選ぶことが大切。ウエストバックルが外れてはいけないので、事前に正しい装着方法を確認しておく。パッドの厚みが異なる2種類を使い分けるといい。

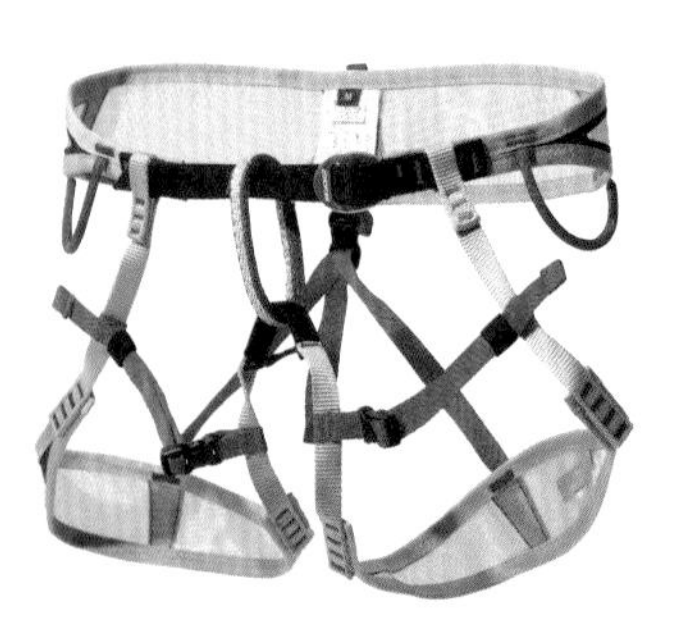

アルパインクライミング向き

パッドが薄い軽量タイプ。濡れてもすぐに乾き、小さく収納できる。難しい登攀を伴わない沢ならばこちらが便利

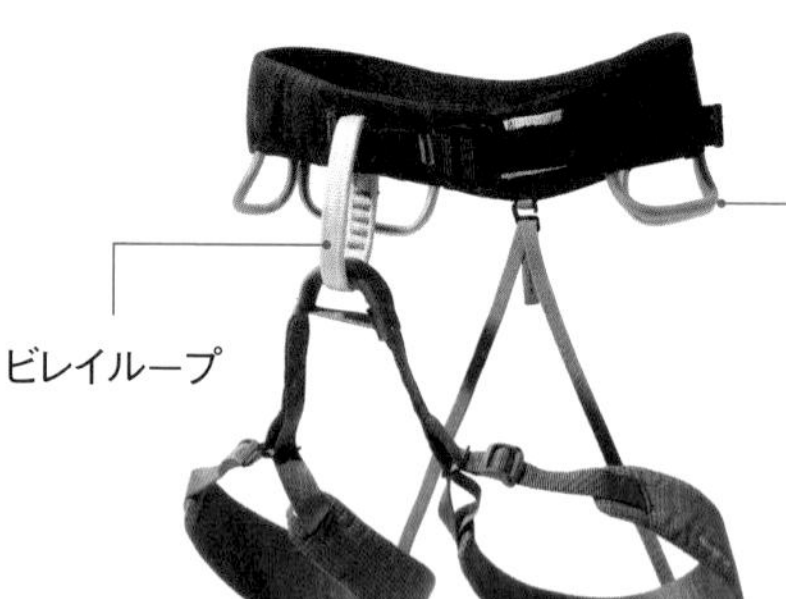

フリークライミング向き

ウエストベルトのパッドに厚みがあるため、登攀的な沢にはこちらが適している。ただし、保水しやすく乾きにくい

沢登りは一般的な登山と違い、バリエーション登山になる。谷の中は登山道のように整備された場所ではないため、多くの危険が潜んでいる。

　河原や沢の中は足元が不安定で、足を置いた石が動いたり、フリクションが利かず滑ったりして転倒することがよくある。くわえて谷底は、落石を受ける可能性も高い。滝も沢登りの危険性を高める特殊な要因だ。背丈ほどの小滝でも滑落すると大きな事故につながる。これらの危険から身を守るための装備が、沢登りには必須となる。

　遡行中は、頭部を守るためにヘルメットを必ず装着する。ハーネス、カラビナ、スリング、ビレイデバイスおよびエイト環は、主に滝など登攀中の安全を確保するときや、ロープを使って急斜面を下降するときに使用する。

　ここで紹介するアイテムは、あくまで標準的なものになる。実際に用意する装備や個数はパーティリーダーに確認して、その指示に従おう。

カラビナ

オフセットD型カラビナ

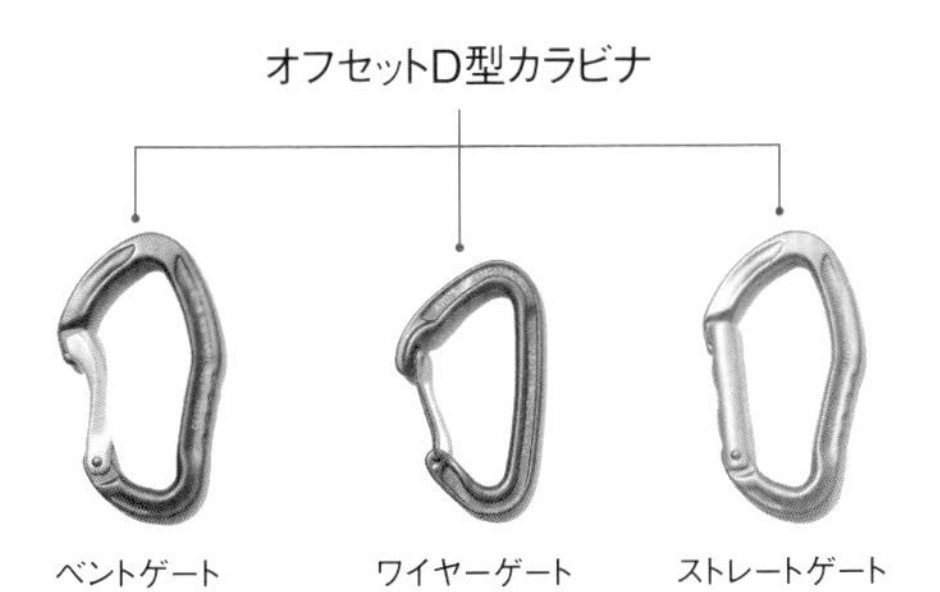

ベントゲート　ワイヤーゲート　ストレートゲート
（スリングの携行などに使用）

安全環付きカラビナ

オフセットD型
（セルフビレイ用）

HMS型
（懸垂下降&ビレイ用）

安全環付きカラビナは操作がシンプルなスクリュータイプがおすすめ。慣れればオートロックタイプを選んでもいい。オフセットD型カラビナはストレートゲートを多用する。ワイヤーゲートは錆びにくく、ベントゲートはロープをかけやすい。

確保器／下降器

下れない滝や急斜面などを懸垂下降するときに、下降器を使用する。経験を積んで登攀するリーダーを墜落から守るビレイをするようになると、確保器も必要になる。

ビレイデバイス

確保器、下降器、両方の機能を備える万能タイプ。2本のロープに対応し、アタッチメントポイントがあるモデルを選ぶ

アタッチメントポイント

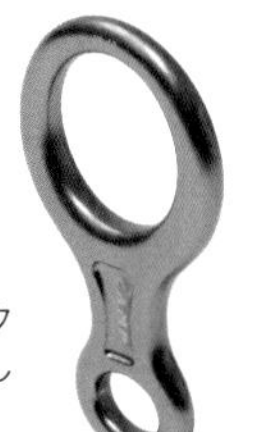

エイト環

昔から使われているオーソドックスな下降器。予備の確保器として使うこともできる

スリング

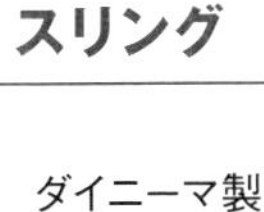

安価なナイロン製もあるが、高くても結んだときに長さが短くなりにくい細いダイニーマ製のほうが使いやすい。60㎝や120㎝の長さを数本用意。5～6㎜径のロープスリングを自作してもいい。

ナイロン製

60㎝

ダイニーマ製

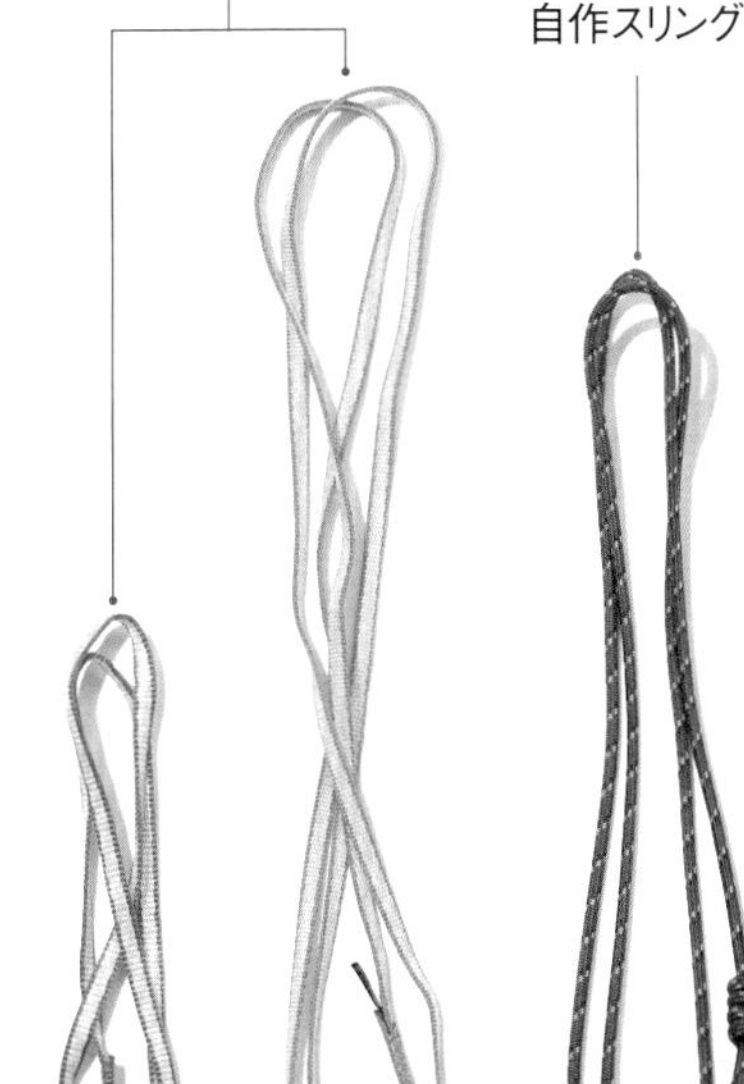

60㎝　120㎝

自作スリング

ロープスリング・6㎜

パーティ全体で用意する装備

登攀装備はパーティ内で必要な数を用意する

ここでは、沢登りの初心者が個人でそろえるべき標準的な基本装備を紹介した。これとは別に、パーティ全体で使う装備も必要だ。必ず用意したいものに、滝の登攀や懸垂下降で使用するロープがある。ほかにも登攀的な沢を計画する場合は、ピトンやカムといったプロテクションギア、クイックドローなども共同装備として準備する。

これらの装備は、経験を積みながら必要に応じてそろえていくといい。まずは最少の装備で沢登りを楽しむことから始めよう。

そのほかのアイテム

一般登山と兼用できるものが多い

個人装備

スタッフバッグ

スタッフバッグ（左）は行動食などを。耐水性の高いドライバッグ（右）には濡らしたくないものを入れる

着替え

下山後、濡れた服を脱いで乾いたウェアに着替える。濡れた服を入れるためのビニール袋なども一緒に用意する

ヘッドランプ

ハンドライトは不可。必ずヘッドランプを選ぶ。登山用品店で購入できる商品には基本、防水機能が備わっている

ザック

外側にポケットなどがついていないクライミング向きのモデルで、日帰りは30ℓ、泊まりは60ℓ前後が使いやすい

ファーストエイドキットや携帯電話、笛など

携帯電話がスマートフォンなら現在地の確認に地図アプリが利用できる。笛は登攀シーンで合図を送るときに使う

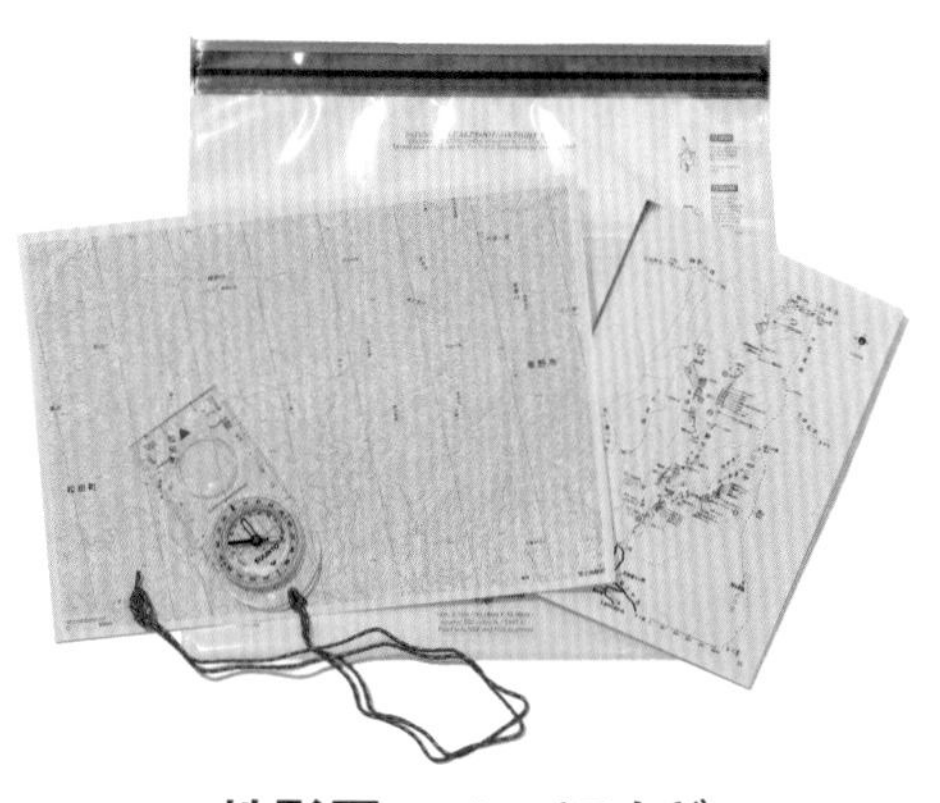

地形図・コンパスなど

地形図と遡行図は防水機能があるマップケースなどに入れて、濡れないように工夫する。万が一に備えてコピーも持つ

ウェアと足回り、身の安全を守る装備をそろえたら、あとは一般的な登山と同様の基本装備を用意する。

まず、荷物を背負うためにザックが欠かせない。これは日数に応じて必要な容量が変わってくる。予期せぬトラブルで下山が遅れる可能性もあるので、日帰りでもヘッドランプは必須だ。読図用の地形図とコンパスのセットには、遡行図と呼ばれる沢の概念図もあるといい。下山後の着替えや、ファーストエイドキット、携帯電話も準備しよう。

ちなみに、沢登りで使うザックには、内側に入った水を排出するための「水抜き穴」をあけるといい。これがないと重たい水を背負い続けることになり、余計に体力を消耗してしまう。手芸用品のハトメや熱した釘を使い、ザックの底に穴をあけるだけの簡単な作業で済む。

最後にパーティ全体の共同装備として、緊急時に使うツエルト、体が冷えたときに温かい飲み物を作れるバーナーとクッカーを用意しよう。

共同装備

バーナー&クッカー

火力が強いガスバーナーが使いやすいが、軽量化を兼ねて固形燃料を用意してもいい。クッカーは500mℓ前後のサイズで充分

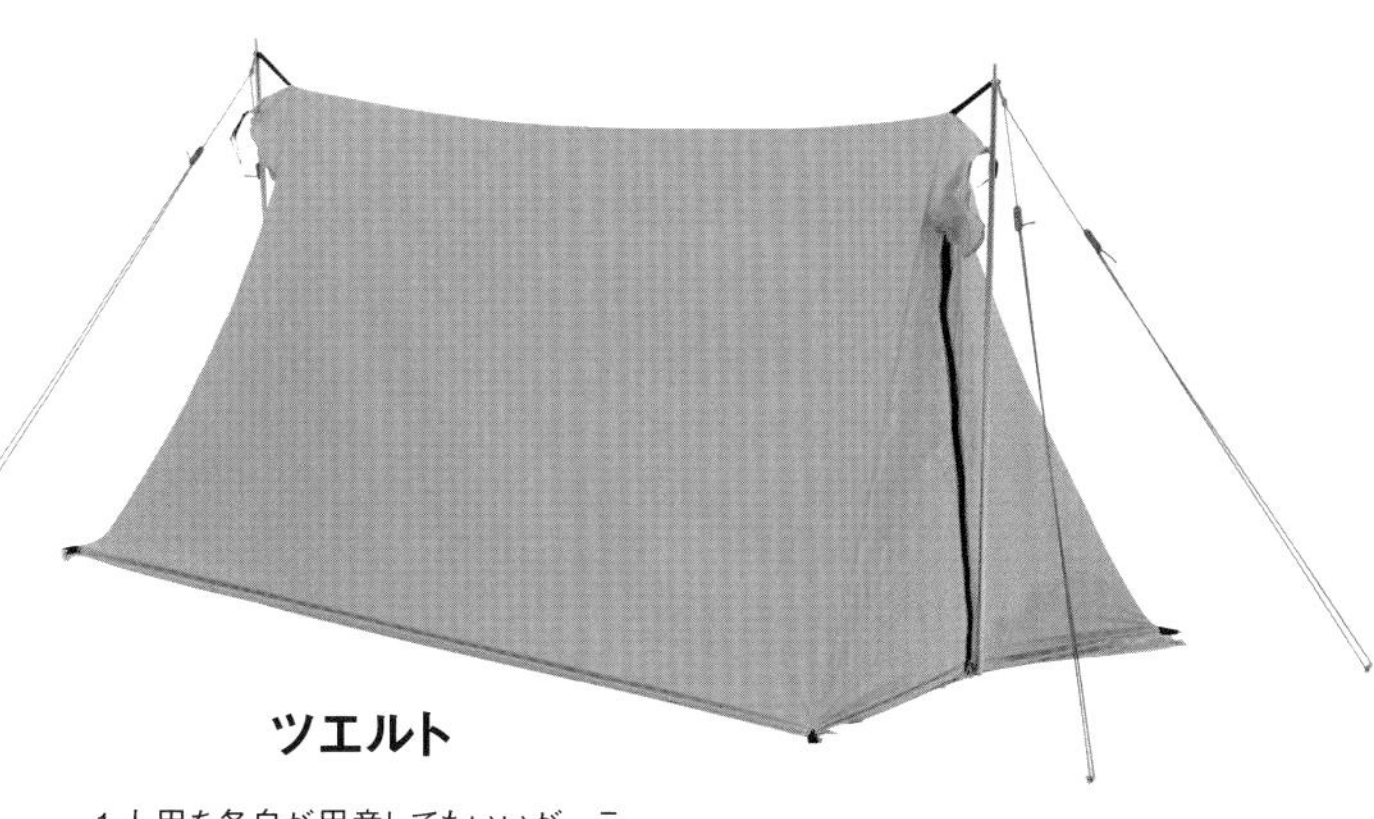

ツエルト

1人用を各自が用意してもいいが、テントやタープのように張れる2人用をパーティでひとつ持ったほうが効率的

あると便利なもの

必須ではないが、遡行や下山を快適にしてくれる便利な装備を紹介する。

防虫グッズ

特に夏はヤブ蚊やアブなどに注意。モスキートネットや虫よけスプレーのほかに、かゆみ止めも用意したい

グローブ

ロープや草木をつかむときに手のひらを保護する。指先感覚に優れるフィンガーレスタイプかゴム手袋（背抜き）が使いやすい

保温ボトル

事前にお茶やコーヒーなど温かい飲み物を入れて持参する。500mℓくらいの容量で、軽いものがいい

下山用シューズ

登山道を下山するなら遡行終了後に沢靴から履き替えてもいい。軽量なトレイルランシューズなどがおすすめ

グローブは作業用で

沢登りでは専用グローブやゴム軍手を使う人などいろいろいるが、私は普通の軍手（イボなし）を愛用している。濡れた軍手はぬめった岩でも抜群のフリクションを得られ、素手で登るよりはるかに登りやすい。

また、ヤブこぎやアブなどの害虫から手を保護でき（アブ対策は二重）、おまけに安価でコストパフォーマンスが高い。

素材は綿と化繊があり、フリクションは綿が上だが、耐久性や保温性は化繊が上。編み目や糸本数で性能が変わるようだが、私の場合はあまり気にせず、安くてサイズが合う化繊製を選んでいる。

（大西良治）

作業用軍手はホームセンターでまとめて購入すれば安上がり

Column 2

身近なものを沢登りに生かす
～ホームセンターで手に入る便利な道具たち～

沢登りでは、身近なホームセンターなどで
購入できる山道具以外のアイテムも役に立つ。
意外な便利グッズを一挙紹介！

ミニタワシ

滑る足場を磨くとソールのフリクションが効くようになる。ヘアゴムで手首につけて紛失を防止

ベニヤ板

まな板、お盆、うちわにもなるマルチなアイテム。贈答用のそうめんの蓋がベストサイズ

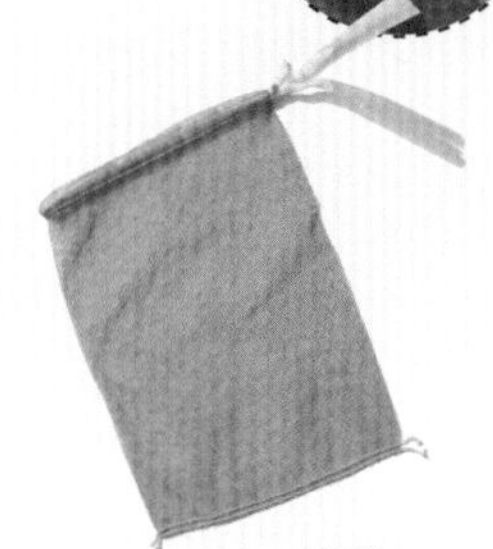

玉ねぎ袋

正式名称は「野菜ネット」。茹でたそばやうどんを洗うときや、釣った渓魚を生かしておくときに活躍。10枚入や25枚入を格安で購入できる

牛乳パック

調理でまな板が汚れないように食材はこの上でカット。腕を骨折したときの副木にもなる

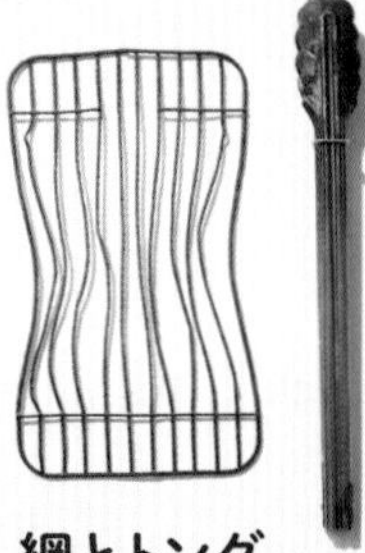

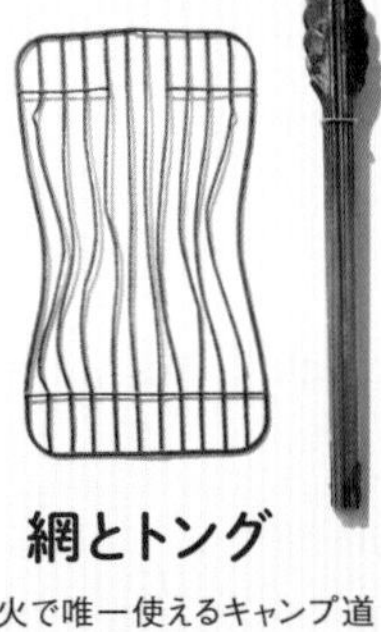

網とトング

焚き火で唯一使えるキャンプ道具。安い網は形がゆがんですぐに使えなくなるのでケチらない

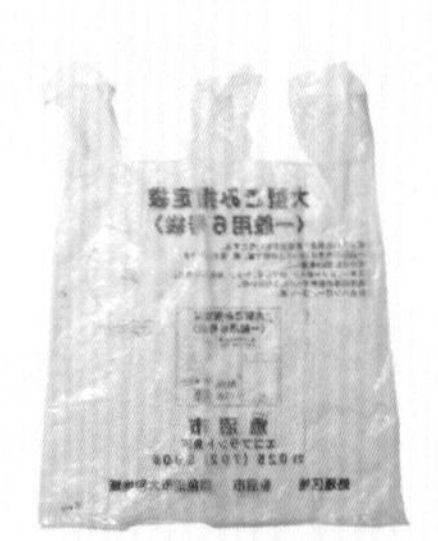

ビニール袋

装備の防水対策に多くの沢ヤが愛用。厚くて丈夫な袋を選ぶこと。口は丸めてゴムで閉じる

浮き輪と水かき

泳ぐ沢に持参する人がまれにいる。浮き輪は子ども用で充分。エアマットでも代用できる。水かきは「アクアグローブ」で検索するとヒットする

Part 3

沢登りの読図

沢の地形……36
地図の準備……40
地図を使う……42
遡行図とは?……44
遡行図を書く……46
コラム3　沢登りとGPS……48

■監修／後藤真一（登山学校主宰）

沢の地形

さまざまな地形と特徴を知る

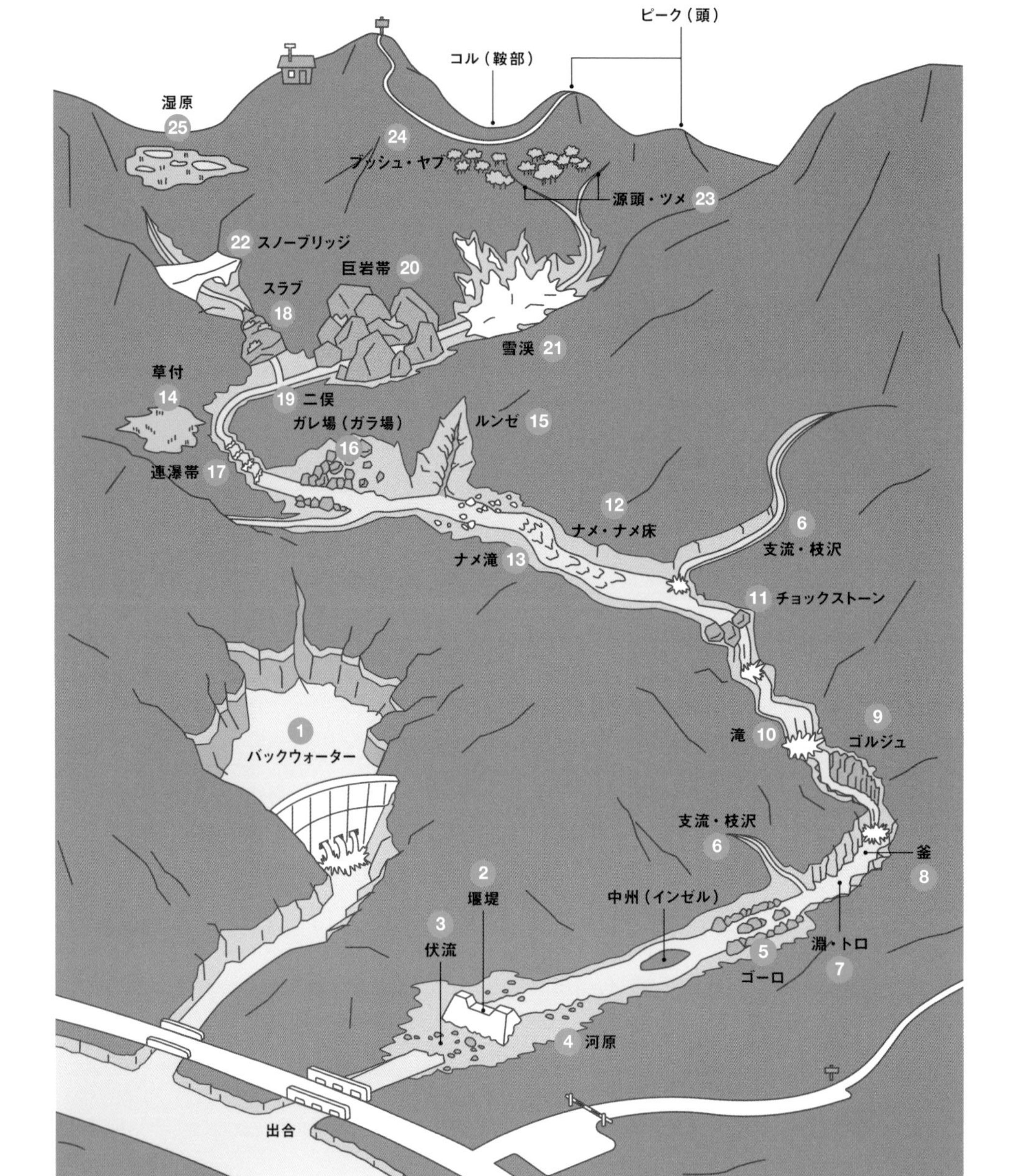

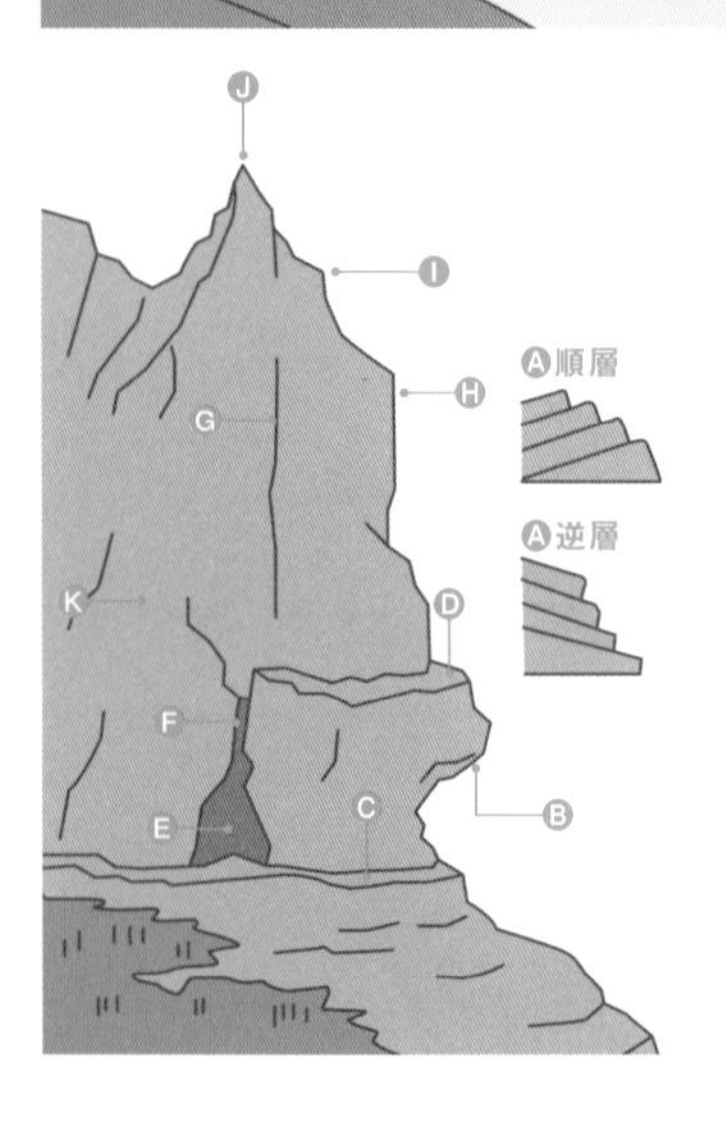

岩場の地形用語

滝の登攀の解説では、クライミングで使われる岩場の地形用語も多く使われる。

A順層・逆層　岩の節理面が上向きの状態が順層、下向きが逆層。逆層は足がかりが得にくい

Bオーバーハング　岩壁の傾きが垂直以上で岩が覆いかぶさっている状態

Cバンド　横に長い帯状の棚。テラスより細く狭い

Dテラス　岩場の途中にある棚状の平坦地

E凹角　急な溝状。チムニーより広い

Fチムニー　岩壁に縦に入った割れ目。体が入る程度の幅を指す

Gクラック　岩壁に縦に入った細い割れ目。手や体の一部が入る幅のもの

Hカンテ　岩壁の稜角。または岩壁中の大きな凸角

Iリッジ　尾根の意味だが、クライミングでは傾斜の緩い岩稜を指す

Jピナクル　岩稜上、あるいは岩壁内にある突起

Kフェイス　傾斜が強く平らな岩面

←P38へ続く

沢の地形用語

7 淵(ふち)・トロ

流水が深くよどんでいるところ。淵と同じ地形で水がゆるやかに流れているところをトロ(瀞)と呼ぶが、明確な区別はない

4 河原

川の流れに沿っている平地で、砂や石の多いところ。平水時は水が流れていないか、浅くゆるやかな流れ

1 バックウォーター

ダムや湖などの上流、川が流入する部分のこと。利根川本谷など奥利根の源流へは奥利根湖のバックウォーターへボートで入る

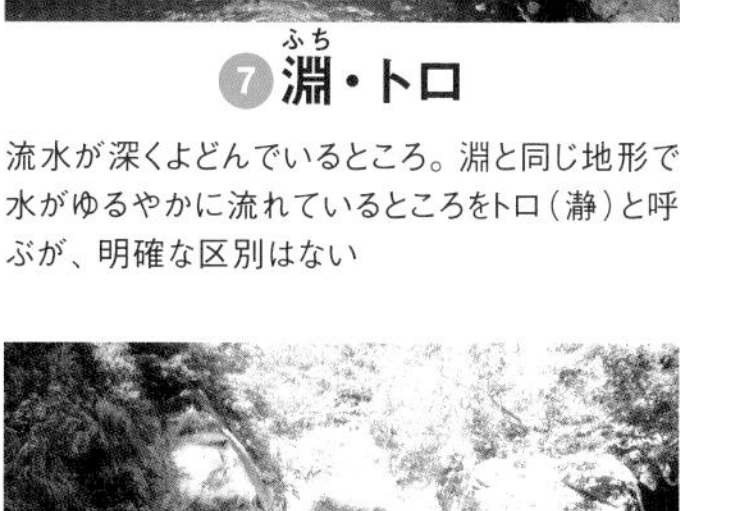

8 釜(かま)

水流によって深くえぐられた円形の淵。沢では深い滝壺を指すことが多い。水中で渦を巻き、落ちると巻き込まれて危険

5 ゴーロ

河原と同様の平地や傾斜のある場所で、石がゴロゴロと連なっているところ。大きめの石の間を縫うように歩くので歩きづらい

2 堰堤(えんてい)

水力発電や砂防、治水などを目的としてつくられた堰。大きな河川や下流部ではコンクリート製、上流では石積みや木製のものも

9 ゴルジュ

流れの両側に切り立った垂直の岩壁が迫り、狭くなっているところ。日本語では廊下、ノド、函(はこ)などともいう

6 支流・枝沢

本流に流入してくる小さな沢。本流に比べて水量が少なく、地形図では水線が表示されていない場合も多いが、微妙なくぼみで判断できる

3 伏流(ふくりゅう)

流水が一時的に地下に潜り込んで、地表には流れていない状態。見た目は涸れ沢だが、上流、下流に水流がある

「谷」「沢」とは、尾根と尾根に挟まれた溝状の地形で、水が流れているところ。沢登りでは、沢を下流から上流に向かって進んでいく。

一般的な呼び方として、平地を流れ海に注ぐ下流部は「川」、川幅が細く水量も少ない上流、源流部を「沢」「谷」と呼ぶ。東日本では「沢」、西日本では「谷」と呼ぶのが一般的だ。

川の一生を遡る

川の始まりは山頂や稜線のすぐ下。地下にある水が外に湧き出たり、雨水や雪解け水が滴り落ちている。急峻な山の斜面で水の流れは少しずつ勢いを増し、沢をつくりだしていく。水流が土砂を流し、岩を削り、V字の深い峡谷や落差の大きな滝などが形成されていく。

上流部でできた小さな沢は、合流を繰り返してやがて大きな川となっていく。山麓に向かうにつれて川の傾斜は緩やかになり、川幅は広く水流も穏やかになる。平野をゆっくりと流れ、海に注いでいく。

沢登りで楽しまれているのは主に川の上流部、源流域だが、長大な沢になると河原から始まり、谷をつめ

沢の地形用語

P37より続き←

⑩滝

流水が急激に落下する場所。その沢を代表する落差のあるものを大滝と呼ぶことが多い。2～3m程度のものは小滝と呼ぶ。トイ状、スダレ状、二条の滝など形状や流れ方などで呼び分ける

⑪チョックストーン（CS）

急峻な岩の割れ目に挟まった岩石をチョックストーンといい、岩の脇から流水が落下しているものをチョックストーン滝と呼ぶ

⑫ナメ・ナメ床

なめらかな一枚岩の上を水が流れている場所。心地よく歩けそうに見えるが、磨かれていたり、珪藻類に覆われ滑りやすいことも

⑬ナメ滝

傾斜の緩い滝。ナメ・ナメ床の傾斜がある状態。ナメ・ナメ床同様に水流に磨かれており、直登が難しいものが多い

⑭草付

文字どおり「丈の短い草が茂っている斜面」。滝の側面や源頭などに現われる。登下降のときは手がかりがなく足元が滑りやすい

⑮ルンゼ

岩壁に刻まれた急峻な溝。クライミングでいうガリー、クーロアールも同義。沢では狭く急なガレ沢を指し、通過時は落石注意

⑯ガレ場（ガラ場）

岩礫（岩屑）が堆積した斜面。粒の小さい砂礫が堆積したところは「ザレ場」と呼ぶ。崩れやすく、通過時には細心の注意を

⑰連瀑帯

間隔をあけていくつもの滝が連続して懸かっている一帯。釜などで段状につながっているものは「○段の滝」と呼び分ける

て源流の一滴をめざす、あたかも川の一生をたどるような遡行となる。

滝やゴルジュ、ナメや淵、トロ、河原など水流がつくりだすさまざまな地形や、ブッシュ、ササヤブ、湿原などの植生が沢登りの景観を構成する。ここでは沢の地形を示す用語を、滝の登攀などで使われる岩場の用語と合わせて解説する。

水系と分水嶺

大きな河川をつくりだす川、沢の集まりを「水系」という。たとえば利根川本谷や楢俣川、湯檜曽川など、利根川に流入する沢は「利根川水系」、大峰山脈の前鬼川、白川又川、池郷川などは「北山川水系」となる。登山でいうところの山地・山塊と同様に、地域を示す情報のひとつとして、ルート集などでは水系が表記されていることが多い。

水系を分けるものとして分水嶺（分水界）がある。雨水が異なる方向に流れる境界で、山岳地帯では尾根を隔てて雨水の流れる方向が分かれる。たとえば、群馬県と新潟県の境となる三国山脈は、太平洋に流れ込む利根川水系と日本海に流れ込む信濃川水系の分水嶺だ。

㉓源頭（げんとう）・ツメ

沢の最上流部。水流をつめ上げたところという意味で「ツメ」とも呼ぶ。大きな川の最初の一滴はここから流れ出している

⑳巨岩帯

沢筋を多数の巨大な岩が塞いでいる場所。沢の中流～上流部に見られる。大きな岩を乗り越えながら進むので体力を消耗する

⑱スラブ

傾斜の緩い一枚岩や、凹凸の小さい岩場の斜面。乾いていれば、フリクションの効くラバーソールの沢靴が快適

㉔ブッシュ・ヤブ

ハイマツやシャクナゲなどの樹木や、クマザサなどが茂る斜面で、背丈以上になることもある。突破することを「ヤブこぎ」という

㉑雪渓（せっけい）

沢を埋める残雪。下を水が流れており、気温が上がると下から雪が解け、崩壊する。稜線や山腹に残る雪は「雪田」と呼ぶ

⑲二俣（ふたまた）

ほぼ同じくらいの水量で沢が出合う地点。上流に向かって右を右俣、左を左俣と呼ぶ。本流に支流が合流する地点は「出合」と呼び、顕著な支流との出合は支流名を頭につけ「○○沢出合」と名づけることも

㉕湿原

湿地に広がる草原。山上の湿原は、雪解け水が流出せずに地中にたまり泥炭地となったものが多い。夏は湿原の花で彩られることも

㉒スノーブリッジ

雪渓が残り、沢の上にアーチ状になっているもの。雪渓が崩れる直前の状態で、通過には雪渓の状態と先の地形の状況の見極めが重要

「右」か、「左」か

沢登り初心者が戸惑うのが「右」と「左」。「右壁を登る」「水流の左を進みバンドを右上する」「右俣を進む」など、通常は下流から上流を見ての方向なのだが、「右岸（うがん）」「左岸（さがん）」だけは、上流から下流を眺めての方向となる。たとえば「右岸を高巻く」とルート集に解説がある場合は、下流から見て左側の斜面を高巻くという意味だ。

右岸を高巻く＝左の斜面を高巻く、など表現が混在しているので混乱する。まずは「岸」かそうでないかを確認しよう。

水流の「右岸」を登る（阿武隈川白水沢の白水滝）

地図の準備

読図のためのカスタマイズ

地形図を使う

整備された登山道のない沢登りでは、進むルートを自分で判断しなければならない。判断するために有効な資料のひとつが、土地の高低や起伏、土地利用、道路、鉄道、建造物などの情報が表示された地形図だ。沢登りに限らず、登山では主に国土地理院発行の基本図「2万5000分ノ1地形図」が使われている。

地形図は、土地に関する情報が線と文字だけで詳細に表示されている、情報の宝庫だ。ピーク（頭）やコル（鞍部）、尾根、沢、さらに等高線の混み具合で土地の傾斜が表わされる。さまざまな地図記号により、人工物や植生、岩崖や荒れ地、湿原など土地の状況も把握できる。

今どこにいるか、二俣でどちらに進むか、どこにつめ上がるか、周囲の地形と地形図を照らし合わせて現在地を特定しながら進む。細かな枝沢や地形の変化を見逃さないためにも、簡潔な表現の地形図が有効だ。

地形図の見方

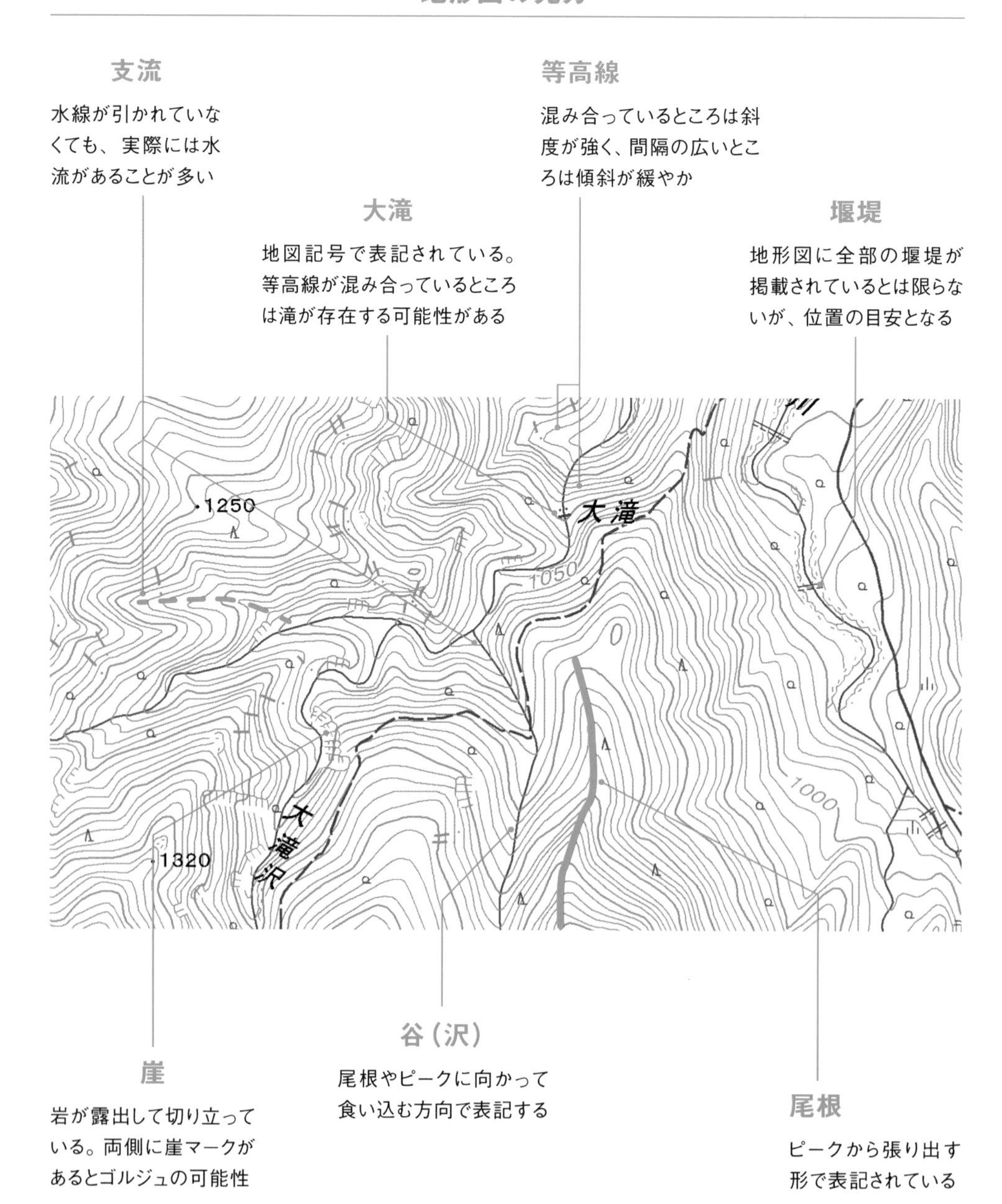

支流
水線が引かれていなくても、実際には水流があることが多い
等高線
混み合っているところは斜度が強く、間隔の広いところは傾斜が緩やか
大滝
地図記号で表記されている。等高線が混み合っているところは滝が存在する可能性がある
堰堤
地形図に全部の堰堤が掲載されているとは限らないが、位置の目安となる
1250
大滝
1050
1000
1320
大滝沢
崖
岩が露出して切り立っている。両側に崖マークがあるとゴルジュの可能性
谷（沢）
尾根やピークに向かって食い込む方向で表記する
尾根
ピークから張り出す形で表記されている

地形図を入手する

2万5000分ノ1地形図は、全国の国土地理院地図販売店（書店や登山用品店など）で紙の地図を購入できるが、現在はWebや地図アプリからの入手が主流となっている。印刷する範囲や縮尺が選べるので、見やすいように拡大することもできて便利だ。

地形図を入手したら、まず磁北線を引き、遡行に使用する部分をプリントアウトまたはコピーし、水線を書き入れる。さらに遡行時に現在地の確認に役立つ情報を加筆したり、危険箇所の注記を行なう。

必要な情報を過不足なく入れ、ビジュアル的に見やすい地形図にカスタマイズすることで、疲れていたり焦ったりしているときに見誤るリスクを軽減する。さらに遡行中にトラブルが発生したときにも、山小屋や林道などの人工物にいち早く、かつ安全に到達するためのルート取りの判断がしやすくなる。

地形図を自分で作り込むことで、遡行する沢の情報を事前に把握し、山行に役立てることができるメリットもある。

地形図のカスタマイズの例

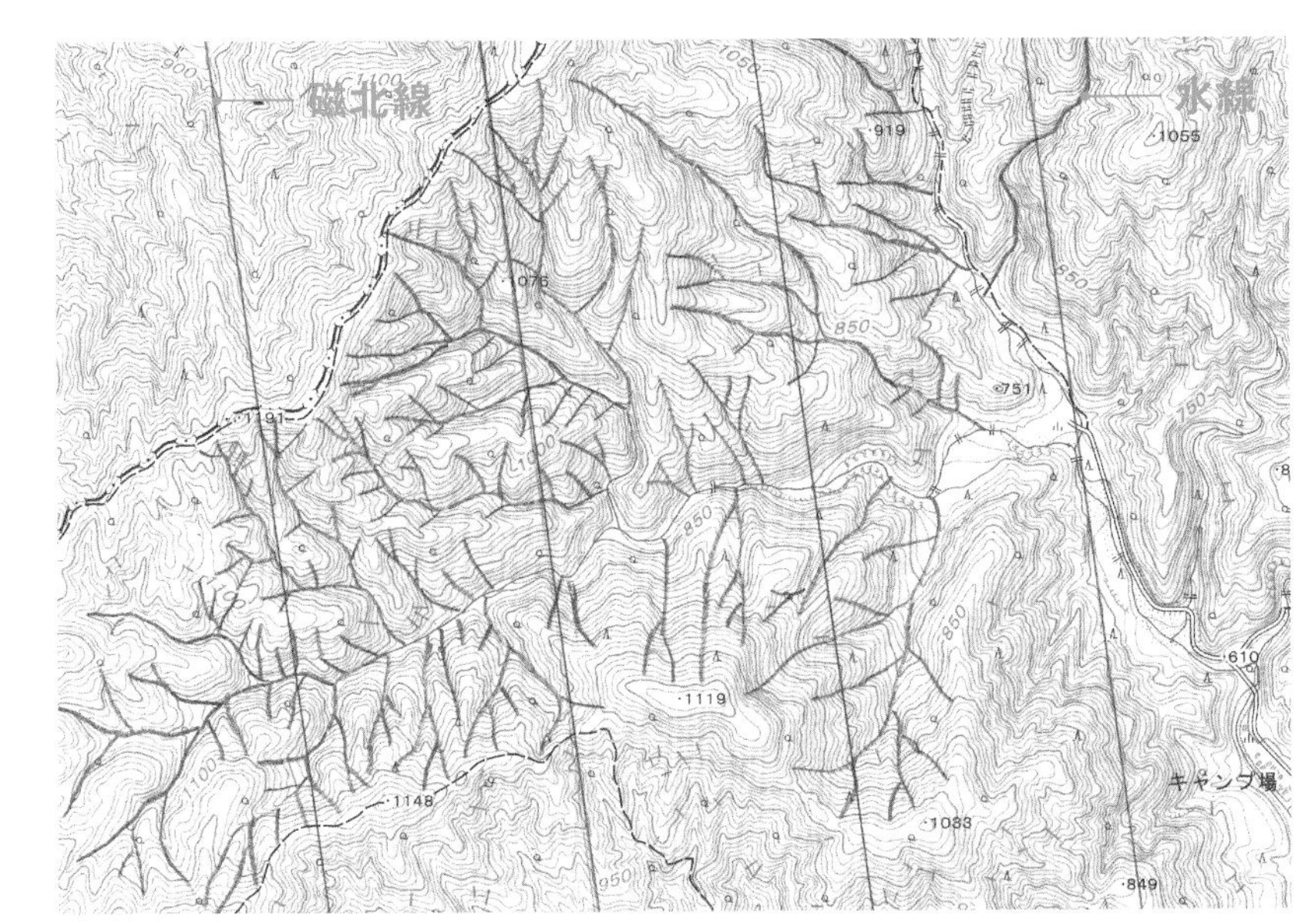

磁北線と水線を加筆

自分が遡行するルートだけでなく、遡行する沢の本流・支流すべてと、下山予定の尾根の両側に流れ落ちる周囲の沢も含めて、等高線のくぼみが終わるまで細かく水線を記入。ダウンロードできる地形図は磁北線の表示が可能だ。

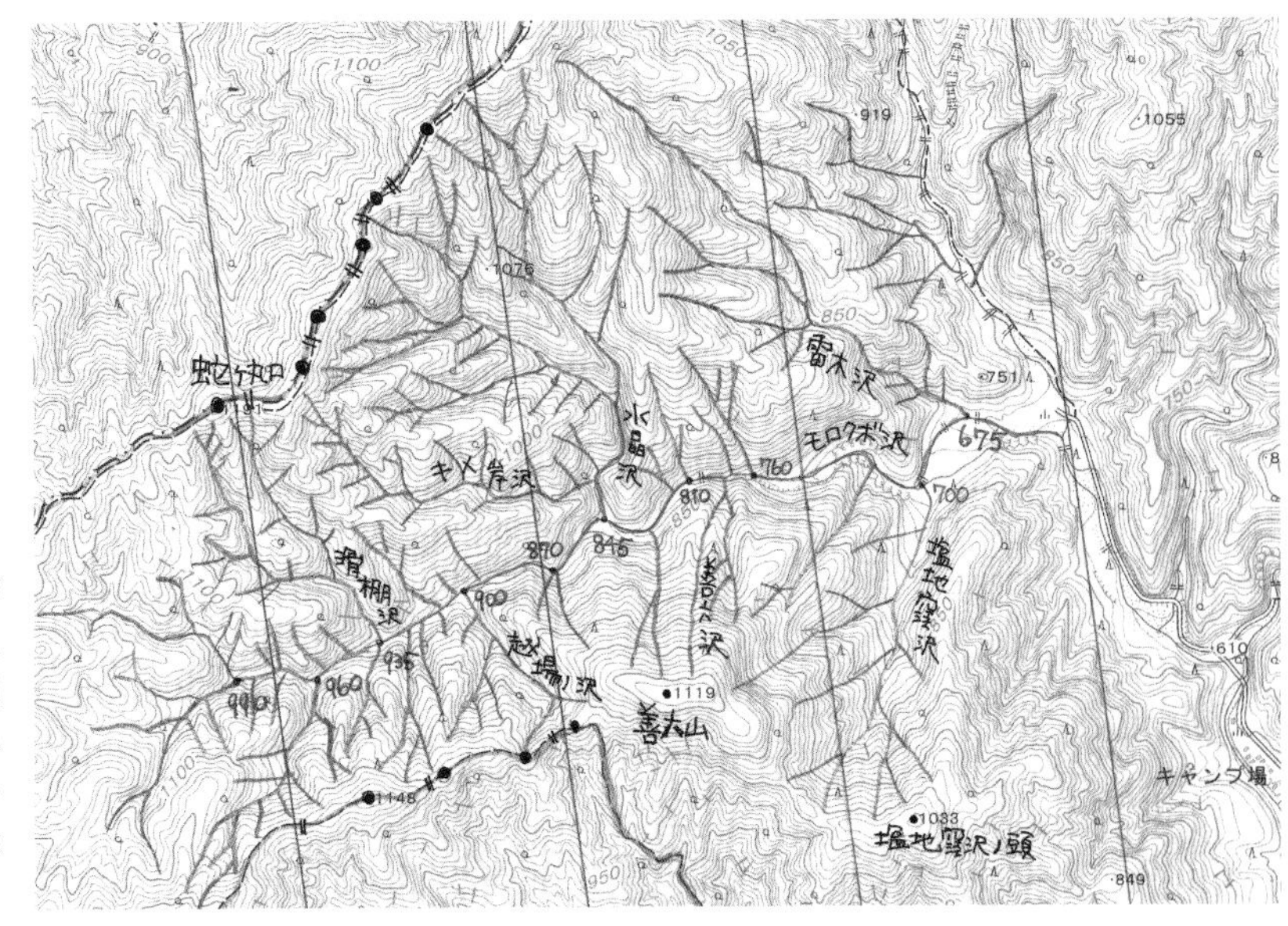

危険箇所、人工物、標高表示を記入

山小屋や一般登山道、林道、道路などの人工物、下山およびエスケープに使う予定の尾根上のピークとコルを記入。さらに現在地の確認ができそうなポイント（二俣、大滝、尾根上のピーク・コルや分岐など）の標高を赤ペンで記載。

地図を使う

常に現在地を把握しながら歩く

すぐに取り出せる工夫を

遡行時はカスタマイズした地形図を活用する。紙の地図は濡れに弱いので、ファスナー付きの透明なケースに入れて携行する。B5程度の大きさが見やすい。頻繁に折り曲げたり伸ばしたりするので、適度に厚みと強度のあるものがよい。紛失に備え、予備の地形図を持参する。

地図やコンパスの携行方法はパンツのポケット、ウエストポーチ、ザックのウエストベルトに挟み込むなどさまざまだが、確認したいときに素早く見られるよう「すぐに取り出せること」を最優先に。落として紛失しにくいように、ザックのショルダーハーネスなどにコードで連結しておくとよい。

わかりやすいポイントで現在地の確認を

展望の利かない沢では、現在地を確認できる場所が限られる。最もわかりやすい確認ポイントは、二俣や支流が出合う地点。すべての支流で事細かにチェックするのではなく、顕著な二俣や支流などで確認ができるとよい。支流の傾斜や方向、周囲の地形などと併せて現在地を特定する。また、沢が蛇行、屈曲するなど、大きく方向を変える地点も現在地を確認しやすい。

二俣や支流、沢の方向などで現在地を確認するとき、より細かく正確に方向を特定するため、方角は十六方位で把握する習慣をつけたい。

電子機器の活用

GPSはピンポイントで現在地の特定をするには有効な手段。スマートフォンなどの地図アプリを登山で使う人も多い。バッテリー切れや水濡れのリスクもあるので、沢登りでは紙の地図のサポートアイテムと考えたいところだ。また、時計に内蔵されている高度計で標高を知ることができるが、誤差もあり、気圧により高度が変化するので、検討材料のひとつ、目安と考えたい。

地図の携行場所

伸縮コードをつけた防水ケースに地形図を入れて、ザックのウエストベルトに挟むと現在地を確認したいときにすぐに取り出せる。腰より上まで水に浸かったり、泳いだりするときは、一時的にザックの雨蓋にしまう

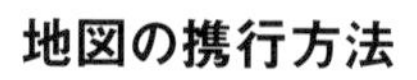

地図の携行方法

ファスナー付きの透明な防水ケースに入れて携行する。登山用品店などで販売しているマップケースのほか、文房具店などで販売しているものでもよい。落とさないように伸縮コードなどをつけてザックに取り付ける

コンパスの持ち方

体の前、胸の高さにかかげ、プレートは水平にして持つ。必要なときすぐに取り出して確認できるよう、地図ケースと同様に伸縮コードをつけてザックに取り付け、ザックのチェストベルトに挟み込んで携行する

現在地を確認するポイント

大滝など特徴的な地形

すべてではないが、大きな滝は地形図上に滝マークで表示されている。崖や岩などの地図記号、等高線の混み具合なども参考になる

人工物

堰堤や送電線、建物などが地形図に表示されている。横切っている道路（舗装道路や登山道）や山小屋なども目印

二俣

展望がなく現在地の特定がしづらい沢の中で、同等の水量が出合う二俣は現在地が確認しやすい場所のひとつ

源頭

枝沢がどんどん分岐していき、地形図から読みきれないことも。コンパスで方角を確認しながら目標の方向へ

方角が変わるところ

沢が大きく蛇行したり、90度方角を変えるなど、流れの方向が大きく変わるところで地形図を見て現在地を確認する

支流が入るところ

支流の流入場所も現在地の確認に有効だが、地形図から判別しづらい枝沢もあるので、周囲の地形と併せて判断を

情報の共有化

グループでの遡行時は、場所に関する情報を全員で共有することが重要だ。

カスタマイズした地形図は、メンバー全員が同じものを持つ。現在地の確認は、「ここは標高○○mの二俣だ。左俣は南南東向き、右俣は北西向きだから、ここは右俣に進む」「南西から北北東に方向が変わった」などと、全員に聞こえるように声で情報を伝える。全員が同じ地図を持っていれば、情報の提供があったときに自分ですぐに確認ができ、声に出された情報は全員に共有される。

地図を見て声に出し、確認しあいながら情報を共有する

遡行図とは？

沢の要素を記号で表現

遡行図とは、沢の情報を記号を使って単純化して示した図。支流や二俣、滝や淵、ゴルジュなど、沢を構成する要素が記載されている。通過に技術を要する滝は、長さや形状、通過の方法（高巻きのルートなど）も併せて示している。沢登りのルート集では、遡行図を掲載しているものが大半だ。遡行図は地形図と異なり、方位や縮尺、距離感などは考慮されていないことが多い。そのため、地形図と併用して使うことが前提となる。

遡行図は作成者が遡行した沢の情報で、作成者の主観が加味されている。ルート集に掲載されている遡行図も、それは調査した著者の主観による情報だ。同じ沢であってもルート集（著者）により滝の長さや小滝の数が異なっていたりする。

また、沢は時間の経過で渓相が変わることも多い。すべての情報を鵜呑みにするのではなく、情報のひとつとしてとらえ、最終的には現地で判断することとなる。

遡行図と地図記号の例

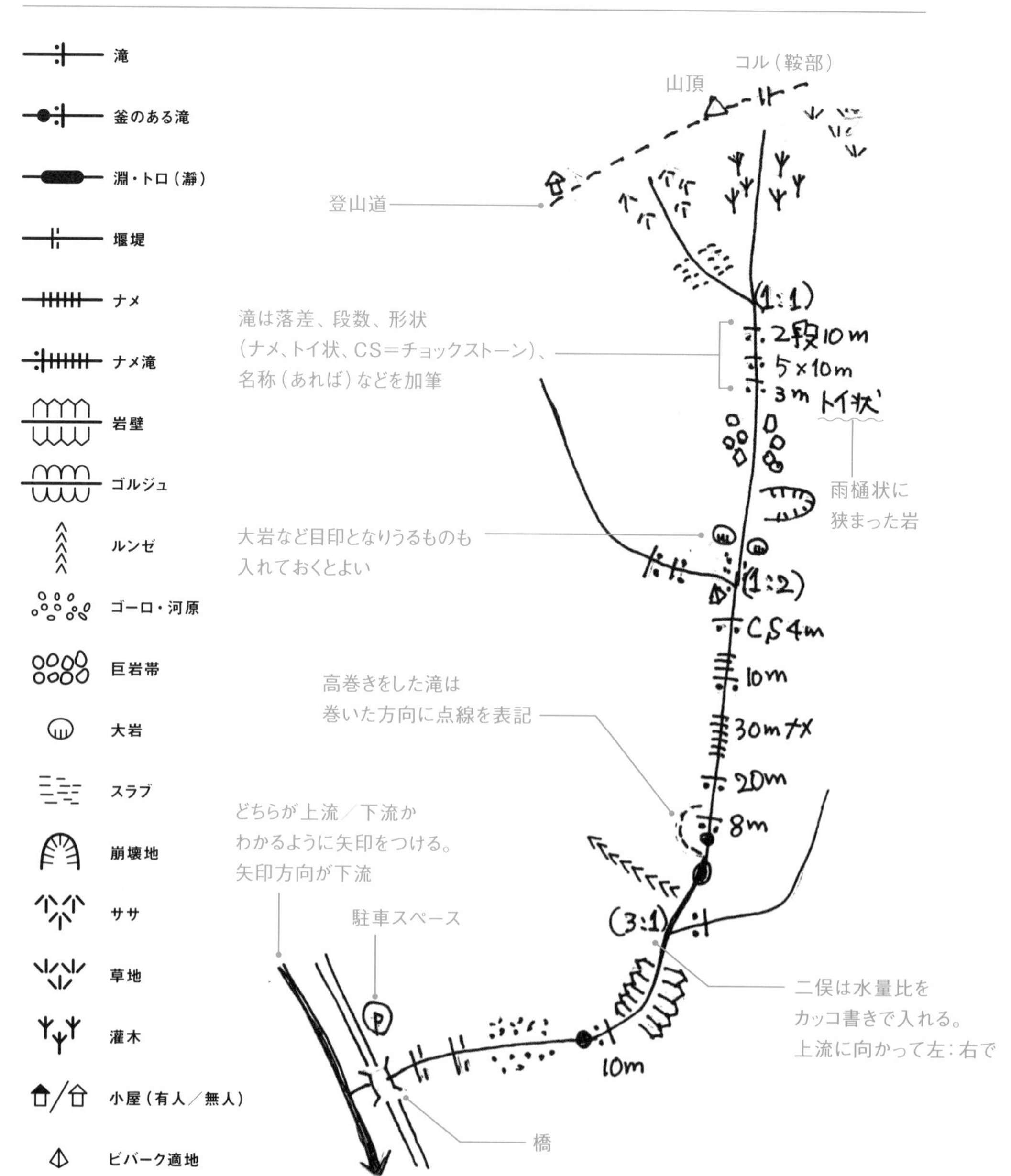

遡行図と地形図

遡行図と地形図を比較した。地形図は北が上だが遡行図は上流を上とするのが一般的。顕著な二俣は確実に情報として入れているが、細かい支流は省略されることもある。滝やゴルジュが連続するなど情報が多ければその部分は長めになり、記録する要素の少ない河原など下流部は短めに記載されるので、縮尺や距離感は参考にならない。

小坂志川 湯場ノ沢

地形図に水線が入っているのはトバノ万六沢。430mの二俣の左俣が湯場ノ沢だ。次のナカノ万六沢の出合までは小滝が連続し、書き込むと見た目の距離が長くなった。台風の翌年の遡行でツメは倒木が多かったのを記載

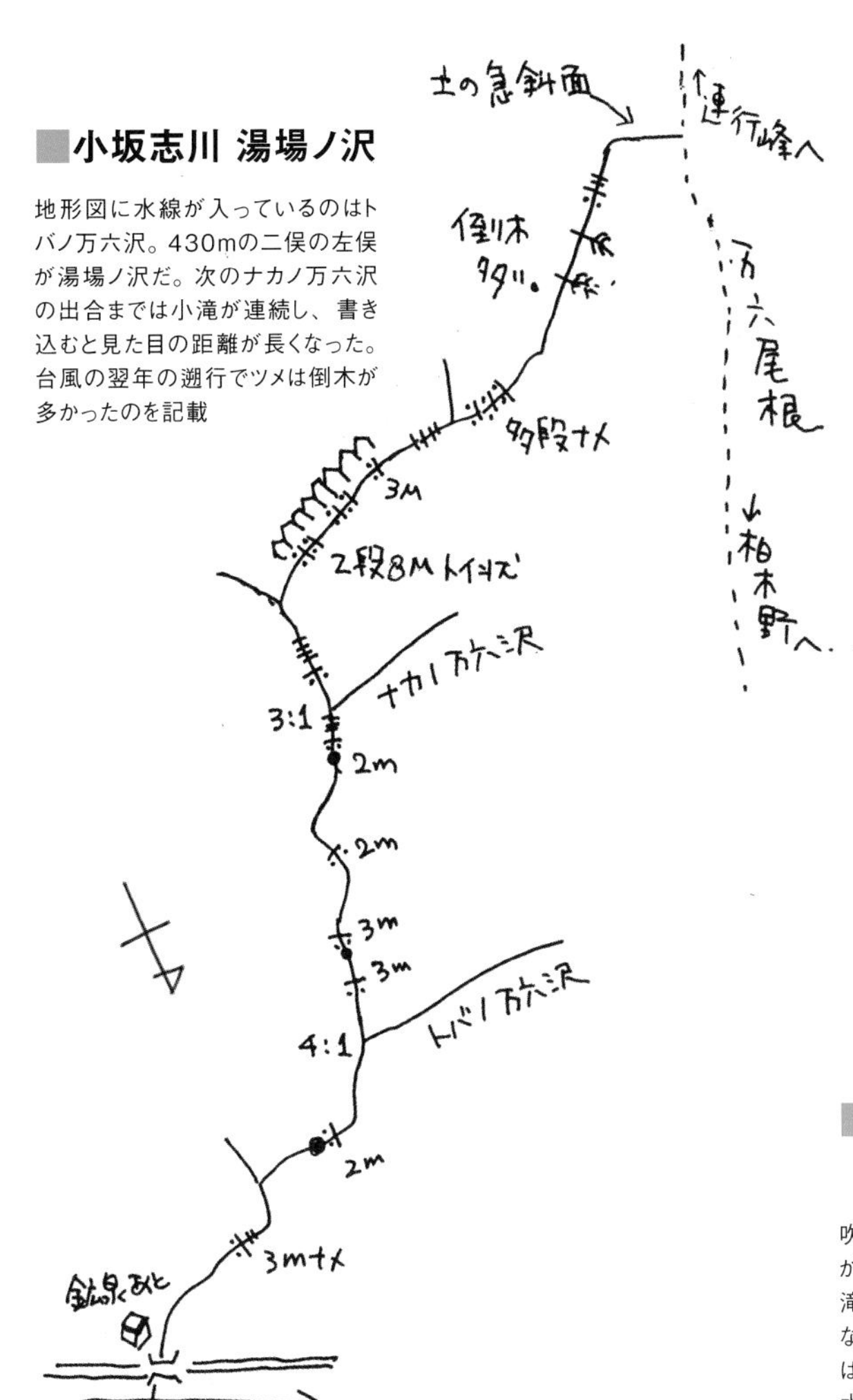

阿武隈川 白水沢左俣左沢

吹上沢は地形図に水線はないが顕著な支流。20m衣紋の滝は地形図には表示されていない。水線が表示されているのは右俣・左俣に分かれる二俣。水線がなくなったあとも水流はあり、奥の二俣も顕著。下山は登山道で

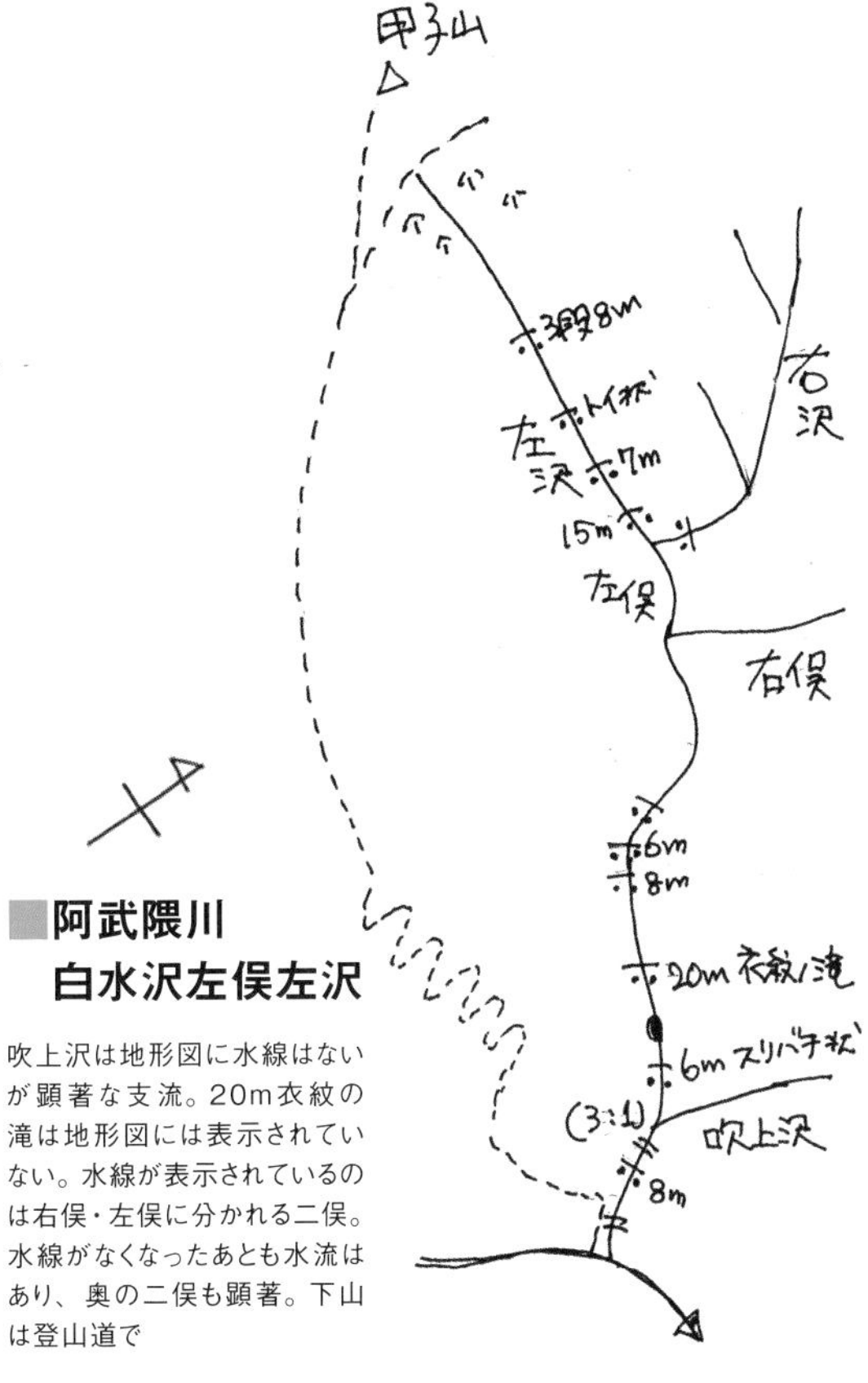

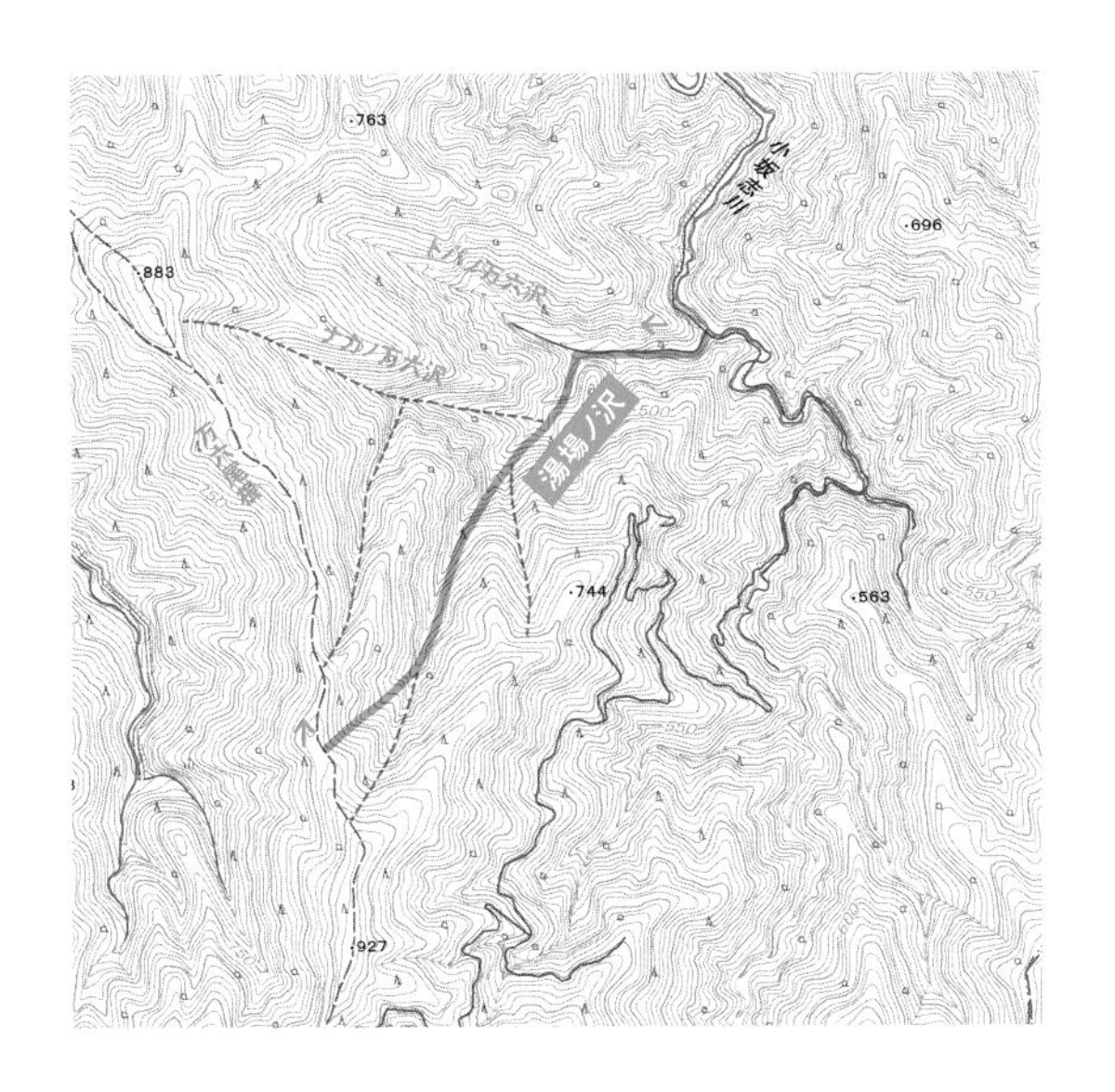

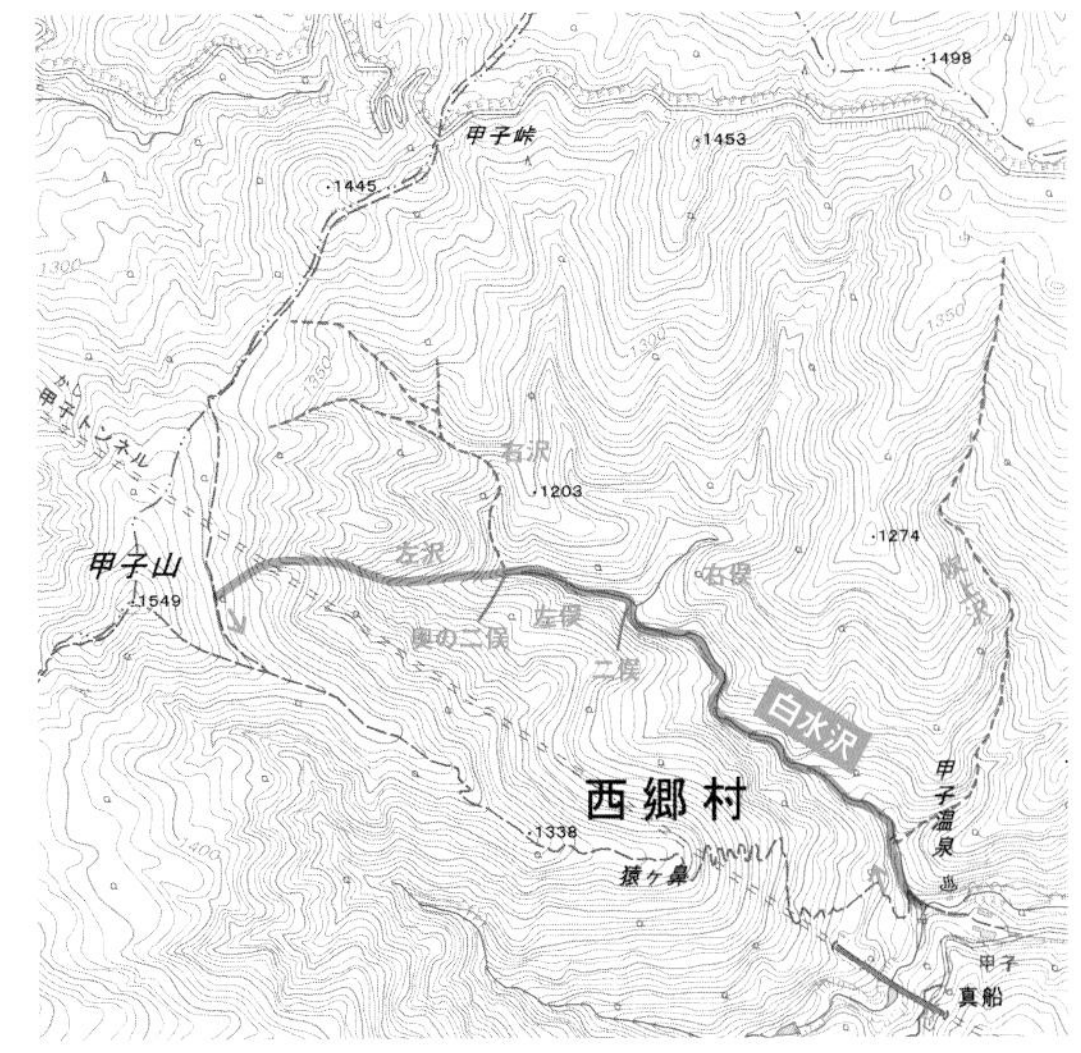

遡行図を書く

遡行した沢を記録に残す

沢を遡行したら、遡行図を書いてみよう。遡行図を書くことは、自身の楽しかった山行の記録を残す意味だけでなく、沢登りの資料としても貴重なものだ。特に記録の少ない沢、ルート集で紹介されることが少ない山域の沢は、遡行図を書いて残しておきたい。

現地でメモをとり、後日清書

遡行図に必要な情報を、遡行中に地図やノートに記録しながら進む。滝は高さ、形状、釜の有無などを確認し、滝やゴルジュを巻いた場合は右岸、左岸のいずれから巻いたかも記録する。

ボイスレコーダーを使うのもこまめな記録には有効。さらにデジタルカメラや携帯電話で撮影した画像は滝など地形と形状の確認に役立ち、GPSでトラックデータをとっている場合は、撮影した時間から場所の照合がより正確にできる。

記録をとったら、記憶が新しいうちに遡行図を作成する。水線を引き、地形の情報を書き入れていく。泊まりの沢ではビバーク地も加筆。二俣や支流、大滝やゴルジュなど特徴的な地形は極力正確に入れるが、滝の多い沢では小滝を省略したり、支流も顕著なもののみ記載してもよい。

台風や地震などの自然災害で、滝が崩れたり淵や釜が埋まってしまうことも多い。いつの記録であるかを明確にするため、遡行図には必ず遡行した日付を入れるようにする。

現地で記録をとる

濡れに強く破れにくい耐水ノートに、濡れてもにじまず軟らかい鉛筆でメモをとる人が多い。拡大した地形図のコピーに直接情報を書き込んでいくのも、記録がとりやすい

滝の長さを測る

遡行図で詳細に記載したほうがよいのが滝。沢の難度に関わる、重要な要素であるため、遡行時には高さだけでなく、チョックストーン滝、トイ状、スダレ状などの形状、段数なども記す。ちなみに、ナメ滝の「○m×△m」は高さ（落差）×長さを示し、「H○m×L△m」などと表記することもある。

測量方法の決まりはなく、目測、あるいはロープを伸ばした長さで推定している。そのため、記録者により滝の長さの表記には若干のズレがある。滝の長さは数値で把握するより、2〜3mなら小滝、10m前後ならやや高さがあって直登できるか検討が必要な感じの滝、100〜200mのナメなら長大なナメが続く……など、規模の目安として考えるほうが自然だ。

丹沢・モロクボ沢の大滝30m。真下から見ると距離感がわかりづらい

私の遡行図の書き方

■湯檜曽川 東黒沢～ウツボギ沢左俣

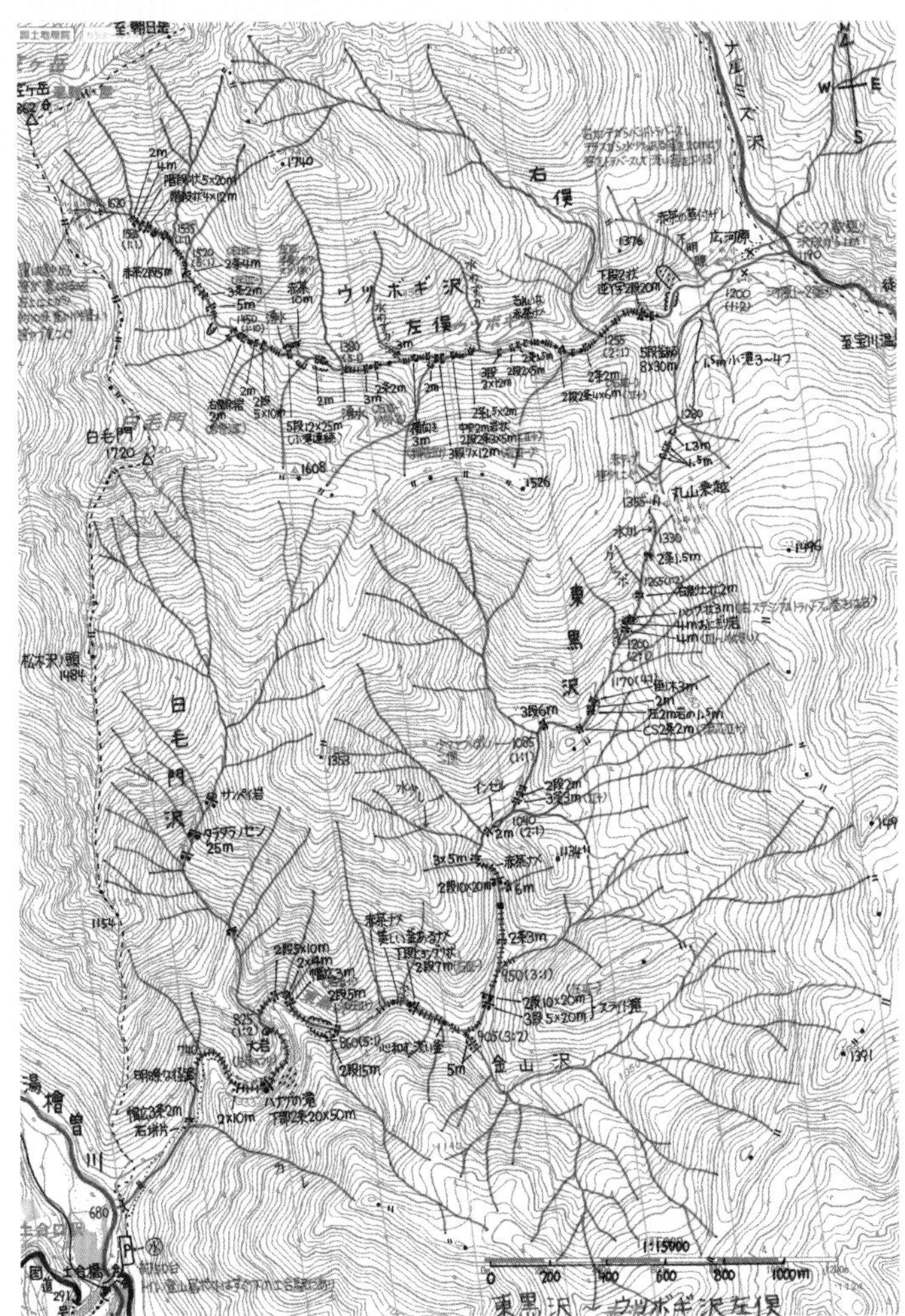

■阿武隈川 南沢

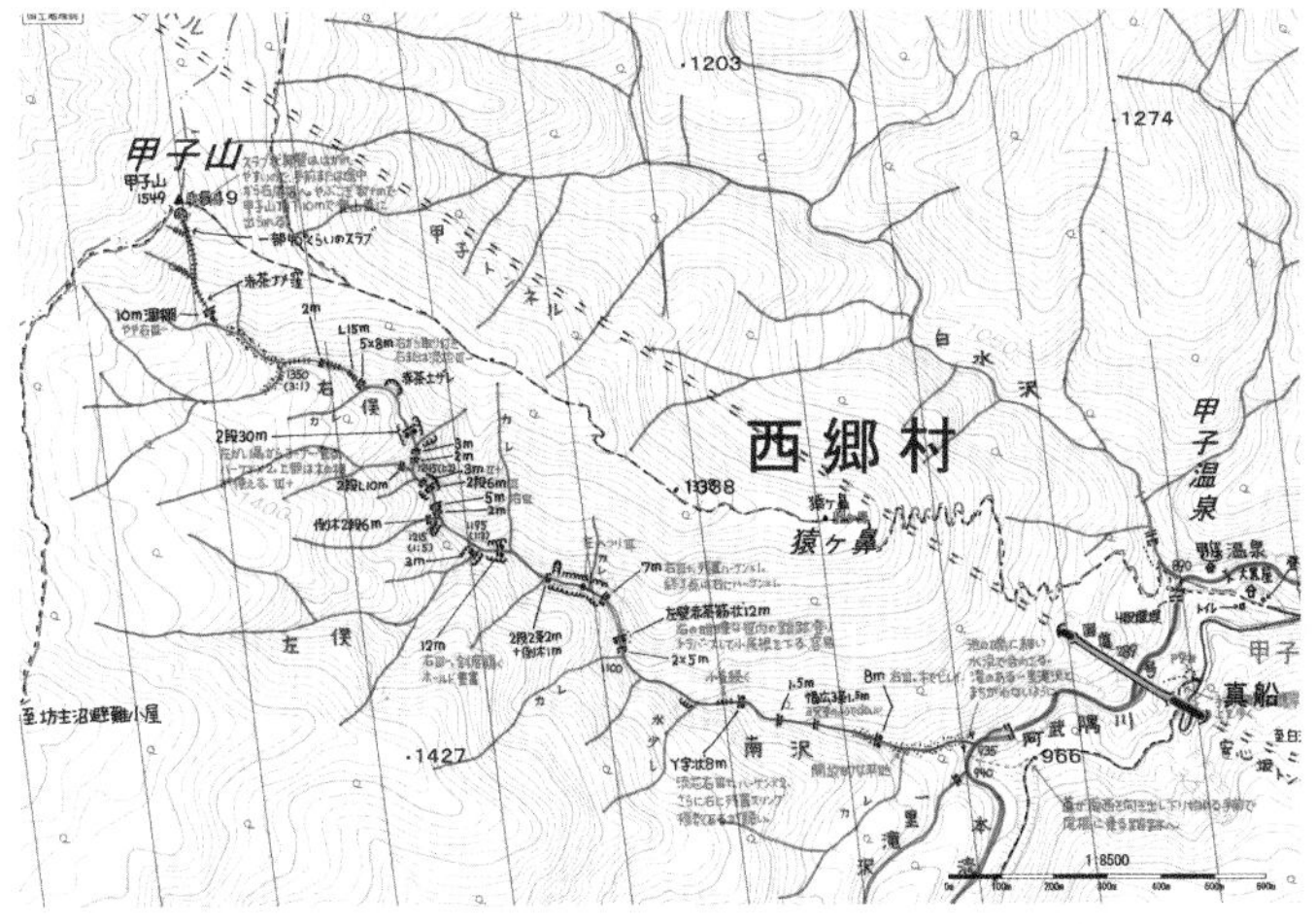

遡行図は遡行者の行動記録だ。創造性を遡行者自身に委ねることができ、自在に山を駆けめぐることができる。自分のルート取りや難易度、そのとき感じた心象風景などは時間とともに希薄になり、ついには忘却の彼方に消えていってしまう。それらを書き留めなければ、その遡行や山行を総括することは決してできない。遡行図とは、自分がそのときその場で感じたものごとを書き留めてこそ、その意義があると思っている。

遡行図というと、沢の概要を独自の記号を使ってまとめた簡略図が一般的だが、私の作り方は、地形図に地図記号や情報を加筆していく。まず該当する地形図を2枚印刷し、一枚は現地で遡行しながら地形図上にメモ書きをしたり、ときにはボイスレコーダーに録音する。できるだけ記憶が鮮明なうちに、もう一枚の地形図にトレーシングペーパーをかぶせ、青色水性細ペンで沢線を細かい支流まで書く。細かく沢を入れれば、残ったのは尾根なので尾根線は入れない。滝の位置は現場で位置を見極め、だいたいの落差や形状、ルート取りや難易度をメモに従い記入する。二俣など現在位置が確認できる標高、そして出会った素敵な風景や動物、植物、印象もできるだけ入れておく。

情報量にもよるが、おおむね1～2時間で完成させることができる。もともと、山岳連盟で習った読図学を自分なりに工夫を重ねて現在に至っている。要は「山は記憶でなく、記録に残せ」である。（後藤真一）

Column 3

沢登りとGPS

　便利な世の中になった。GPS専用機ばかりでなく、自分のスマホにダウンロードできるGPSアプリが手軽に利用できる現在。音声案内で標高を告げてくれたり、あらかじめ予定したルートを取り込んでおくことで、もしルートから外れるとその旨をガイダンスもしてくれる。

　ご多分に漏れず、私もスマホに登山用のGPSアプリ「ジオグラフィカ」を入れている。このアプリが紹介されたとき、ガラケーをアンドロイドに機種変更した。今までも地形図読みでかなり正確に滝の位置やエスケープ尾根の選択には自信をもってはいたが、直線的な沢線の場合、滝の位置の正確性に多少ずれがあったり、地形図上では非常に太った尾根の下降中に現われる複数の微妙な尾根の選択で一本間違えることがあったため、より精度を高めたいと思ったことが理由である。

　そうはいっても、読図のメインツールは自身でカスタマイズした地形図とコンパスに変化はない。スマホはファスナー付きのケースで防水し、ザックの雨蓋にしまって、5分間隔に流れる音声ガイダンスを聞いているだけだ。いつも頼りにしているのは、やはり自分で細かい沢線、尾根上のピークとコル、黄色いラインマーカーで塗った危険と思われる箇所、そして現在位置が確認できそうな二俣や沢の屈曲点の標高表示などをつぶさに書き入れた地形図とコンパスである。防水ケースに入れてはいるが、水に浸かったり、雨に濡れることもあるので、予備をもう一枚別にしまっている。

　なぜかといえば、できるだけ精度の高い遡行図作成のためであるし、「線」としてのルートをたどるカーナビ登山ではなく、山全体を「面」として縦横無尽に遊び尽くすためでもある。遡行図取りは防水メモでもよいが、地形図に直に書いたほうが後々清書するのに面倒くさくないし、性に合っているかもしれない。

　GPSは併せて使えばより精度も高くなるし、定期的に音声で知らせてくれる標高案内は、自分の読図力を裏打ちしてくれるのでありがたい。おまけにトラックログも残してくれる。バックアップアイテムとしては今や切り離せない存在であろう。ただし、長い期間の遡行や低温下での使用は、機器ゆえのトラブルやバッテリーの消耗などの弱点はどうしても付いてまわる。スマホ一台でGPS、カメラや動画撮影、緊急時の電話連絡などまかなっていれば消耗は激しく、安易な装着をしていれば落とすこともある。

　紙派? GPS派? と地図を読む手段の論争めいたこともよく目にする。人はどちらかの慣れた手段に傾倒しがちだ。どちらも否定するわけではないが、地形の変化を読み取ったり、記録を書くことを前提にするなら、地形図とコンパスをメインにして、GPSを併用することが個人的にはよいと思う。

文／後藤真一（登山学校主宰）

使っているGPSアプリ「ジオグラフィカ」。山行中にスマホを取り出して見ることは少ない

写真／宇佐美博之

ツメのわかりにくい地形では地形図とGPSの併用も

Part 4

遡行技術

沢を歩く……50
岩場の通過……52
流れを渡る……55
泳ぐ……58
高巻き……62
ヤブこぎ……64
雪渓の通過……66
コラム4　雪渓と水量に阻まれて～沢登りの失敗談～……68

■監修／後藤真一（登山学校主宰）

沢を歩く

ゴーロなどの歩き方

ゴーロの基本的な歩き方

水平移動を意識する

ひざの屈伸を使い、視線の高さをできるだけ変えずに、体が水平に移動するように意識。視野を広くとり、前方に大きな段差がある場合は迂回することも考える

つま先を使う

特に段差を下るとき、かかとから着地せず、つま先側を柔軟に使って歩くといい。かかとから足を置くとバランスを崩したときに立て直しが利かない

ゴーロを素早く歩く

沢を遡行するとき、平坦な地形では河原やゴーロを歩くことが多い。砂や小さな石が多い河原なら特段歩き方を意識する必要はないが、大きな石が堆積するゴーロの通過にはコツがある。

ゴーロでは、視線を上下させないように意識して、水平移動を心がける。段差を越えるときは、体が伸び上がらないようにひざを曲げて、やや腰を低くするといった感じだ。

このように意識すると推進力がつき、歩くスピードが速くなる。ゴーロは危険が少ない地形なので、全体の遡行時間を短縮するためにも、時間をかけずに通過したい。

浮き石を判断する

ゴーロには、一部だけが地面に接している不安定な石がある。これを浮き石と呼ぶ。浮き石に足を乗せると、バランスを崩して転倒といった事態になりかねない。事実、浮き石

足の置き方

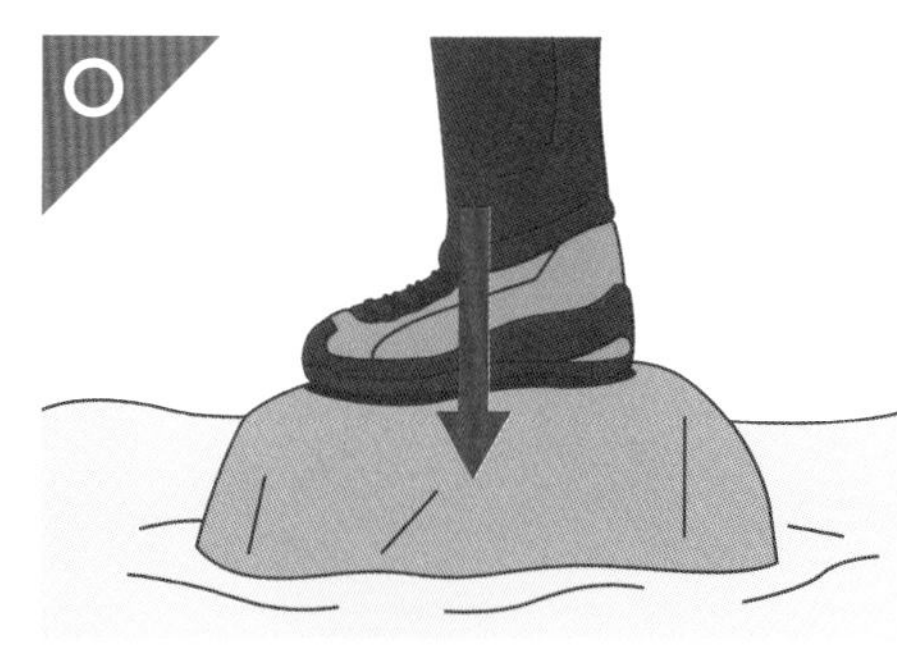

比較的平らな石には、荷重が真下にかかるように水平に足を置く。足裏でフリクションを確かめながら、ゆっくり体重を移動させる

足裏の一部だけを置くと、ソールのフリクション性能を得ることができず、非常に滑りやすい。しっかり石の真上に足を置くこと

石が前傾する場合は、図のようにソール全体が接するように足を置き、荷重後、次の一歩を素早く出す。かかとから置くと滑りやすい

段差を越えるときは、つま先だけ石に接する足の置き方もよくない。濡れているとフリクションが効かず滑る危険がある

転倒しやすい場所

砂地

ソールが砂や泥にまみれてしまうと、本来のフリクション性能が発揮されない。砂地から石に乗り移るときなどには注意しよう

濡れた流木

流れに横たわる倒木は非常に滑りやすい。足を置く場合は足裏に神経を集中させて、わずかなフリクションを確かめながら歩く

ぬめる岩

濡れた岩の表面が油を塗ったように鈍く光っている場合は要注意。ラバーソールはフリクションがまったく効かないこともある

を踏んで転倒したため、足首を捻挫したという事故事例がいくつも報告されている。

　ゴーロを素早く、かつ安全に通過するには、瞬時に浮き石を判断する必要がある。特に斜面が崩れたガレ場は浮き石だらけなので要注意。一見、不安定な印象を受ける石は動く可能性が高い。

　足を置く石が浮き石か判断に迷う場合は、足を置かない、もしくはつま先で触れて動かないか確かめる。浮き石しか足の置き場がない場合は、ふたつの石を同時に踏むと安定感が得られる。

歩き方はソールによって異なる

　装備（P29）で紹介したが、沢靴のソールにはフェルトとラバーの2種類があり、フェルトは平均的に滑りにくく、ラバーはフリクション性能の振り幅が大きい。いずれの場合も、滑る可能性を常に意識して慎重に歩くことに変わりはないが、特にラバーソールは丁寧に足を置いて、ゆっくり荷重する。ラバーソールで滑る場合はタワシ（P34）が有効で、足を乗せるポイントを磨くと滑りにくくなる。

岩場の通過

小滝や岩場の登下降

岩場を登る

三点支持で登る

岩に正対して、ホールドの高さは頭の上くらい。足も上げすぎないようにする。腕を曲げて体が壁に近づくとバランスが悪くなり視野も狭くなってしまうので、体を離した状態が理想

ホールドの持ち方

左のように指を開くと支持力を得られない。右のように、そろえた指に親指を添えると力が入る

簡単な段差を越える

遡行中に現われる滝や岩場といった段差を越えるとき、傾斜が緩く、手がかりと足の置き場も豊富にあると判断した場合は、ロープを使わずにそのまま登攀することが多い。ここでは三点支持が大切になる。

三点支持　岩に接している両手と両足の4点のうち、1点だけを動かす動作を指す。手足の3点でバランスをとりながら軸足に荷重をかけて体を持ち上げていく。これは、ハシゴを登る様子をイメージするとわかりやすい。ハシゴを登るとき、無意識に三点支持を行なっている。

三点支持はクライミングの基本動作になるので、日頃からクライミングジムなどで練習しておくといい。

ホールドの持ち方　段差を越えるときの手がかりをホールドと呼ぶ。ホールドは、つかんだ腕が伸びきると体が次の動作に移れなくなるので、頭の上くらいの高さで探すといい。足の置き場にも使えるので、つ

岩場を下る

下り方を使い分ける

一般的には左のように後ろ向きで下る。右の前向きは、ちょっとした段差を下りるときや、短い距離の高さから安定した場所に飛び降りるときなどに使う

足の置き方

フットホールドにつま先を置いて、岩をつかむ感覚で立ち込む。左のように靴の内側を乗せるのは基本NG

かむ前にたたくか揺らすなどして、岩から剥がれたりしないか安定性をチェックしよう。

基本、腕は力を入れずに体を支える補助として使い、足で登っていく。

足の置き方　足の置き場をフットホールドという。フットホールドに足を乗せるとき、ガニ股のように足を横に向けると力を加えにくく、バランスも悪くなってしまう。つま先をまっすぐフットホールドに置き、安定する足裏の母指球あたりに徐々に荷重をかけて立ち上がる。

下り方　段差を下るときは、状況に応じて前向きと後ろ向きの2パターンを使い分けるといい。

前向き（フェイシングアウト）は、傾斜が緩く短い距離の下降で使う。尻もちをついて、手で岩を押さえつけるようにして体を支えながら、手、腰、足の順番にずりずりとゆっくり滑り下りる。

後ろ向き（フェイシングイン）は、やや長い距離の急傾斜を下る場面で使う。登りと同様に三点支持が基本となり、懐を広くとり、体を反るようにして肩越しや脇の下から足場を探し、ゆっくりと腰を落として視線を下げていく。

トラバース（へつり）

トラバースの動き

図のように左から右へ進む場合、1進行方向に見つけたフットホールドにバランスを保ちながら右足を乗せる。2腰から移動するイメージで右足にゆっくり荷重を移す。3進行方向に見つけた新たなホールドに右手をかけてから、左足を右足の近くに寄せる。以降1から3の動作を繰り返す

緊張を強いられる激流のトラバース。壁を越えるまで気が抜けない

水面近く、上がりすぎない

上に向かうほうが登りやすいので、意識しないと上がりすぎてしまい、下ることが難しくなる。水面に近いラインを狙うのがコツ

釜や淵を泳がずに通過する

釜や淵が現われたとき、泳いではかりいると体力をどんどん消耗してしまう。そのため、側壁にホールドとフットホールドがあり、下流に滝がない場合、壁を伝って難所を横切ることがある。これをトラバースという。沢登りでは「へつり」と呼ばれ、トラバースすることを「へつる」ともいう。

トラバースでは、水面から離れすぎないように注意する。慣れていないと上に登りすぎてしまい、沢から遠く離れて、気づけば登ることも下ることもできなくなり、身動きがとれない状況に陥ってしまう。

そのため、ホールドとフットホールドはなるべく真横に探す。足場は水中に見つかることもある。場合によっては、ひとつのホールドを両手で持つ、フットホールドに乗せている足をもう片方の足に乗せ替える、といった動作も必要だ。動くときは、腰から荷重を移動させる意識をもつといい。

トラバースは登下降よりもバランスを崩しやすいので、自然の岩場などで練習を重ねたい。

流れを渡る

徒渉の基本技術

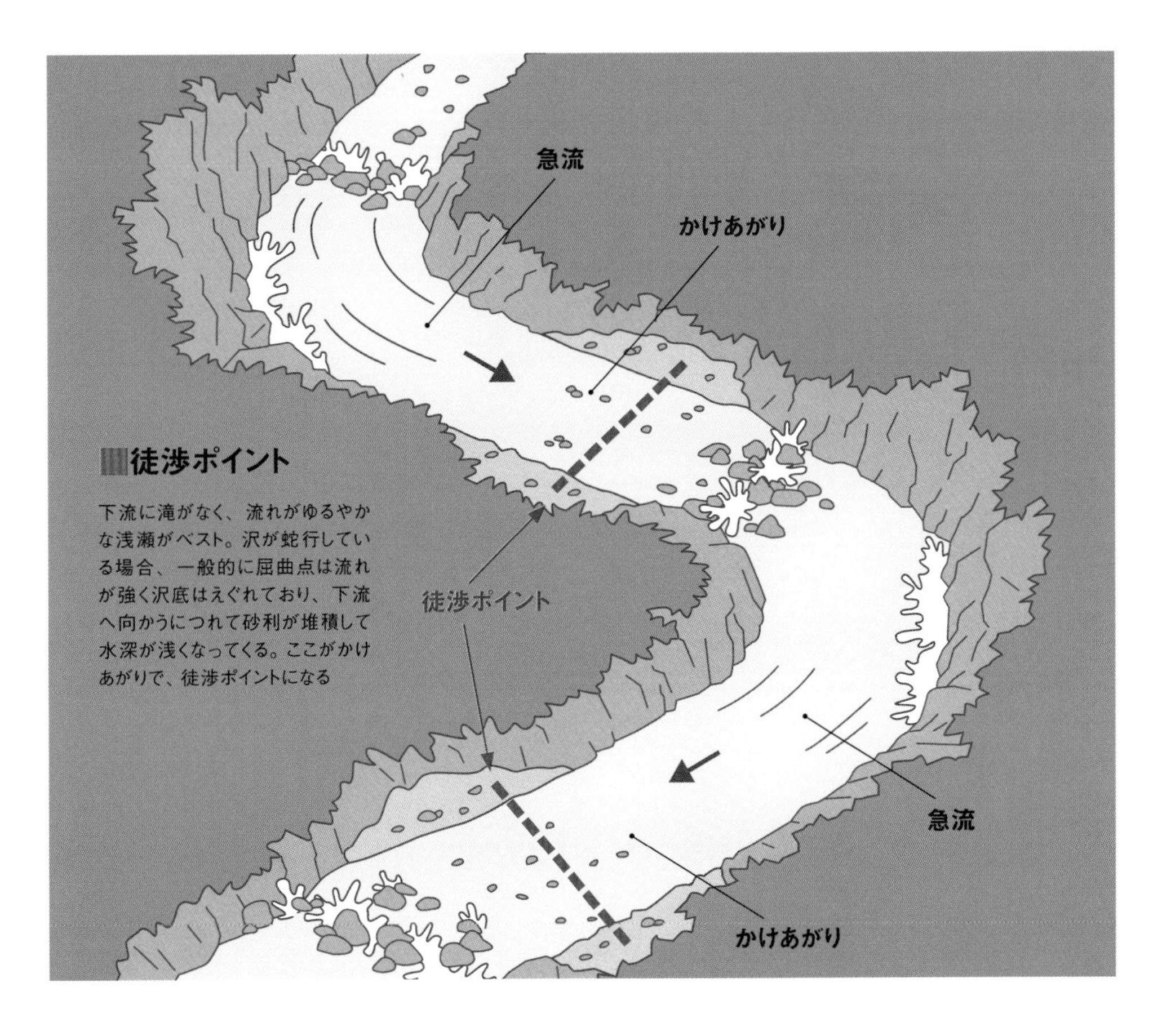

急流
かけあがり
徒渉ポイント
下流に滝がなく、流れがゆるやかな浅瀬がベスト。沢が蛇行している場合、一般的に屈曲点は流れが強く沢底はえぐれており、下流へ向かうにつれて砂利が堆積して水深が浅くなってくる。ここがかけあがりで、徒渉ポイントになる
徒渉ポイント
急流
かけあがり

徒渉の基本と注意点

歩いて川を渡ることを徒渉という。流れが穏やかで浅いポイントなら意識することは何もないが、くるぶし程度の深さでも水圧が高いと足をすくわれることがあるので注意したい。

流芯を読む　沢の中で幅が狭まっているところは流れが強く、水圧も高い。ここが流芯と呼ばれるポイントで、徒渉では流芯を読み、どうやって突破するかがポイントとなる。

水圧と水温の関係　水圧は水温にも左右される。温度が低くなると水の粘度が増し、水圧が高くなる。上流に雪渓がある沢や、湧き水が流入するような沢は水温が低いことがあり、より流れを重く感じるはずだ。

徒渉の判断　徒渉する場合、パーティ内でいちばん体格のよいメンバーが先陣を切って歩いて渡れるか確かめる。このとき、ギリギリの状況を強いられるようなら、残りのメンバーは流される可能性が高い。撤退も視野に入れつつ、スクラム徒渉など別の方法を考えよう。

渡れないときもある

雨が降った直後や、残雪による雪代（ゆきしろ）が多いときなどは、平時よりも水かさが増して流れも強く、徒渉を躊躇するような場合がある。ロープを使って安全を確保しながら渡る方法もあるが、危険な状況であることには変わりないので、無理は禁物。高巻きで先へ進めないか可能性を探ってみよう。それが難しいようならロープの使用を考えるが、そもそも流される可能性が高い場合は撤退もありえる。

激流が行く手を阻む。少しでも不安を感じるようなら、身の安全を第一に考えよう

体の向きと方向

水流に背を向けると進行方向を確認できず、流れに対して踏ん張ることもできない。真横を向くと、同様に水圧に耐えられず流される危険がある

足の運び方

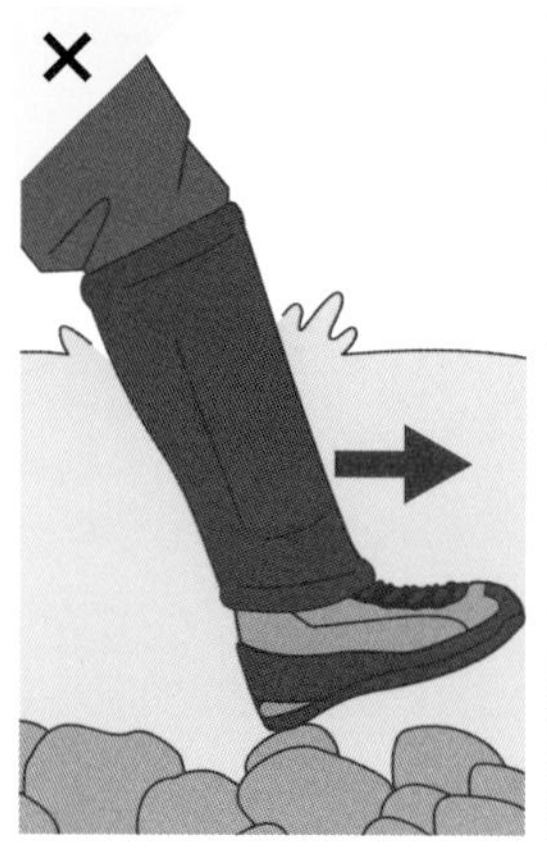

足を高く上げて歩くと一気に流されることがある。流れが弱い浅瀬以外ではNG

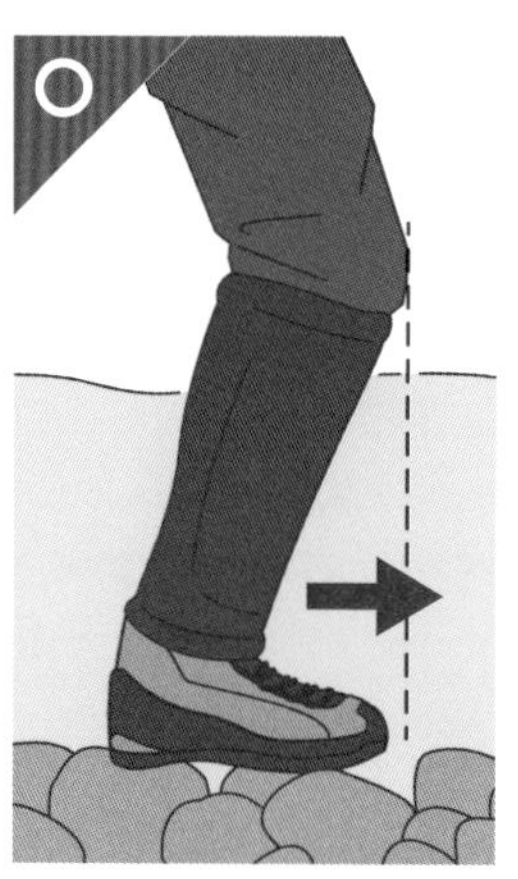

すり足が基本。つま先をひざより前に出さず、安定する場所を探りながら進んでいく

流芯を飛び越える

流れが狭まるワンポイントを飛び越えることは多い。先に渡った人はロープなどで後続をサポートする。自信がなければ空身で飛んで、あとからザックを回収してもいい

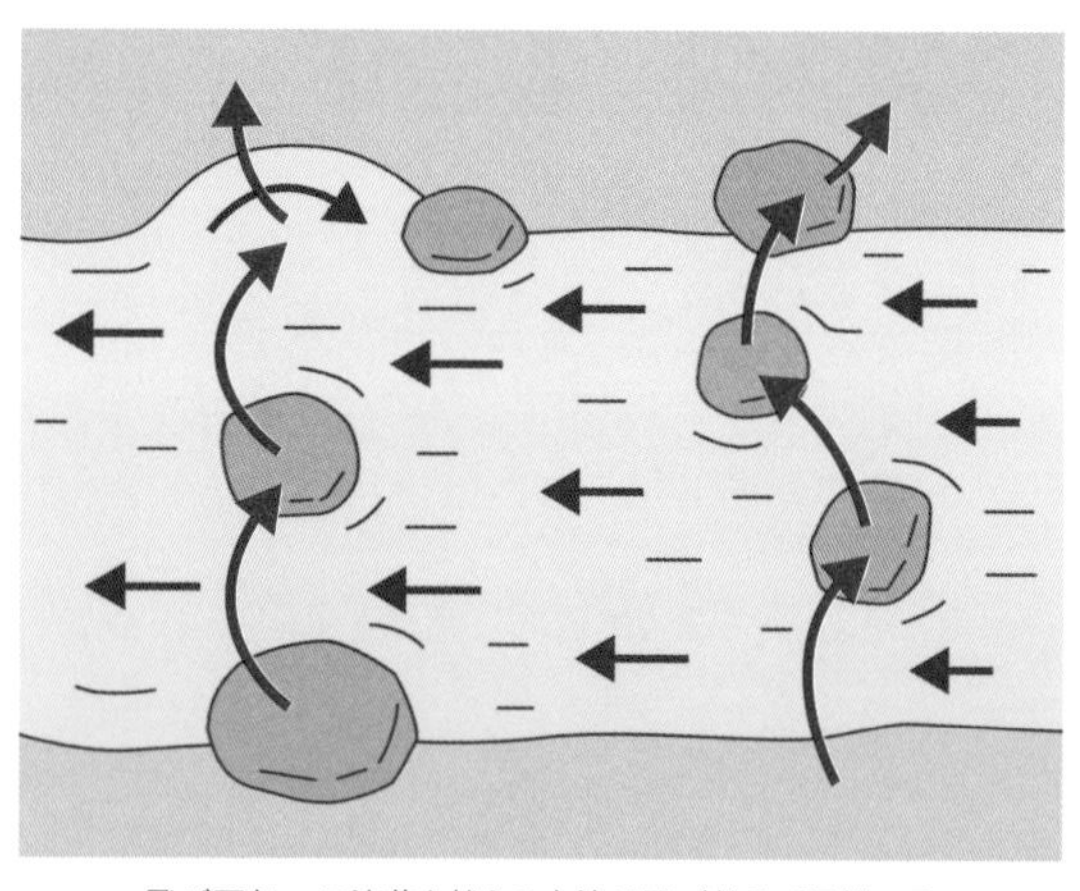

飛び石伝いに流芯を越える方法は飛び越える距離の見極めが重要。流れが反転するポイント（エディ）に飛び込む場合は沢底に障害物がないか注意深く確認する

足の運び方と体の向き

水圧で重みを感じる流れを渡る場合、大股で歩くと足をすくわれる可能性があり危険。すり足を意識して、沢底を探るようにつま先で前方の障害物を確認しながら、ジリジリと足を出す。このとき気持ち腰を下ろして、下っ腹に力を入れるといい。

体の向きは、進行方向を確認しつつ水圧に耐える姿勢をとるため、流れに正対する。もしくは水流を受け流すように半身に構える。

単独の徒渉では、流木やストックを上流側に突いて支えとする方法もある。流木が太いと流れを受けてしまい、かえって危険な状況になりうるので、なるべく細い木を選ぶこと。

ジャンプで流芯を越える

流れの中に石が点在して対岸まで続いていれば、それを足がかりにして渡ることもできる。石と石の間に距離がある場合は、ジャンプして飛び移る。この場合、飛び乗る石が安定していることが条件。不安があれば流木などを使い、浮き石でないことを確かめたい。表面が乾いていれば滑る可能性は少ないが、濡れてい

スクラム徒渉

ハーネスをつかむ

ザックではなくハーネスのウエストベルトをつかんでもいい。距離が近すぎると歩きづらく、離れすぎるとサポートしづらくなる。適度な距離を保って歩くこと

ザックをつかむ

ザックのショルダーハーネスの付け根をつかむ。身長差がある場合は、ショルダーハーネスの上を押さえつけるように持ってもいい。引っ張りすぎないように注意する

軽い人は真ん中

スクラム徒渉は3人がいちばん安定する。真ん中に体重の軽い人や徒渉に慣れていない人を入れて、両サイドから徒渉に慣れたメンバーがサポートする

る場合は着地に注意が必要だ。

大きな岩陰や、河原に向かって流れが膨らんでいる場所は、水勢が穏やかで流れが反転している場合がある。こういったポイントをカヌー用語でエディと呼ぶ。流芯を飛び越えた先にエディがあり、そこから安全に徒渉できるような場合は、思いきってエディに飛び込む方法もある。

スクラム徒渉

流れが強く単独では渡れない、もしくはメンバーのなかで徒渉に不安がある人がいる場合は、スクラム徒渉が有効だ。これは2人以上で、それぞれのザックやハーネスをつかんで徒渉する技術。スクラムを組むことで自分のバランスを保ちつつ、相手のバランスも支えることができる。

先頭は、背の高い人、体格がいい人、徒渉に慣れた人が務める。テンポよく歩くために「右、左」などとかけ声を出し、お互いの息をそろえることが大切だ。

どのくらいの流れなら無理なく徒渉できるか。これは危なくない範囲で経験を積むしか、知る方法がない。登攀技術と同様に、徒渉のトレーニングも積極的に行ないたい。

泳ぐ

淵や釜などの突破

泳ぎを避けられない巨大な釜。流れに乗って滝の落ち込みへ向かう（北アルプス・北又谷）

深い流れを泳ぎきる

足がつかない淵や釜で泳ぎを強いられることがある。このような場面は、側壁がほぼ垂直に立ち上がったゴルジュの中で現われることが多い。高巻くことができず、水流を突破するしか先へ進む手段はない。

取水面積が広い沢で、両岸の等高線が狭まるようなゴルジュ地形がある場合、そこに深い淵や大釜が待ち構えているかもしれない。

低体温症に注意　気温が高い季節でも、しばらく水に浸かっていると体が冷えて、低体温症に陥る危険がある。泳ぎきった先にある壁に取り付けない、水流が強くて流れを突破できないような場合は、粘りすぎは禁物だ。早々にほかのメンバーにバトンタッチして、冷たい水から脱出して陸に上がろう。

体が冷えないように、ウエットスーツなど保温性の高いウェアを着ることも低体温症の予防につながる。

泳ぎの沢のアイテム

幾度も泳ぐ場面が出てくるような沢には、マリンスポーツに使われるウエットスーツが有効だ。本格的なものではなく、ネオプレーン素材を使った薄手の長袖のジャケットやタイツでも充分。ダイビングショップなどで手に入る。

泳ぐ人に取り付けるロープは、水に浮くフローティングロープがおすすめ。ロープが足に絡まるといった危険を回避できる。

フローティングロープはリバースポーツの必需品

厳しい泳ぎの沢には、上下一体型のウエットスーツがいい

滝壺や淵にひそむ流れを知る

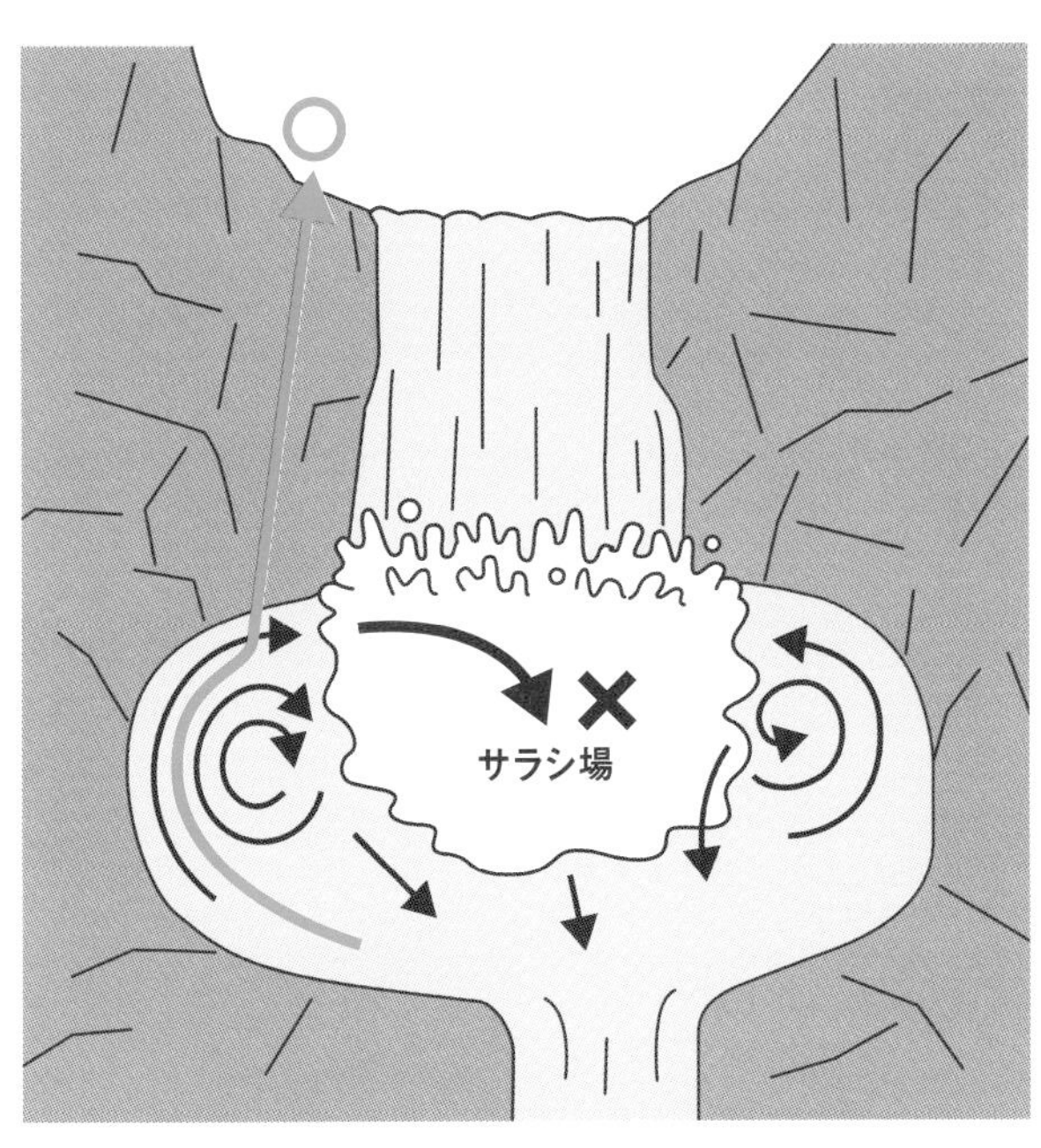

釜の両脇には上流に向かって渦巻く反転流がある。釜を泳いで突破するときは、この反転流に身をまかせて滝のそばに向かうことが多い。ただし、流れ着く場所は危険なサラシ場なので、途中で壁に取り付いて流れから脱出する

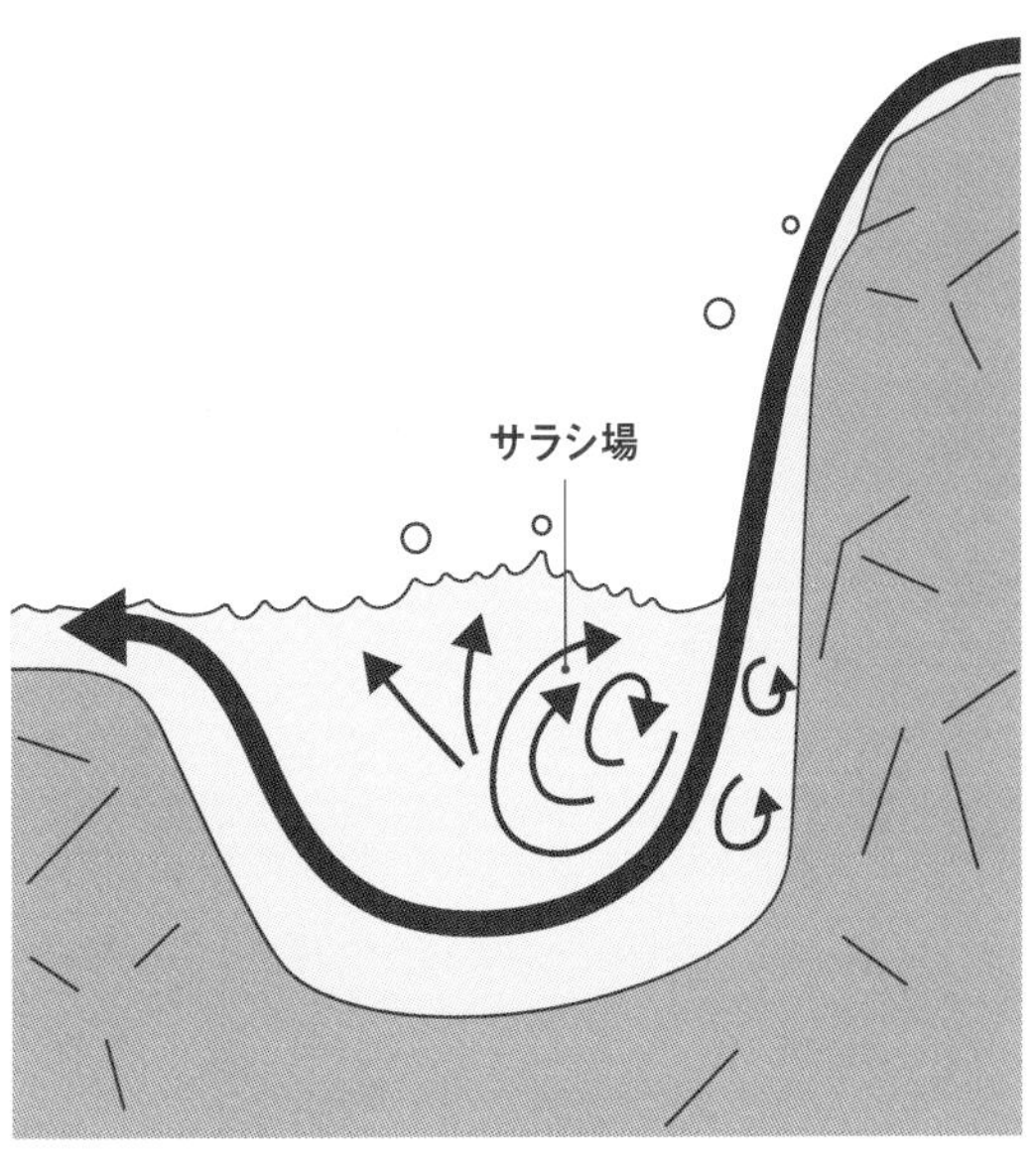

上流から流れ落ちる太い矢印が主水流。中央付近で流れが渦を巻いている場所がサラシ場になる。サラシ場から脱出するには、体が沈んだとき一気に沢底に潜り、下流へ向かう主水流をつかまえるしかない

複雑な流れを把握する

沢の中には複雑な流れが存在する。特に激しく渦を巻く釜を泳ぐときには注意が必要だ。

上流から落ちる水は、沢底をなぞるようにして下流へ向かう。その途中、一部の流れは釜の中央付近で上昇して、滝の真下へ向かって逆流するように渦を巻く。水面が白く泡立っているポイントがそれで、サラシ場と呼ばれている。

サラシ場に巻き込まれると、浮上しても泡に巻かれて息ができず、再び沈む流れにのまれてしまい、溺れる危険が非常に高い。急流が直角に岩肌にぶつかるようなポイントも、沢底へ沈む強い流れがある可能性が高いので、近づくべきではない。

水没への対処　危険な流れに巻き込まれたメンバーを救出することは難しい。水没のリスクを回避するためには、泳ぐ人に必ずロープを結び、すぐに引き戻せるようにしておく。

沢の水は淡水であるため、海よりも体が浮きにくい。泳ぎに自信がない人がいる場合は、浮力体となるライフジャケットなどをパーティでひとつでも用意するといい。

水流の見方

滝壺の流れを読むときは、落ち込み部分から順に視野を広げ、水流の動き方や方向を注意深く観察する。特に落ち込み直後に発生するホール（縦方向の反転流）や、その脇に発生するエディ（横方向の反転流）は要チェックポイントだ。

水面の波や白泡の動きから、明確に上流方向に戻る流れが見えるならホールやエディは存在する。ホールの危険はもちろんのことエディも油断ならず、一度捕まれば抜け出せなくなるものもあるので注意したい。

水面下の複雑な地形で流れが混沌とし、はっきりと読みづらいこともあるが、決して楽観的に判断をしてはいけない。こと水流に関してはそれが裏目に出ることが多く、一度のミスが命取りとなる。予測できない流れに入らないのは鉄則だが、ルート上どうしても入ってしまう可能性があるならば、事前に安全確保の対策を施しておくべきだろう。

（大西良治）

基本的な泳ぎ

体力の消耗を抑えながら長い距離を泳ぐことができる。ザックを背負うと立ち泳ぎに近い状態になる

ザックを下ろして空身で行なう。体力を激しく消耗するため、流芯を短い距離で一気に越えるときなどに使う

ザックの浮力を利用

ラッコ泳ぎ

ザックに全体重を預けて背泳ぎ状態になる泳法。ゆるい流れを下るときに多用するが、緩流帯なら前進も可能

岩をへつるように

側壁に見つけたホールドで体を引き寄せながら前進する。泳ぎが通用しない急流も突破できることがある

どこを泳ぐか?

泳ぐときは水勢の強い流芯を避けて、流れが穏やかなラインを選ぶ。基本的に、沢の真ん中が最も流れが速く、両脇が緩流帯となる。

泳ぎ方　通常は顔を出したまま平泳ぎを行なう。平泳ぎで押し戻される場合は、推進力の高いクロールを試みる。流れがよどむトロなどでは、背泳ぎ状態になるラッコ泳ぎも有効だ。

壁際を泳ぐときは、ホールドをつかんで前進することもある。水の中にある側壁の窪みや岩を蹴って推進力を得ながら進むことも多い。

屈曲点を泳ぐコツ　沢が屈曲していると、流芯はカーブする外側の壁にぶつかってから流れていく。このような地形では屈曲点の内側が緩流帯になっていることが多い。

突破するコツは、カーブの外側から屈曲点に近づき、沢が曲がる手前で流芯を突破して水勢が穏やかな内側に入り込む。流芯を渡るときは、斜め45度の角度で上流に向かう意識をもつといい。

ザックの扱い方　流れが弱ければザックを背負ったまま泳ぐことが多い。このとき、浮き上がるザックで頭

ヤツメウナギ泳法とは?

岩をへつるように流れを突破する方法は「ヤツメウナギ泳法」と呼ばれている。これは、顎を持たないヤツメウナギが壁に吸着しながら泳ぐ様子から命名された。

大きいホールドが見つからない場合は、スカイフック（先端がかぎ爪状になっている登攀具）を細かい突起に引っかけて前進を試みる。慣れていないと簡単に外れてしまうので注意すること。

上の写真で手に持っている道具がスカイフック。落とさないようにスリングなどで手首に巻きつけておく

ロープを使う

ザックの受け渡し

ロープの中間につくった輪か、持っていれば2本のロープの末端にザックを吊り下げて回収する

後続はロープを操作

ロープがたるまないように操作。途中で長さが足りなくなったときはスリングなどで延長も考える

トップにロープをつなぐ

ロープの末端に輪をつくりハーネスに固定。外れてはいけないので安全環付きカラビナを使う

後続を引く

ラスト以外の後続は、前後でロープにつながれた状態をつくって渡る。ロープで引っ張られるので、基本泳ぐ必要はない。万が一溺れた場合は、後ろのロープで救助する。ラストは後方から救出できないので、泳力のある人が務める

を押さえつけられないように、雨蓋を後方にずらして、ウエストベルトをきつく締めておく。

　流れが強い場合はザックを置いて空身で飛び込む。無事に泳ぎ渡ることができたら、ロープを使ってザックを回収する。

ロープの使い方　ロープは渡り終えたあとに引き戻すため、泳ぐ距離の倍以上の長さが必要になる。トップはハーネスに連結したロープを引いて泳ぐ。後続はロープを操作して、泳ぐ人の足にロープが絡まないように長さを調整する。

　3人パーティの場合、対岸に到着したトップは安全な場所でロープを手繰り、セカンドを引き寄せる。セカンドが渡り終えたら、ラストはロープを引き戻して自分のハーネスに末端を連結。トップとセカンドがラストを引っ張る。

　空身で泳いだ場合は同じ手順でザックを回収する。

救出方法　泳いでいる人が前述したサラシ場などに巻き込まれた場合、引き上げて救出することは難しい。この場合、後続が素早くロープを手繰り寄せて、溺れている人を危険な流れから引きずり出す。

押しくら饅頭式突破法

激流を突破する方法は人の数だけアイデアがあり、急流を越えるために、あえて深くに潜り、流れのゆるい沢底をなぞるように泳いで突破した強者もいる。

　押しくら饅頭式突破法も、激しい流れを越えるユニークな方法のひとつ。沢底を歩ける場合、側壁に沿って一列に連なり、押しくら饅頭遊びをするように、先頭を押して支えながら前進する。流れを真正面から受けるトップは大変だが、その背後は緩流帯になるので、後続が流されることはない。壁から離れないように注意しつつ、かけ声を出しながらジリジリと前に進もう。

高巻き

沢登りでは必須の技術

黄色い点線が実際の高巻きルート。ルンゼから尾根を越えて滝の落ち口へ下降する

高巻きとは？

登れない滝や激流の淵が現われた場合、側壁から障害物を迂回する。この回避行動を「高巻き」と呼ぶ。

滝を登るより高巻くほうが安全だと思うかもしれないが、高巻き中はロープで安全を確保することが困難で、谷底までの落差も大きくなるため、滑落が命取りになる。危険な行為であることを覚えておこう。

高巻きのルート　人気がある沢は高巻きの踏み跡（巻き道）がはっきりしている場合があり、巻き道は遡行図に記されていることも多い。

しかし、記録が少ない沢では自分たちで高巻きのルートを探さないといけない。このとき、灌木帯が比較的安全なルートになりうる。谷底まで灌木が下りてきていれば、そこに取り付いて高巻きを開始する。

高い位置に灌木帯がある場合は、その高さまで、泥壁、草付、ルンゼなど、登りやすいと思われる斜面を見つけて登攀する。

ルート取り　高く登りすぎると時間がかかるだけでなく、下ることも難しくなってしまう。沢から離れすぎず、ギリギリのルートを探るのが高巻きのコツになる。

高巻き中はヤブで視界が悪くなり、越える滝や淵を目視できないことがある。この場合、音で障害物の位置を把握できる。滝の音などが後方から聞こえたら障害物を越えたと判断し、沢へ向かって下降を開始する。

沢へ復帰するときも、灌木伝いに下りるといい。灌木帯が途切れている場合は懸垂下降をする（懸垂下降についてはP84参照）。

注意点　高巻きは、途中で進退窮まる状況に陥る可能性もあるため、先頭は必ずロープを持つこと。また、事前にルートをよく読み、先へ進むと後退が難しくなる核心の手前に撤退ポイントをイメージしてから登り始める。見上げると簡単そうに思えるルートも、実際には予想以上に悪いことがあるので、ルートは慎重に判断したい。

草付・泥壁の登り方

草付とは、灌木がなく一面に草が広がる斜面のことで、V字状の谷に多い。生えている草は簡単に抜けるので手がかりとして脆弱で、足を乗せると滑りやすい。泥壁は文字どおり泥の壁のこと。岩の上に泥が乗っている状況がいちばん悪く、岩肌から土が剥がれる可能性があり、バイルも手がかりとして役に立たない。いずれの場合も、頼りないフリクションと手がかりに全神経を集中させて、だましだまし登るしかない。ホールドと足場が豊富な滝を登攀するより、よっぽど悪い。

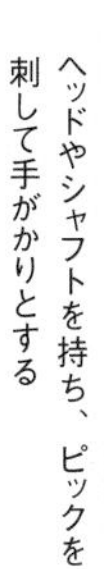
ヘッドやシャフトを持ち、ピックを刺して手がかりとする

小さな爪でグリップ力が増す。軽量なものを携行するといい

つま先は雪山のキックステップの要領で蹴り込み、足場をつくる

引くと抜けるので、根元を束ねて押さえつけるように持つ

高巻きのルート

沢の向きから判断する

屈曲点に滝がある場合、内側から巻くのが定石。外側を巻くと距離が長くなり、下降点は崖の場合が多い

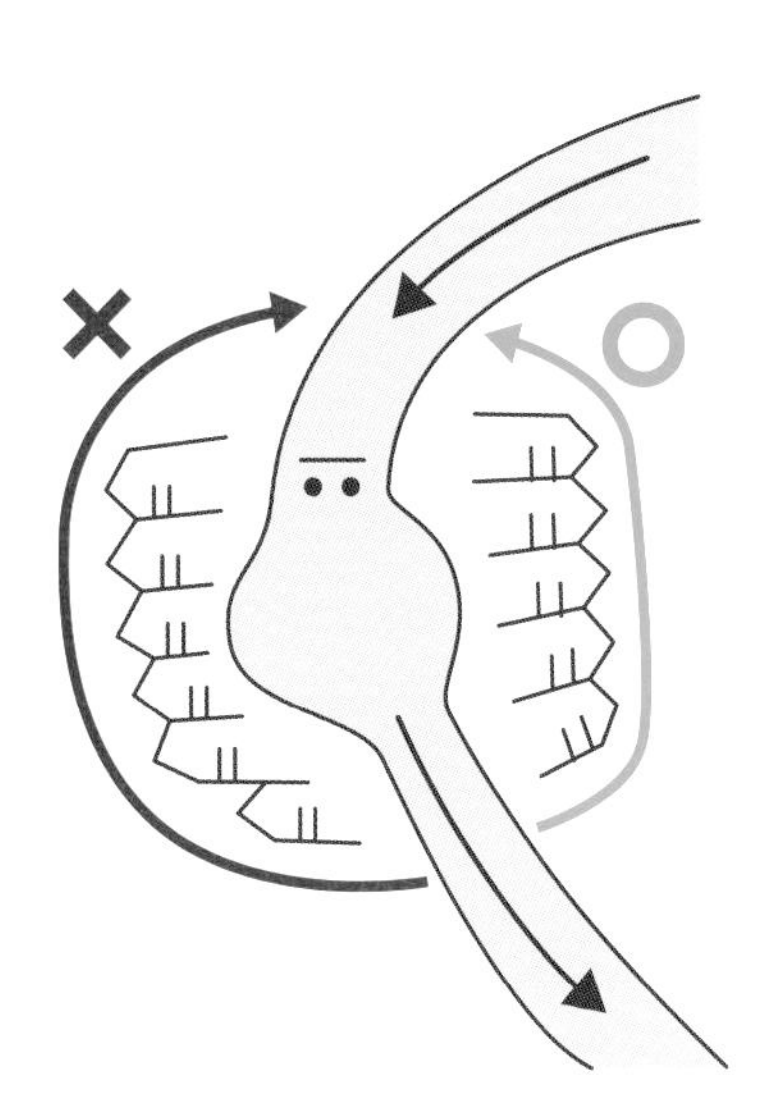

滝を巻くルート取り

まずは直登の可能性を探り、難しい場合に高巻きを検討する。ルンゼといった弱点をつなげて小さく巻く

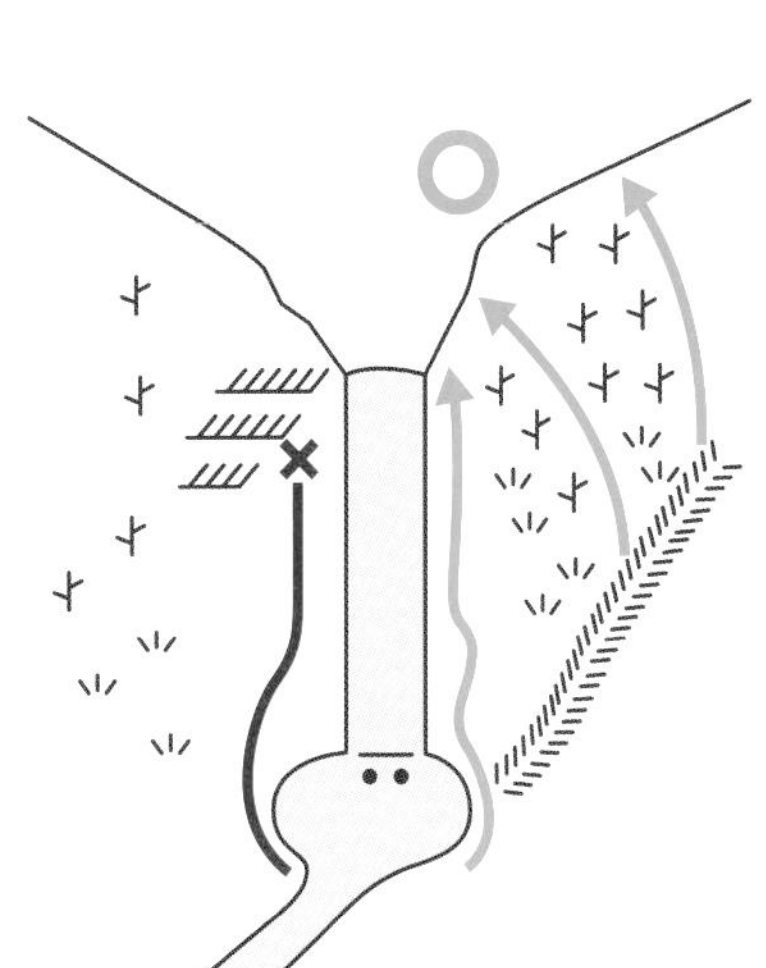

地形から考える

Aのルートが最短だが、点線の谷地形は横切れないことが多い。ここでは遠回りでもBのルートが好判断

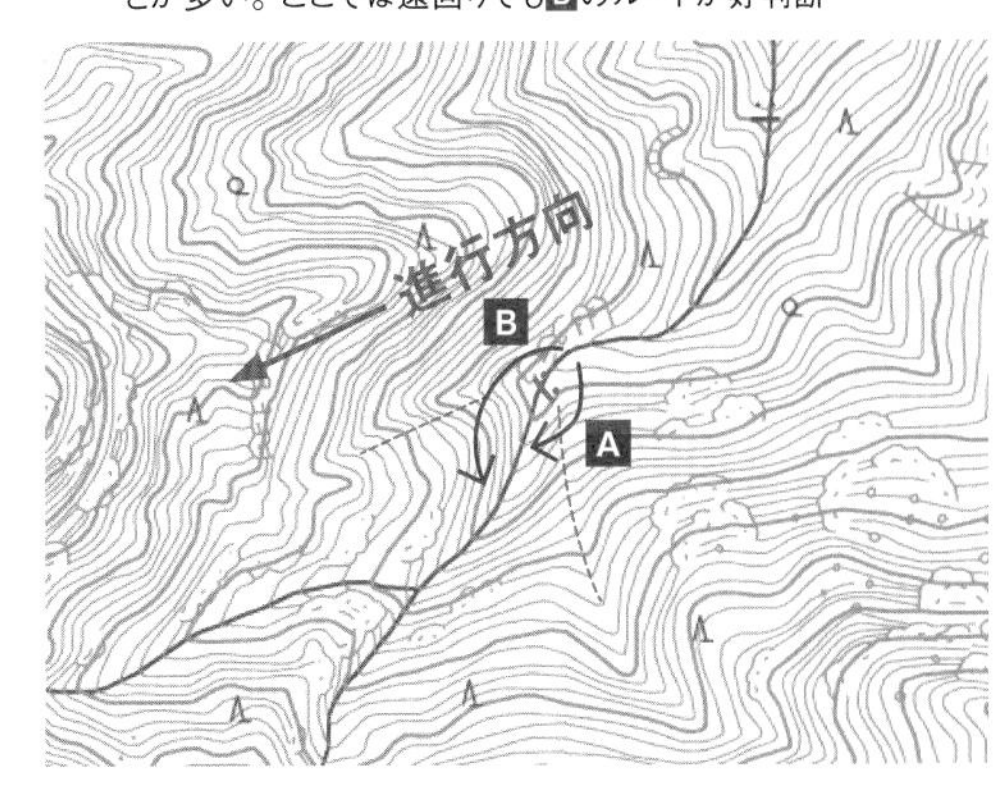

ヤブこぎ

ヤブの要塞を越える

シャクナゲが混ざり合う雑木林の尾根を進む。進路を誤らないように注意する

ヤブへ突入、その前に

道具の紛失に注意

カラビナのゲートが開いて登攀用具を失うことが多い。不要なギアはザックにしまうか、後方のギアラックにかけて安全環を必ず締める

パッキングに気を配る

マットなどを外付けしていると、ヤブに引っかけて身動きがとりづらい。荷物は外に出さずコンパクトにまとめること

ヤブこぎとは？

ヤブをかき分けながら進むことを「ヤブこぎ」という。一般縦走路でヤブこぎを経験することはほとんどないだろう。しかし沢登りでは、遡行する予定の沢へアプローチするときや、滝や淵、雪渓といった障害物を高巻くとき、源頭で稜線へ向かう最後のツメのときなどに、ヤブによって行く手を阻まれることがある。そして、これが体力を消耗する難所となる。

服装と道具の管理　ヤブこぎでは枝やイバラなどで肌を傷つけることが多いため、遡行中に半袖Tシャツなどを着ている人は、上に長袖のウェアを着たほうがいい。草木をつかんだときの手の保護も兼ねて、滑りにくいグローブを装着する。雨が降ったあとのヤブこぎは全身が濡れることになるので、レインウェアを着る。

ヤブこぎ中は、ものを失うことが多々ある。マップケースはよく見かける落とし物だ。読図用に取り出し

ヤブこぎのワザ

ネマガリダケを突破するコツ

多くの枝を押し広げて、体をねじ込むスペースを大きくする。上に乗ると滑りやすいので、足も地面に着くように押し込む。後続はトップのすぐ後ろを歩くとヤブをこぐ必要がないので、ラクに歩くことができる

現在地と進路を確認する

近くに背の高い木があれば、それに登って周囲を見渡し、現在地を把握しつつ、目的地と進むべき方角をチェックする。どこまでも広がるヤブの海に絶望することもあるが、めざすゴールが確認できればいくぶん気持ちが和らぐ

行く手を阻むヤブの種類

樹木の間隔があいていることが多いので、ヤブの種類のなかでは比較的歩きやすい。密生していないところを選びながら前進する

細かく分かれる枝が進路を塞ぐ。登ることも潜ることも困難なので、できれば迂回したい。突破するときは力まかせに体をねじ込む

ネマガリダケ

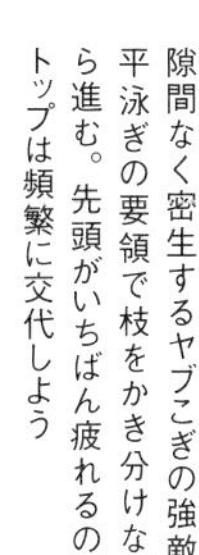
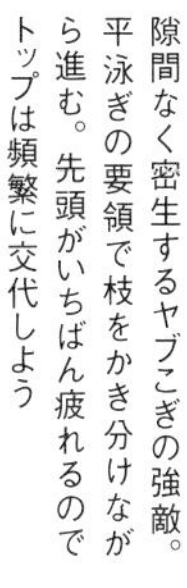

隙間なく密生するヤブこぎの強敵。平泳ぎの要領で枝をかき分けながら進む。先頭がいちばん疲れるのでトップは頻繁に交代しよう

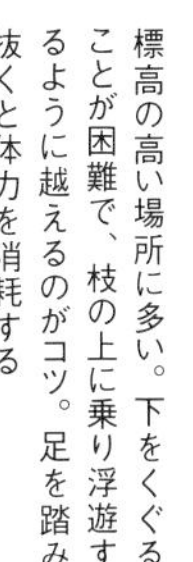

標高の高い場所に多い。下をくぐることが困難で、枝の上に乗り浮遊するように越えるのがコツ。足を踏み抜くと体力を消耗する

やすい場所にしまうとき、紛失防止のひもをつけておくか、ファスナーのあるポケットに入れる。このときウエストポーチがあると便利だ。

ハーネスのギアラックにかけておいた登攀用具も、気づいたらなくなっていることが多い。スリングはヤブに引っかけると動きづらいので、不要なものはザックに入れる。

ルート判断　周囲がまったく見えないほど背が高く濃密なヤブこぎでは、現在地と目的地を見失いやすい。

ヤブに突入する前に、現在地と最終目的地の方角を確認する。そして、地形図を読みつつ目的地の方角を常に意識しながら行動することが大切だ。越えられない露岩帯や段差が出てきたら、迂回してから向かうべき方向に進路を修正する。現在地の確認には、いまでは携帯電話の地図アプリが役に立つ。

迷子に注意　背丈以上のヤブで、さらに密度が濃くなると、数メートル先の先行者も見えなくなってしまうことがある。前を進む人は後続がついてきているか定期的に確認すること。万が一、はぐれてしまった場合は、大きな声を出したり、笛を吹いて居場所を知らせて合流しよう。

雪渓の通過

判断がいちばん難しい

雪渓はまるで口を開ける魔物のよう。下を通過するときは生きた心地がしない（北アルプス・北又谷）

雪渓の構造と危険

雪渓とは、谷を埋める雪が遅くまで残っている状態を指す。何十メートルも続く長大な雪渓も、暖かい空気や降雨によって融雪が進むと、規模が小さくなってくる。谷に架かる橋のような状態の雪渓はスノーブリッジと呼ばれており、最終的に雪渓が崩れたあとに残る雪の塊をブロックという。ときにはブロックが沢を埋め尽くしていることもある。

雪渓の構造　融雪が進んだ雪渓の内側は沢の流れに沿ってトンネル状に貫通しており、上部の層は薄くなる。側壁のそばもひさしのような薄い層が張り出していて、横から見た下駄のような状態で立っている。一見、ひとつの塊のようだが、実はいくつもの層によって形成されている。

雪渓の危険　雪渓はいつ崩れてもおかしくない。完全に崩壊することもあれば、内側の天井が落ちてくる剥離崩壊など、一部分が崩れることもある。上を歩くときは真ん中や両脇のラインにできる薄い層や、クレバス（雪渓の割れ目）の踏み抜きにも注意が必要だ。

気温が高い日が続いたあとや、雨が降り続いたあとなどは崩れる可能性が高い。午前よりも、気温が上昇する午後のほうが崩壊の危険が高いことも覚えておこう。

雪渓を越えるには

雪渓が現われたら、高巻く、下をくぐる、上を歩くの三択を迫られる。

崩壊の危険を考えずにすむのは高巻きだ。しかし、ひとつの雪渓を越えるのに時間がかかってしまうのがネック。比較的安定していて、先も見通せるような雪渓は一気に下をくぐったほうが早い。一定の間隔をあけて1人ずつ通過する。

上を歩く場合は、下降する方法も同時に考えておく必要がある。簡単に沢へ復帰できればいいが、ルートが見つからない場合は雪を掘って円柱をつくり（スノーボラード）、それを支点に懸垂下降することもある。

雪渓（スノーブリッジ）の断面

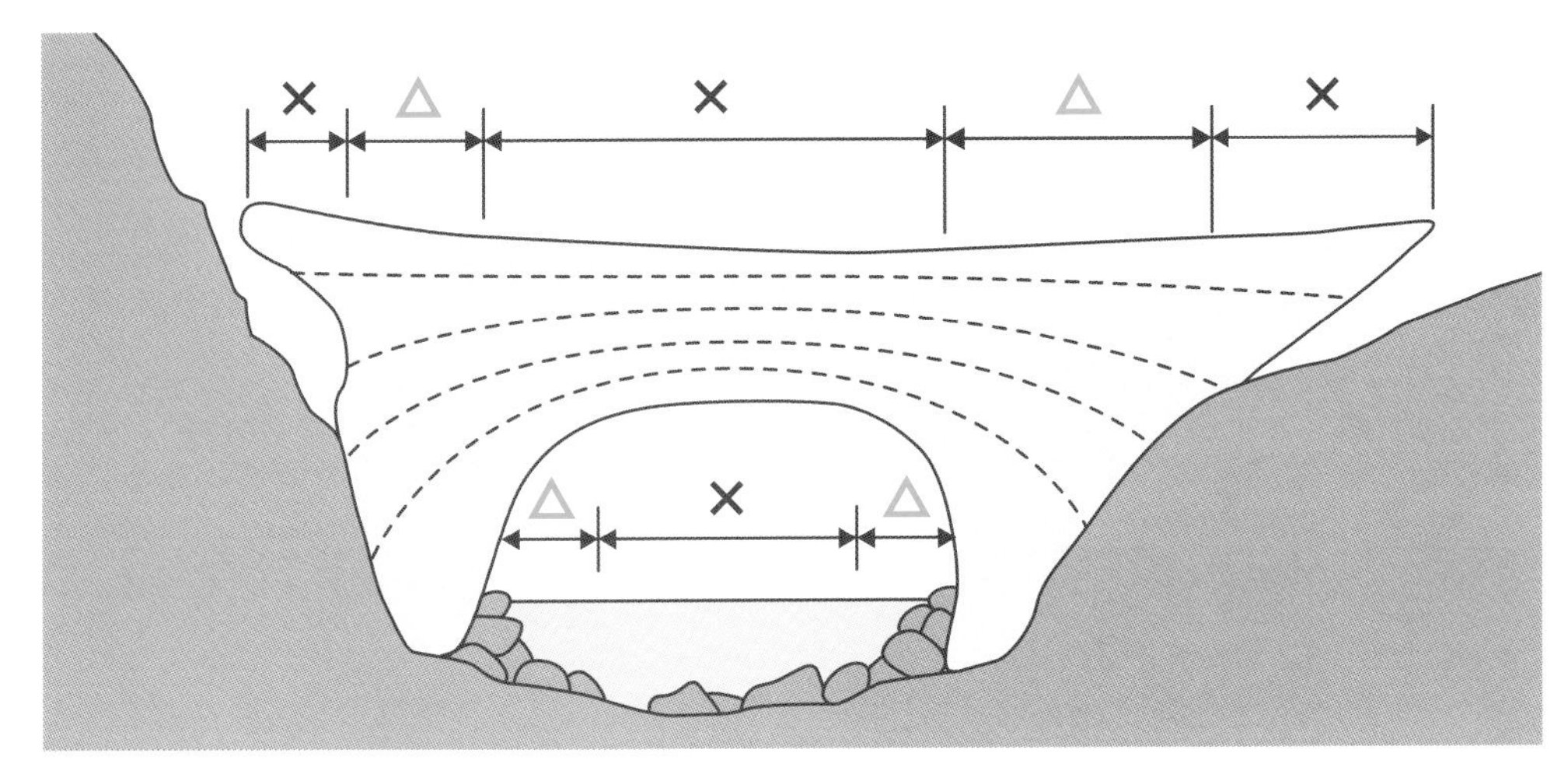

上を歩く場合、崩壊の危険が高い真ん中と両脇を避けて、雪渓が地面に接しているライン（橋桁上）を歩く。下をくぐる場合も真ん中は避けて通過する。点線が雪渓の層で、目視できることもある。天井にヒビが確認できる状況は剥離崩壊の可能性が高い

雪渓通過の判断

上を歩く場合、足元の雪渓の構造をイメージすることが大切だ。穴の周囲は層が薄くなっており、支流が流れ込む箇所も崩れる可能性が高い。図のような状況では左のライン（A）を選んで歩くといい。下をくぐるときは支流が流入するポイントで雪渓から脱出して高巻きに入る（B）

写真のように真ん中に穴があるような状態は上を歩かないほうがいい。高巻きが最善策といえる

下をくぐるか?

出口が見えていて途中に障害物がない状況がベスト。大きな音を立てず、静かに素早く通過する

雪渓通過の条件

上から越えようが、下をくぐり抜けようが、時限爆弾に等しい雪渓の通過は自己責任だ。できれば避けたい雪渓をくぐる決断を、私は次の条件に委ねている。出口が見えること。雪渓が安定していること。雪渓の下に登攀を伴う滝がないことの3点だ。それがなければ、なんとしても上に乗るか、あるいは高巻きをしてでも雪渓を避けるだろう。

雪渓下の通過は1人ずつが原則だ。犠牲を最小限にするためだ。衝撃を与えないために笛も吹かず、大声も上げない。だから、出口からの合図が見えることが必要になる。雪渓は分厚いほど安定している。降雪時期の違いによって剥離崩壊もあるが、判断は不可能だ。

また、登攀にロープを使うような滝があっては、時間がかかりすぎて採用できない。時間の浪費は雪渓崩壊へのカウントダウンになる。十全に観察し、慎重かつ大胆に、運を天に任せるしか道はない。（高桑信一）

Column 4

雪渓と水量に阻まれて

～沢登りの失敗談～

常に「水」が支配し変化する沢は、大雨、水量、斜面の崩壊、残雪といった不確定要素が強く、トライ&エラーが日常的である。

ある年の8月、甲斐駒(かいこま)ヶ岳の黄蓮(おうれん)谷右俣を遡行したとき、核心部の奥千丈ノ滝の上部にまで崩壊する雪渓が続いていた。為す術もなく千丈の岩小屋から黒戸(くろと)尾根五合目へ撤退。以後、会の仲間らと再訪する機会があったが、前日から夏風邪で発熱、ひとりだけ撤退した。甲斐駒の沢とは縁がないらしい。

別の年の夏は奥利根の水長(みなが)沢へ入渓するが、魚止めゴルジュからメルトダウンが始まった雪渓が延々と出現。上は歩けないし下を潜るのは自殺行為で、高巻いたら何日かかるかわからない。結局、出合まで戻り宴会となった。

以降、通過困難な雪渓が予想される渓に行く際は、気象庁のサイトから得られる、いちばん近い観測地の積雪・降水量、最高・最低気温の過去数年分の日毎データをエクセルでグラフ化し、その年の残雪状況を推測するようにしている。

滝の登攀や高巻きでも進退窮まりそうになったことがある。谷川(たにがわ)岳にあるタカノスC沢を遡行したときのことだ。早朝まで続いた雨で水量が多く、上流部に出てきた滝の直登を諦め、高巻きを探ることにした。ふと見上げれば右壁の階段状カンテから落ち口に向けて、草の生えた明瞭なバンドが延びている。これは簡単と思い、気軽な気持ちでロープも出さずに取り付いた。しかし明瞭に見えたバンドは、草が大量に繁茂した水平クラックでとても立つことはできない。しかもカンテは上部でスラブと化し、安全なブッシュ帯まで3m近くもある。気づけばクライムダウンもままならないところまで登ってきてしまった。

「やばい！　どうする」。ミスれば20m以上落ちるだろう。「落ち着け」と自身に言い聞かせ、ふと左に目をやると、胸と同じくらいの高さに小指の爪ほどのカチがある。これに左足を乗せれば、ブッシュから垂れ下がる根曲がりの枝をつかめそう。しかし、ハイステップだ。意を決して、右手をマントル気味に突っ張り、バランスを保ちながら立ち込むと、なんとか枝に手が届いた。まったく生きた心地がしなかった。

この経験から得られた教訓は、下から容易に映る見た目にだまされないことだ。現実は8割方悪いことのほうが多い。それからは直登にせよ高巻きにせよ、いつでも撤退できる木などをあらかじめ決めておき、進むか撤退するか判断するように心がけている。

写真・文／後藤真一（登山学校主宰）

水量多めのタカノスC沢40mCS滝。流芯を直登できず、この滝も草付スラブを大きく高巻いた

残雪多い水長沢。翌年同時期は一片の雪もなかった

Part 5

ロープの登攀と下降技術

ロープを使う……70
登攀に必要な装備……72
登攀技術……74
支点のとり方……76
確保支点の構築……78
フォロワーのビレイ……80
リードクライマーのビレイ……82
3人以上の登攀技術……83
懸垂下降……84
懸垂下降までの準備……86
下降する……88
アセンディング① フリクションヒッチを使う……89
アセンディング② ビレイデバイスのガイドモードを使う……90
仮固定……91
そのほかの技術……92
ロープワーク……95
コラム5　沢登りとクライミングの違い　～冒険的な登攀で未知の世界へ～……106

■監修／後藤真一（登山学校主宰）

ロープを使う

身の安全を確保する

ロープを出して大滝を登攀。緊張するクライミングも沢登りの醍醐味のひとつ

ロープは背丈をはるかに超える大滝や急斜面の側壁、高巻き中など、滑落が致命傷となる可能性が高い場面で、安全を確保するために使う。

ロープを使う登攀と下降技術は、身の安全のための大切な技術である一方、ひとつのミスが大きな事故に直結するという危うい側面ももっている。安全な支点のつくり方を学び、確実なロープ操作を身につけよう。

ロープを使う場面

ロープを使う場面は、滝の登攀、懸垂下降、高巻きの3つに分かれる。

滝の登攀　遡行中、落差の大きい滝が現われたときロープを使って登る。決まった登攀ラインがない沢登りでは、登攀能力に加えて、安全性の高いルート判断、支点（プロテクション）を構築するスキルが必要だ。

懸垂下降　懸垂下降を行なう状況は、主に遡行する沢へのアプローチや、高巻きから谷底へ復帰するとき、手がかりがない急斜面などで出くわす。沢を下降するルートを計画に含む場合も必要になることが多い。

高巻き（トラバース）　選んだルートが急傾斜である場合や、さらに足場が悪いときは、登下降の場面だけでなく、斜面を横切るトラバースでもロープを出して安全を確保する。

登攀と下降に使うギア

ロープを使う登攀で身の安全を確保するには、個人装備のヘルメット、ハーネス、カラビナ、スリング、ビレイデバイスおよびエイト環（P30）のほかに、ロープはもちろん、クイックドローやカム、ピトンといったプロテクションギアなど、共同装備が必要になる。計画に応じて必要な数を準備する。

ロープワークを覚える

ロープを使うさまざまな技術にはロープワークが欠かせない。沢登りで多用するものも種類があるが、いくつか結び方を身につけよう。現地でスムーズに作業できるように、自宅などで事前に練習しておく（P95）。

ロープを使うシチュエーション

滝の登攀

沢登りには滝を登攀する楽しみも含まれる。ときには水圧に耐えながら中間支点をとるような困難な滝も現われる

側壁の登下降

草付やルンゼなど、岩壁でなければ主に灌木が中間支点になる。ロープを出す場合は、灌木をつなげていくルートを考えるといい

懸垂下降

クライムダウンが困難な急斜面を下るとき、垂らしたロープに体重をかけて下降する。シンプルな技術だが事故が致命傷になりやすい

急斜面のトラバース

沢から離れた地点で高い側壁をトラバースすることがある。足元はもろい土であることが多く、上に登るよりスリップする可能性が高い

お助けひもとは？

ロープを出すほどではない段差を越えるとき、ワンポイントだけホールドがないがために、難しいと感じることがある。ここで役立つのがお助けひもで、スリングがそれにあたる。

先行した人がスリングを出し、後続はそれを手がかりにして悪い箇所を突破する。スリングを突然引くと確保する人は大きな衝撃を受けるので、力をかけるときは前もって合図する。

簡単な技術だが、後続が滑落した場合はお助けひもを出した人も巻き込まれる可能性が高い。踏ん張れる安定した場所がある、セルフビレイ（自己確保）がとれるといった条件がそろってはじめて使用できる。

お助けひもを使うと遡行時間を短縮できる。後続はスリングを引っ張りながら登る

登攀に必要な装備

パーティ内で共有する

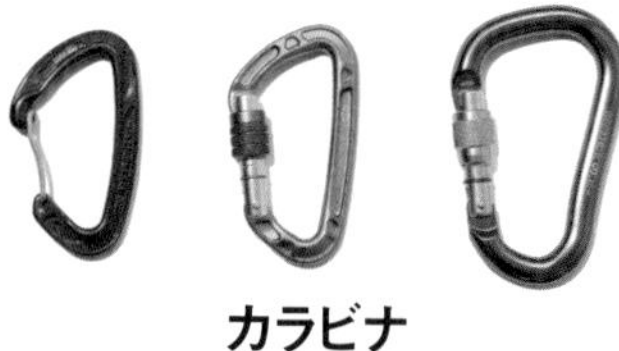

カラビナ

安全環付きHMS型（右）は、主にビレイデバイスと併用する。安全環付きオフセットD型（中央）は、確保支点をつくるときに使用。ノーマルゲートのオフセットD型カラビナ（左）はクイックドローの自作用に準備する

ロープ

沢登りでは軽量化のためにハーフロープを使うことが多い。ロープ径は8㎜以上を基準に、ビレイデバイスなど使用する登攀具が対応する太さを選ぶ。低い滝での確保には補助ロープが役立つ。市販のロープを約10mにカットして使用する

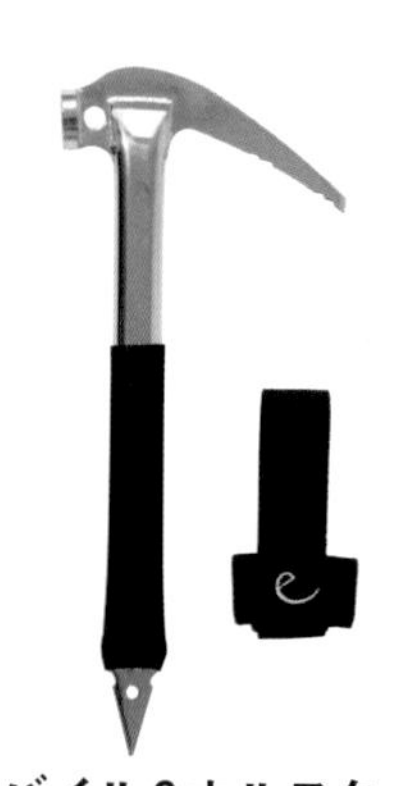

バイル&ホルスター

バイルはピトンを打つための道具で、短いものは携行性に優れ、長いものは斜面を登るときに杖のように扱える。すぐに取り出せるように、ハーネスに取り付けたホルスターに差して携行。落下防止用のコードを付けておく

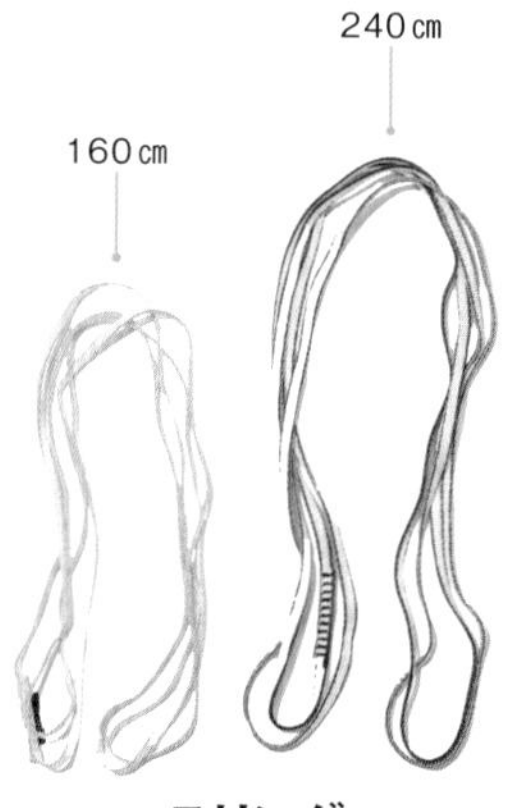

スリング

確保支点の構築には、基本、160㎝前後の長さが1本あれば足りる。しかし、予備も含めて2〜3本用意するのが望ましい。太い立ち木を確保支点に使いたいときは、240㎝が1本あると役立つ

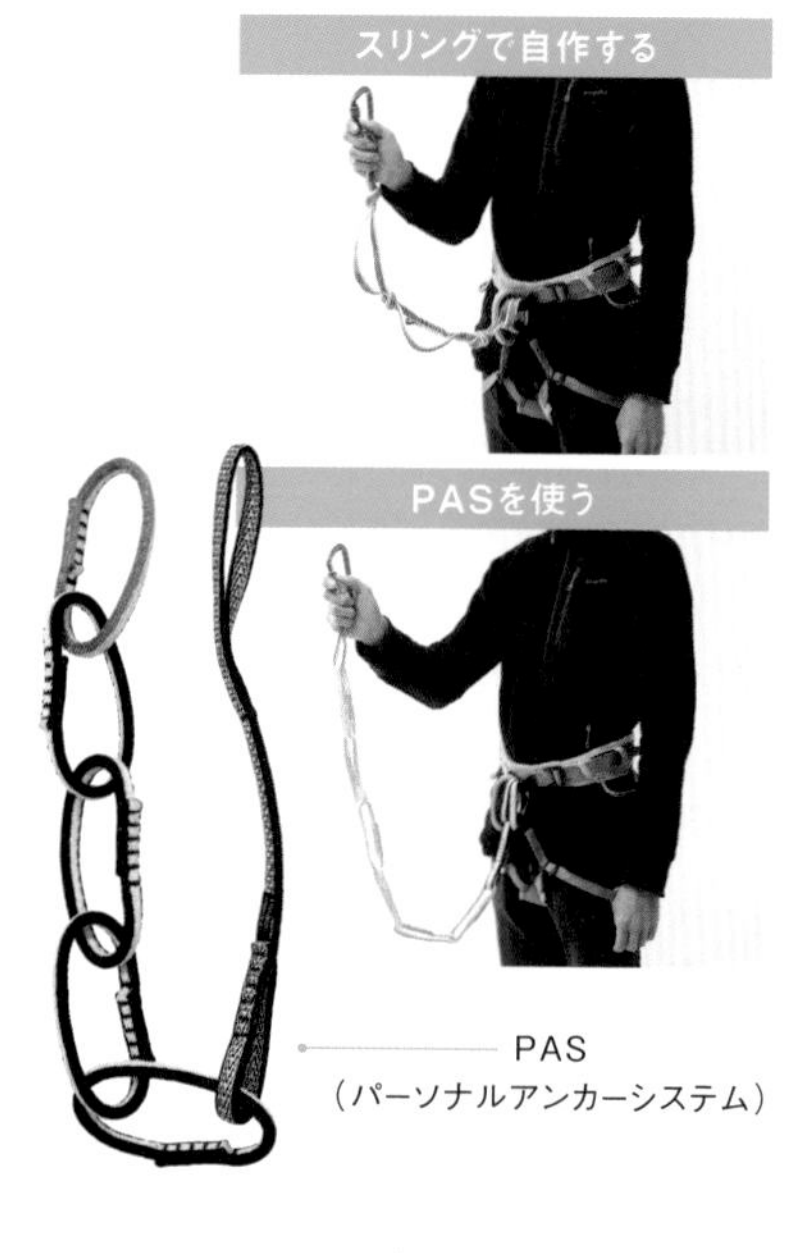

ランヤード（安全帯）

セルフビレイをとるときに使う。先端に安全環付きオフセットD型カラビナをセットしてハーネスに装着しておく。市販品のPASのほかに、120㎝のスリングの途中にオーバーハンドノット（P95）を結び自作も可能

ロープを使った登攀に必要な装備の数は、パーティ全体で考える。

たとえば、落差15ｍの滝を登る計画を立てたとしよう。ロープの長さは確保支点までの奥行きと下降することも考えて、遡行する沢で現われる最大落差の3倍が理想。この場合45ｍは欲しいので、50ｍを1本用意するか、30ｍ以上の長さを2本持つ。

登攀時は、クイックドローとプロテクションギアを使い、3ｍ間隔で中間支点を設置したい。15ｍの滝では、それぞれ5〜6個必要になる。

登攀終了後、リードクライマーは滝の落ち口付近で確保支点を構築する。ここでは、安全環付きのHMS型カラビナとオフセットD型カラビナをそれぞれ2枚、長めのスリングを1〜2本使用する。

これらのギアをメンバー全員が用意する必要はない。計画段階で必要な数を算出し荷物の軽量化を図ろう。

セルフビレイをとるランヤードやバイルとホルスター、笛（P32）は各自が用意する。

アルパインクイックドローのつくり方

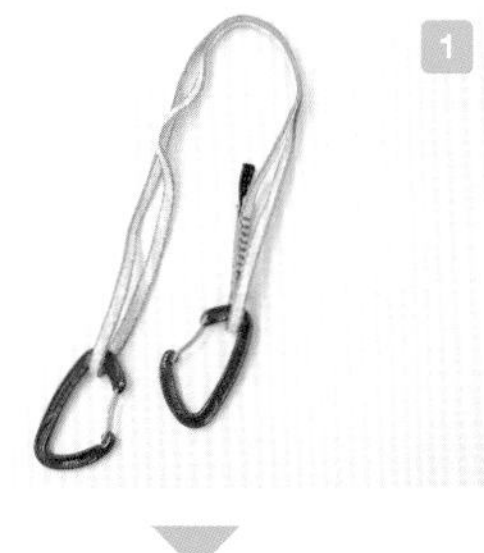
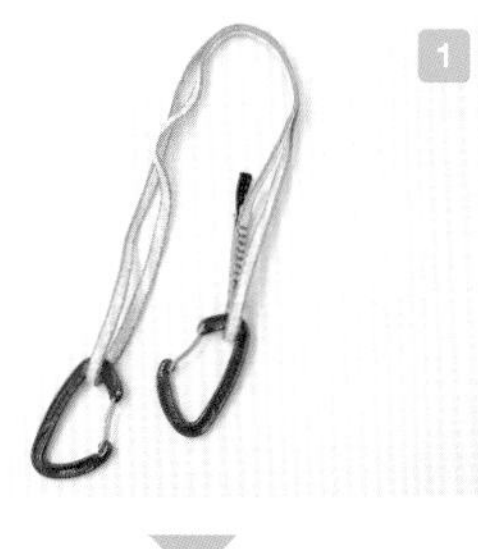
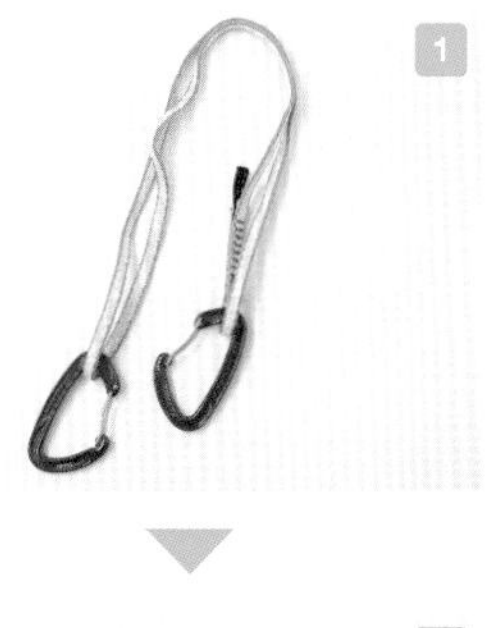

120㎝前後のスリングの両末端にカラビナを取り付ける

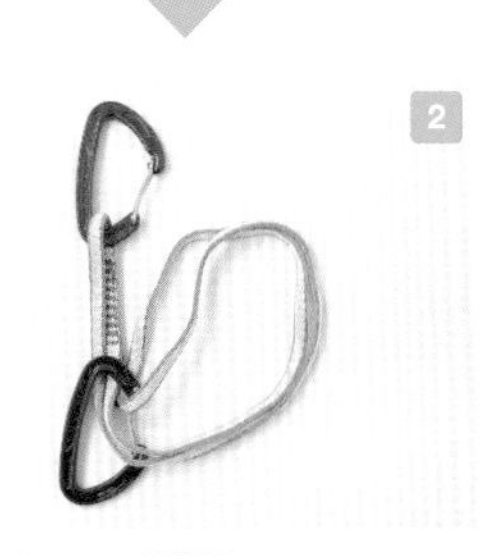

一方のカラビナを、もう一方のカラビナの中に通す

ループになったスリングをカラビナにかけて完成

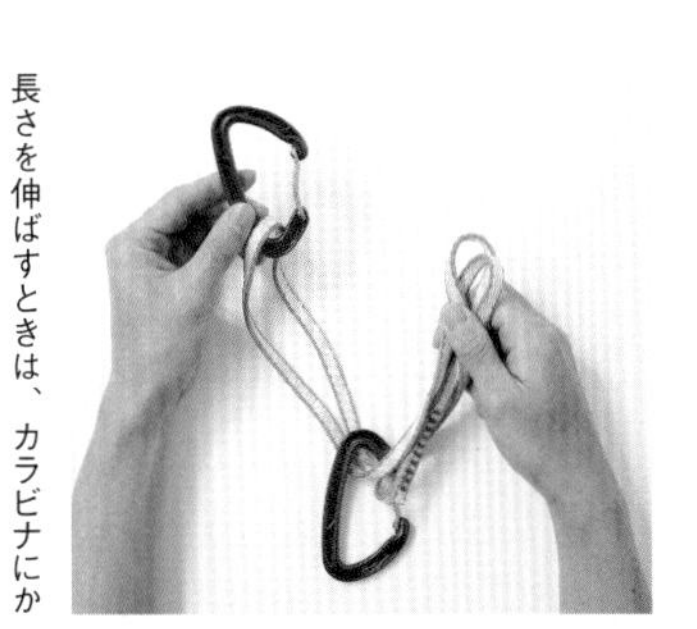

長さを伸ばすときは、カラビナにかけるスリングのうち2本を取り外す

クイックドロー

主に中間支点とロープをつなぐ。60㎝程度の長さが使いやすい。市販品以外に、自作するアルパインクイックドローも数本用意。アルパインクイックドローは長さを調整できるので、ロープの屈曲の解消に役立つ（P75）

プロテクションギア

ナッツ

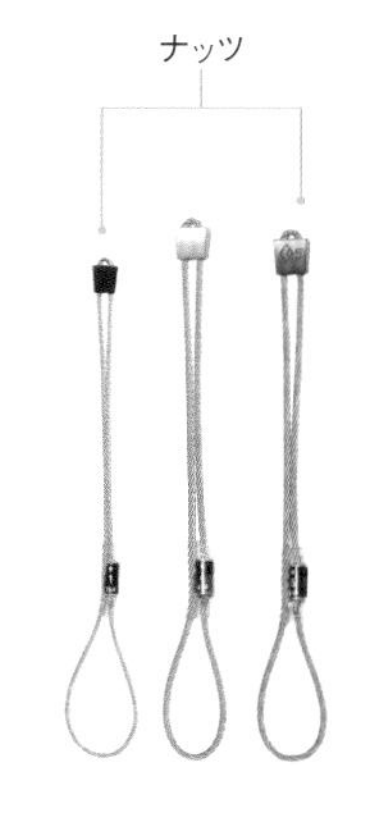

ボールナッツ

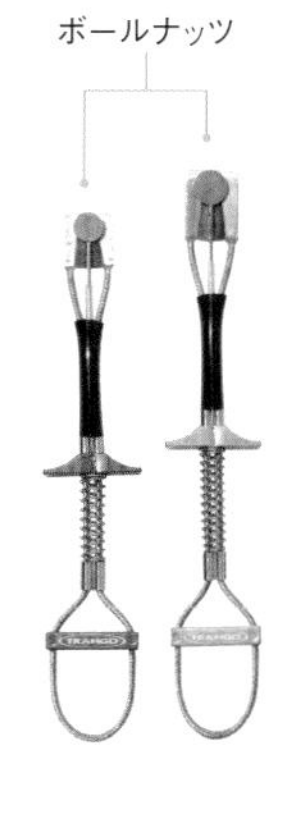

カム

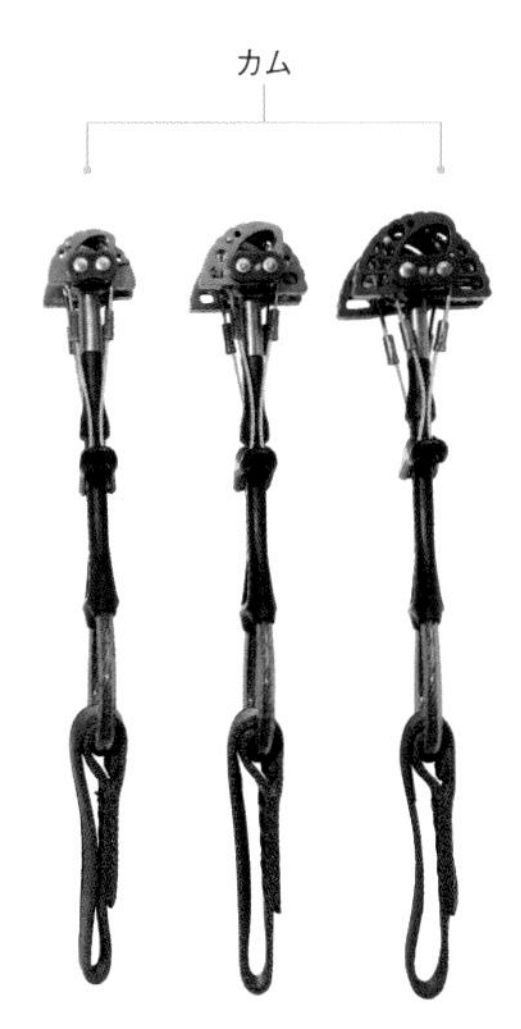

ピトン（ハーケン）

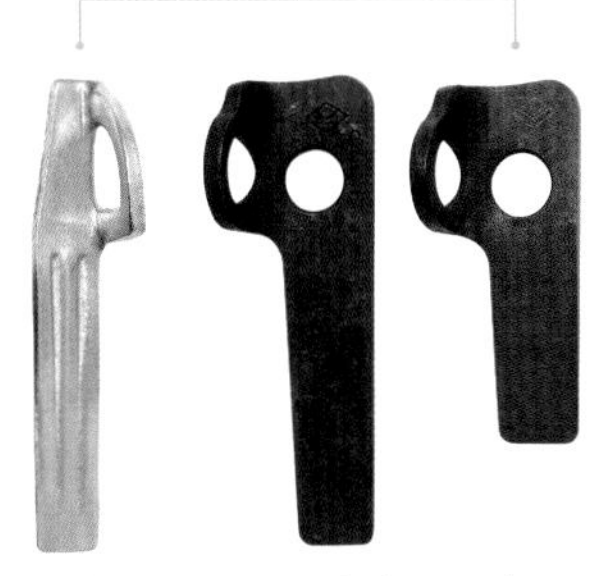

軟鉄　　硬鉄（クロモリ）

支点の構築に使う登攀具。かつてはピトンが主流だったが、近年は簡単に取り外せるカムやナッツも多用されている。カムとナッツはクラック（岩の細い割れ目）にセットする道具で、ボールナッツは狭いクラックに対応する。サイズがあり、小さい順に2～3個持つといい。ピトンはリス（岩の溝）に打ち込んで使う。硬鉄製が一般的だが、凝灰岩など軟らかい岩には軟鉄製を用いる。異なる長さを2～3枚用意する

補助ロープの使い方（肩絡み）

10m程度の簡単な滝が現われた場合、長いロープより短い補助ロープが役立つ。基本、ビレイデバイスを使って滑落を止めるが、確保支点を構築できない場合、フォロワー側のロープをハーネスに取り付けたカラビナを通してから、脇下、背中、肩の順に体に巻きつけて確保する方法も有効だ。

ロープをカラビナに通さないと、フォロワーが滑落したときに上半身が引かれて転倒する恐れがある。また、体重差がある場合も危険。熟練が必要になる。

登攀技術

ロープを使って滝や側壁を越える

ロープを使った登攀には、登攀前から登攀後まで一連の動作がある。それぞれの場面での動きを把握して、全体の流れをイメージしよう。

登る前の準備

沢には既存のルートがないため、登るルートを見極める必要がある。ポイントは、ホールドと足場が豊富にあり、中間支点となる灌木や、プロテクションギアを設置できるクラックなどがあること。強固な中間支点をとりづらい沢登りでは、滑落しないことが前提。できるかぎり簡単と思われるルートを選んで登攀する。

ルートが決まったら、それぞれのハーネスにロープの末端を結び、フォロワーはビレイデバイスにロープを取り付ける。結び方やセットの方法に不備がないか確認し合う。

リードクライマーの動き

事前に確認したルートを慎重に登っていく。沢ではつかんだホールドが簡単に剥がれる可能性があるの

登る前に

登るルートを確認し合う

プロテクションをとる場所、難しそうなポイント、登攀を終了する地点（終了点）などを申し合わせる

ロープをハーネスに結ぶ

リードクライマーとフォロワーのラストは、フィギュアエイトフォロースルー（P96）でロープをハーネスに結ぶ（P97）

不備がないかお互いをチェックする

声を出しながら指さし確認を行なうと間違いがない。登攀に慣れた間柄でもミスをなくすために必ず行なう

で、一手ずつ安定性を確かめること。登りながら3mを目安に等間隔に中間支点を作成する。このとき、ロープの流れが悪くならないように気をつける。登攀が困難なポイントは滑落する危険性が高いので、必ず手前で支点をとる。

フォロワーの動き

ビレイデバイスを使いリードクライマーの滑落を止める。これをビレイ（確保）といい、ビレイする人をビレイヤーと呼ぶ。ロープを出しすぎると滑落時にクライマーと中間支点に加わる負荷が高くなり危険だが、ロープがピンと張るような状態だとクライマーは動きづらくなってしまう。適正なビレイ技術はクライミングジムなどで練習しよう。

登り終えたら

リードクライマーはセルフビレイをとり、フォロワーをビレイするために確保支点を構築する。クライミングのゲレンデとは異なり、沢登りでは現場にある地形や植生を利用して一から自作する必要がある。強固な確保支点を素早くつくるには、場数を多く踏むことが近道だ。

支点のとり方

正しく設置して滑落を防ぐ

カムやナッツを使う

右はクラックの幅に対してサイズが小さすぎる例。外れる可能性がある。左は逆に大きすぎる。回収不能になりやすい

カム

トリガーを50～80％引いた状態でクラックにセットする。荷重がかかるとカムにクラックを外に押し広げようとする力が加わり、支持力を得られる

灌木を使う

スリングをガースヒッチ（P104）などで巻きつけて支点とする。しっかり根を張っているか、荷重がかかったときに折れる心配がないかなど、念入りに強度を確認すること。地面に露出する木の根が使えることもある

ボールナッツ

カムと同じ仕組みで狭いクラックにセット可能。ピトンが効かない幅の広いリスに有効な場合もある。ただし、テンションすると回収しづらい

ナッツ

上から下、もしくは奥から手前に向かって狭くなるクラックに引っかけて設置する。ナッツツールという専用器具を使った回収方法も学んでおく

支点とは？

「支点」とは、ランヤードやスリング、ロープをかけて滑落を防ぐポイントのこと。ロープを使って安全を確保するには、衝撃がかかっても壊れない強固な支点が欠かせない。

クライミングのゲレンデと違い、基本、沢登りのルートには既存の支点がない。カムやピトン、立ち木などを使い、状況に応じて強固な支点をつくる技術が必要になる。

種類　プロテクションギアを使う場合と、自然物を利用する方法の２種類がある。

前者のうち、カム、ナッツ、ボールナッツは岩を傷つけることなく、回収も容易に行なえる。ピトンも硬鉄製のものは回収できるが、軟鉄はリスの中で波打つように変形するため、回収できず残置することになる。

自然物は主に、灌木や木の根を利用する。高巻きで土の壁を登る場合は、おのずとこれらが中間支点になる。最悪、草を束ねて支点にするこ

ピトンの使い方

奥まったピトンにカラビナをかけると、荷重がかかったときにテコの原理で抜ける可能性が高い。この場合はスリングを直接結ぶ

クイックドローをかける

最も一般的な使い方。ピトンの穴に片方のカラビナをかける

スリングを結ぶ

クイックドローの数が足りない場合は、スリングをガースヒッチ（P１０４）などで直接結ぶ

アゴが壁から離れる場合は、ガースヒッチで根元に巻きつける

回収方法

左右にたたく

細いスリングを結ぶか、事前にセットした細引きをカラビナにかけて落下を防ぎつつ、手前に引きながら左右にたたいて回収する。軟鉄製を除いてピトンは極力残置しないように心がけよう

ピトンを打つ

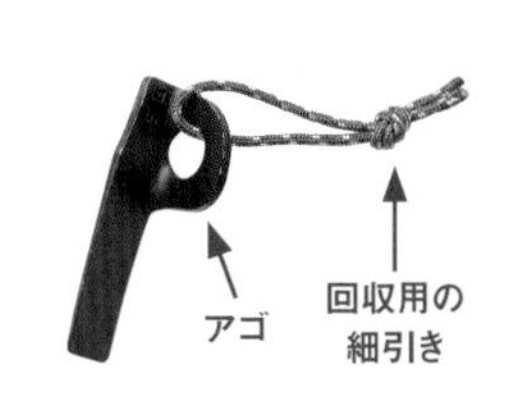

打ち込む向き

ピトンはアゴと呼ばれる箇所を必ず下に向けて打ち込む。アゴを上に向けて打ち込むと、テンションがかかったときにピトンが曲がり、最悪の場合、折れる危険があるので注意すること

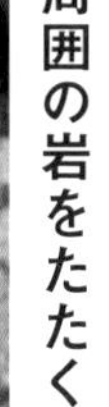
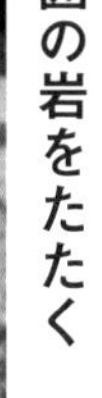

周囲の岩をたたく

バイルで壁の密度を確かめる。低く鈍い音が鳴るようだともろい可能性が高い。甲高い音が理想

徐々に打ち込む

最初は力を入れず、少しずつ打ち込んでいく。甲高い音が鳴りだしたら効いている証拠

完成

アゴが壁に触れるまで打ち込んだら完成。穴にクイックドローかスリングをかけて使う

ともあるが、気休めにしかならない。

注意点　カム、ナッツ、ボールナッツは、クラックの幅によって設置できるサイズが決まる。また、クラックの形状や設置する向きなど、本来の強度を得るためには多くの知識と高度な技術が求められる。経験者のもとで使い方を学ぶことが肝心だ。

それに比べてピトンは、比較的容易に扱えるプロテクションギアといえる。ただし、設置する向きには同じく決まりがあり、岩が簡単に動くような密度が低いリスでは、充分な強度を得られないので注意する。

沢には先行者が使った支点が残されていることもある。安易な利用はおすすめしないが、残置支点を使うことは多い。この場合、動かないか、腐食していないかなど、慎重に強度を確かめよう。

中間支点を設置する間隔　中間支点は3mを目安に等間隔にとる。このとき間隔が開きすぎないよう注意すること。たとえば、地面から3m登った地点で支点をとり、さらに4m登ってから滑落すると、地面に衝突して深刻な事態になりかねない。特に登攀開始直後は、短い間隔で中間支点をとるように心がけよう。

確保支点の構築

終了点に強固な確保支点をつくる

確保支点とは?

登攀を終えたリードクライマーは、フォロワーをビレイするための支点を構築する。このとき滑落から守る最後の砦が「確保支点」になる。

フォロワーが滑落したときに確保支点が崩壊すると、フォロワーだけでなくビレイヤーの身も危険にさらされてしまう。確保支点には充分な強度が求められる。

クライミングのゲレンデには、確保支点をつくるための支点があらかじめ用意されている。数は多くないが、人気の高い沢には同様にリングボルトやハンガーが設置されていることがある。しかし、基本的に沢には用意された支点がなく、現場で一から確保支点を構築する必要がある。

岩、立ち木、プロテクションギアなど、その場にあるものを総動員して、いかに素早く強固な確保支点をつくるか。リードクライマーには登攀能力だけでなく、柔軟に確保支点を構築するスキルも求められる。

プロテクションギアを使った確保支点

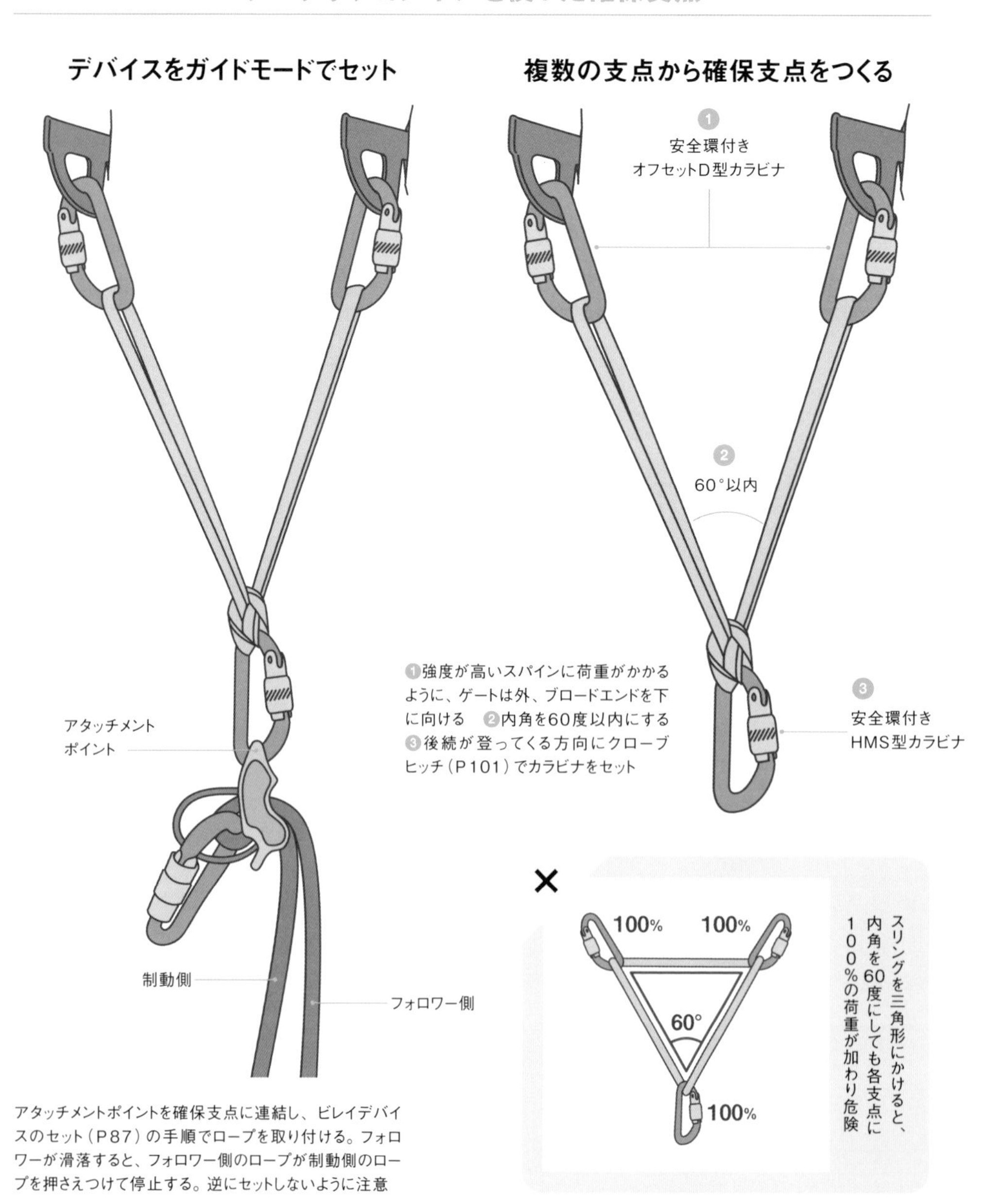

アタッチメントポイントを確保支点に連結し、ビレイデバイスのセット（P87）の手順でロープを取り付ける。フォロワーが滑落すると、フォロワー側のロープが制動側のロープを押さえつけて停止する。逆にセットしないように注意

①強度が高いスパインに荷重がかかるように、ゲートは外、ブロードエンドを下に向ける　②内角を60度以内にする　③後続が登ってくる方向にクローブヒッチ（P101）でカラビナをセット

確保支点のつくり方

壁を登りきった終了点に太い立ち木や木の根、大きな岩があれば、それがそのまま確保支点になる。スリングを巻きつけられる流木や倒木があり、押しても引いても動かないことが確認できれば、これらを利用するのもありだ。

しかし、いつも都合よく支点が見つかるとは限らない。特に側壁がそそり立つゴルジュの中では、多くの場合、岩壁に一から支点をつくることになる。ここではプロテクションギアを使って確保支点を構築する。

プロテクションギアを使う場合、ひとつでは強度が足りないため、最低でも2つ以上を壁に設置して、複数の支点から確保支点をつくる。

ビレイデバイスをセットする

確保支点を構築できたら、フォロワーをビレイするためにビレイデバイスをセットする。このとき、ガイドモードを使うのが一般的だ。フォロワーの滑落を自動的に止めることができる利点がある。デバイスのモデルによってセットの仕方が異なるので、事前に確認しておこう。

自然物で確保支点をつくる

強度を確かめる

確保支点に使う立ち木は、揺らしたときにグラつかないか、必ず強度を確かめる。たたいて音が響くようなら密度があり強度が高い

写真のように斜面の際に生えている木を確保支点に使うのはNG。岩を抱えるように根を張る立ち木も動く可能性があって危険

立ち木を使う

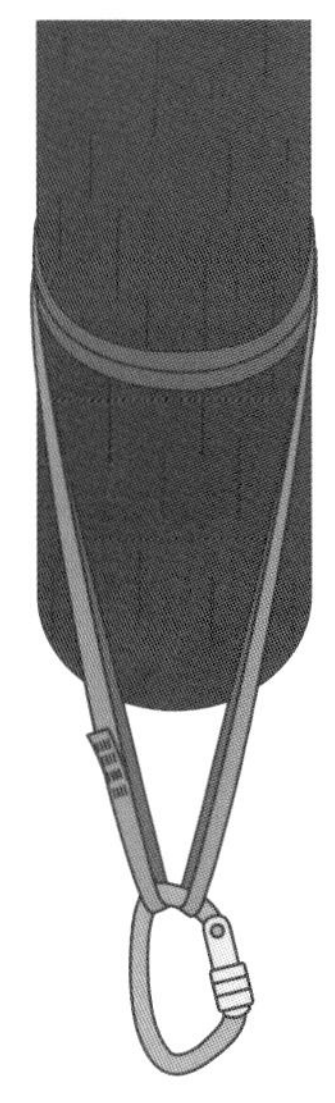

根元付近に、上下に動かないラウンドターン（P104）でスリングを巻きつける。ガースヒッチ（P104）は屈曲部の強度が低下するので注意する

岩を使う①

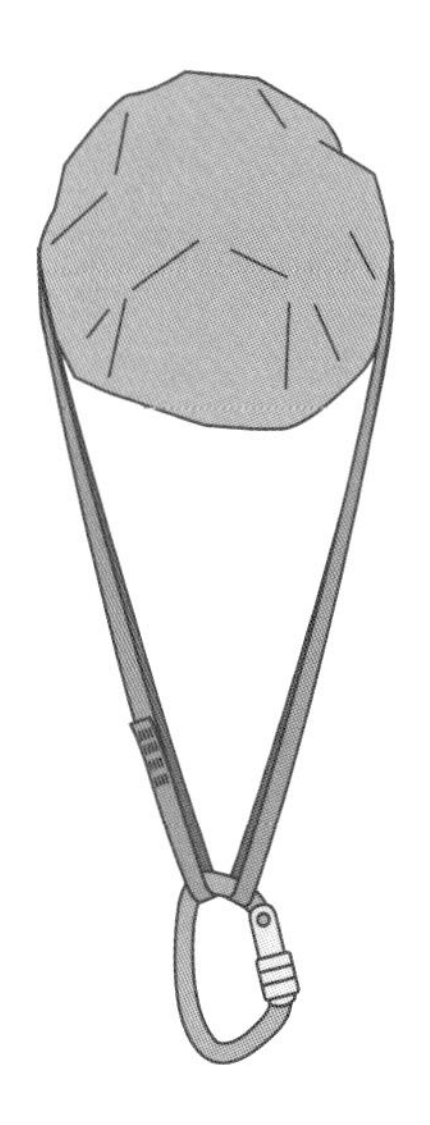

重い岩にツーバイト（P104）でスリングを引っかける。荷重がかかったとき、上にすっぽ抜けないように、くびれた形状の岩を選ぶ

岩を使う②

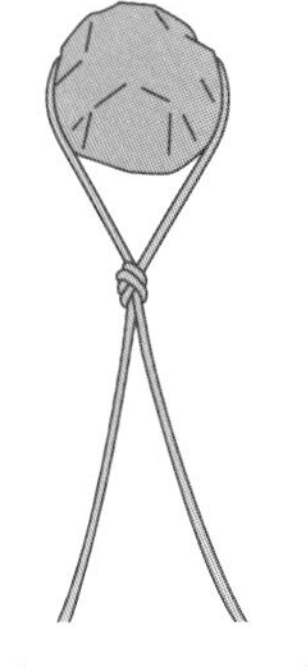

フィギュアエイトオンアバイト（P97）でつくった輪をかける

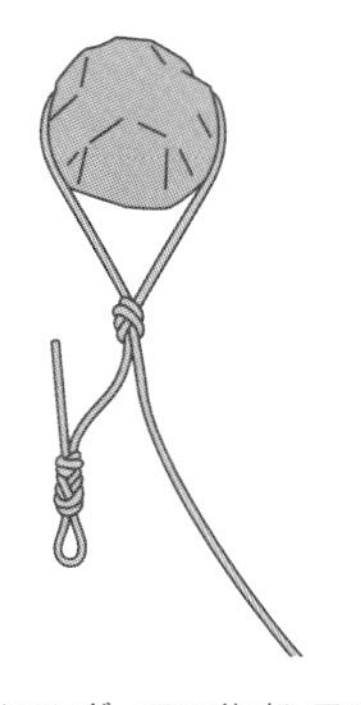

片方にフィギュアエイトオンアバイトを結び末端処理（P98）

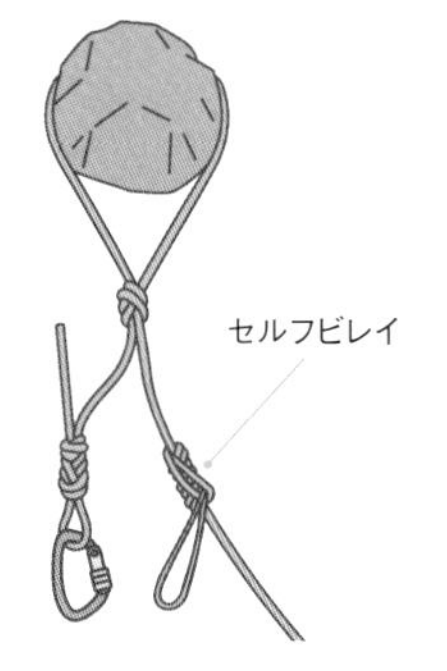

最後にクレムハイストなど（P99）でセルフビレイをとる

確保支点になる岩が大きすぎてスリングの長さが足りない場合、ロープを使って確保支点をつくることができる。ただし、一度ロープをハーネスから外すことになるので、滑落の心配がない安全な場所で作業すること

フォロワーのビレイ

後続を確保しながら引き上げる

フォロワーをビレイする前に

フォロワーに合図を送る

滝の音で声が届かない場合があるので、合図には笛を使うことが多い。一般的に、YESやOKは「ピーー!」と長めに吹き、NOやNGは「ピッピッピ!」と短く鳴らす。合図のパターンはパーティ内で共有しておこう

ビレイシステムをチェック

ビレイデバイスにセットしたロープの向きが正しいか必ずチェックする。フォロワー側のロープを引いたとき流れが止まれば間違いない。同時に、カラビナのゲートが安全環で閉じているかなども確認しよう

ビレイの注意点

ロープはたるませない

ビレイヤーはロープにテンションが軽くかかるようにビレイする。ロープがたるんだ状態で滑落すると、滑落距離が長くなりケガをする可能性が高く、支点に対しても強い荷重がかかる。ロープがたるんでいる場合、フォロワーはビレイヤーに「ロープアップ」と合図して、テンションがかかるまで登らずに待つ

×

○

フォロワーをビレイする

リードクライマーは終了点でフォロワーをビレイする。登攀終了後から一連の流れを確認しよう。

終了点に到着　安定した場所に支点をつくり、ランヤードもしくはロープでセルフビレイをセット。自身の安全を確保してからフォロワーにビレイ解除を合図する。

確保支点を構築　前のページで説明した方法で確保支点をつくる。同時にビレイデバイスもガイドモードで確保支点にセットしておく。

ロープを引き上げる　フォロワーからのビレイ解除の合図を聞いたあと、ロープの長さが余っていれば、すべて引き上げる。

後続からのロープの余りがなくなった合図を確認してから、ビレイデバイスにロープを取り付ける。

合図を送る　ビレイシステムに不備がないことを確認したら、フォロワーに準備OKの合図を送る。以降、ロープがゆるまないようにビレイする。

ガイドモードの解除方法

ロープを操作する

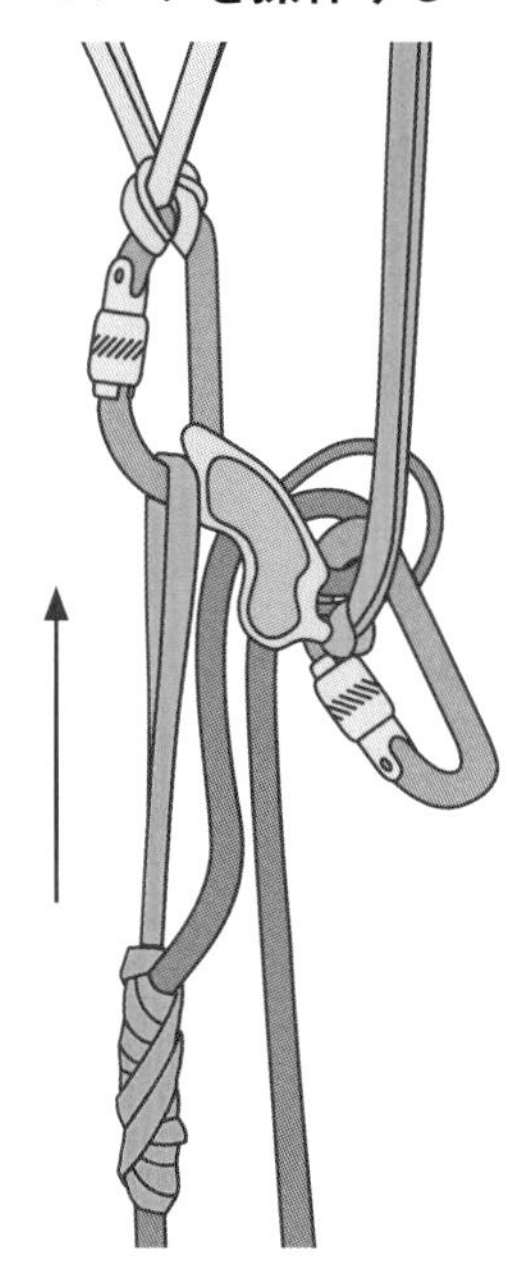

クレムハイストに荷重が移ったらスリングから手を離す。結び目を上へ動かし、再びガイドモードを解除。これを繰り返してフォロワーを地面に下ろす

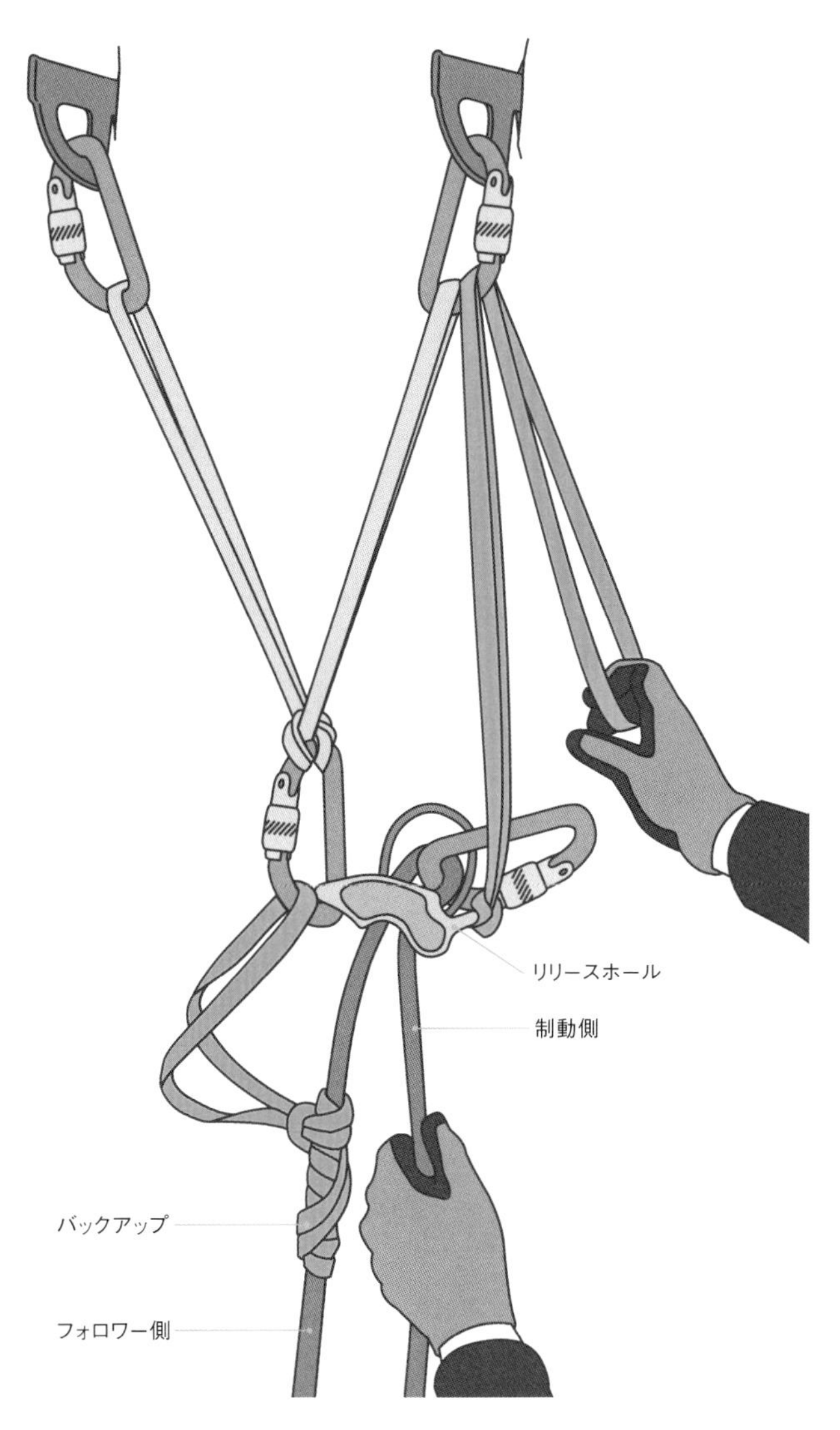

腕の力で解除できない場合はスリングを足で踏むかハーネスに連結して体重をかける。制動側のロープを握って流れを制御する

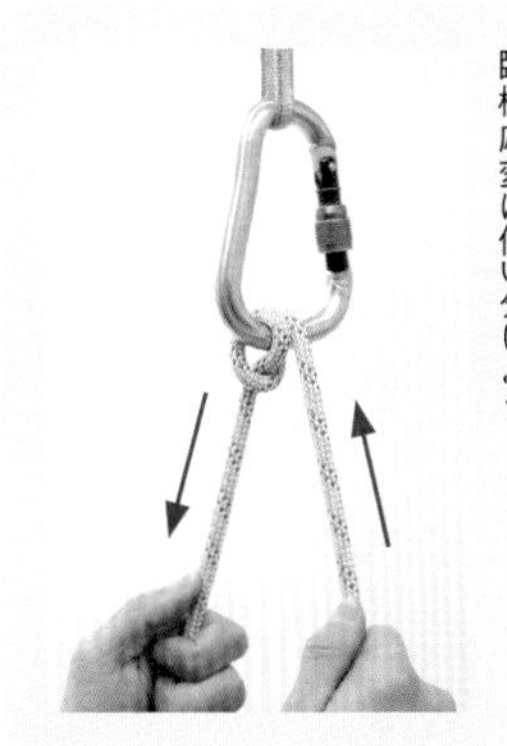

ムンターヒッチを使う

滑落したとき滝の流芯に振られるようなルートでは、すぐにロープを操作できるムンターヒッチ（P102）のビレイが好ましい。臨機応変に使い分けよう

フォロワーの滑落に対処する

ガイドモードを使ったビレイ中にフォロワーが滑落すると、ロープの流れは自動的に停止する。このとき、フォロワーがケガなどをして動けなくなると、宙吊り状態になってしまう。ビレイデバイスのガイドモードを使うには、同時に解除方法も学んでおく必要がある。

解除の手順　ビレイデバイスのリリースホールにスリングをガースヒッチ（P104）で取り付けて、上方のカラビナで折り返す。このスリングを力強く引っ張りデバイスの角度を変えると、ロックが解除されてロープが流れるようになる。

バックアップをとる　バックアップとは、万が一に備えて別の安全確保をとっておくことを指す。

ガイドモードを解除すると、途端にロープが勢いよく流れ始める。これを制御しないと、最悪の場合、フォロワーが地面に衝突しかねない。

このようなトラブルを防ぐために、フォロワー側のロープにクレムハイスト（P99）をつくり確保支点に固定。途中でロープの流れが止まる仕掛けをあらかじめつくっておく。

リードクライマーのビレイ

安全な位置で滑落を止める

ビレイポイントを考える

フォロワーは、落石などによる危険を避けられる位置で、なおかつ安定した場所に立ち、リードクライマーをビレイする。登攀ルートの真下は落石を受ける可能性が高いので避けるべきだが、逆に離れすぎるとリードクライマーの墜落時に前方へロープが引かれてバランスを崩しやすくなる。近すぎず離れすぎずが理想だ。

ビレイモードの種類

レギュラーフリクションモード

ビレイデバイスの穴がすぼまっている箇所を上にしてロープをセット。ハイフリクションモードと比べると制動力は落ちるが、墜落時に中間支点にかかる衝撃荷重も少なくなるため、貧弱な中間支点しか取れない沢に適している

ハイフリクションモード

デバイスをレギュラーフリクションモードと逆にした状態。2～3倍の制動力があり、クライマーとビレイヤーに体重差がある場合などに有効。しかし、中間支点にかかる衝撃荷重が大きくなるため、沢でのビレイにはやや不向き

フォロワー（ビレイヤー）の動き

リードクライマーの登攀中、フォロワーはビレイという大役を担う。人の命を預かる重要な役目だ。

準備　安全環付きHMS型カラビナをかけたビレイデバイスをハーネスのビレイループにセットし、ロープを取り付ける（P87）。

ハイフリクションモードとレギュラーフリクションモードがあるので、状況に応じて使い分ける。

ビレイ　落石を受けない位置に立ち、リードクライマーの動きに合わせてロープを操作する。このとき、ロープの長さを「あと半分！」「あと10m！」などと大きな声を出して、適時、クライマーに伝える。

解除　リードクライマーが終了点に到着後、合図を受けてからロープをデバイスから外し、ビレイを解除。

ビレイを解除した旨をリードクライマーに笛で伝えたあと、デバイスをカラビナと一緒にハーネスのギアラックにかけて、登攀の準備を行なう。

3人以上の登攀技術

ロープを引き戻すor固定する

トップとラスト以外の登り方

パーティが3人以上になる場合、中間のメンバーは紹介する2通りの方法で安全を確保する。

ロープを引き戻す　たとえば、25mの壁を登る場合、50mのロープがあれば半分の位置にフィギュアエイトオンアバイト（P97）で輪をつくり、ハーネスに連結して登攀できる。4人以上の場合は2人目が終了点に到着後、後続はロープを引き戻す。

ただし、ルートがロープの長さの半分以上になると引き戻せなくなるので、この方法は使えない。

ロープを固定する　ロープの長さが足りない場合は、確保支点にロープを固定する。中間のメンバーはロープにフリクションヒッチ（P99）をつくり、それをハーネスに連結して安全を確保。結び目を腰よりも高い位置で動かしながら登る。

中間支点の通過　中間支点を通過するときは、ロープにかかるカラビナを外して下にかけ直す。後続のために支点は回収せずに残しておく。

ロープを固定する

トラブルに素早く対処できるように、ロープはムンターヒッチ（P102）とミュールノット（P103）で固定。滑落したときフリクションヒッチをつかまないように注意する。

ロープを引き戻す

フィギュアエイトオンアバイトでつくった輪を安全環付きカラビナ2枚でビレイループに連結。引き戻すとき中間支点を通過できるように結び目は一回ずつ解く。

懸垂下降

谷底に戻る。渓を下る

ロープに体重をかけて一段下の沢へ降りる。到着するまで心が休まらない

懸垂下降とは？

遡行する沢へアプローチするとき、もしくは高巻きから谷底へ復帰するとき、下る斜面が滑落しそうなほど急で、なおかつ手がかりとなる灌木がない場合、ロープを使って安全を確保しながら下降する。この技術を懸垂下降（ラペリング）という。

かつてはロープを体に巻きつけて懸垂下降する方法もあったが、いまではビレイデバイスやエイト環といった下降器を利用するのが一般的だ。下降器にロープを取り付けたときに生じる摩擦抵抗を利用して、ロープの流れを制御しながら下降する。

懸垂下降の危険性

懸垂下降の安全性は、強固な下降支点、下降器の摩擦抵抗、握力によるロープの制御、この3つがそろうことで保たれる。

下降支点が壊れた、ビレイデバイスに取り付けたロープの向きが間違っていた、途中で手を離してしまったなど、どこかにひとつでも不備があると、懸垂下降をしている人は真っ逆さまに落下して、勢いよく地面に衝突する可能性が高い。もしそうなれば結果は想像に難くなく、致命的な事故となってしまう。

懸垂下降のシステムはシンプルだが、絶対にミスが許されないことを肝に銘じておこう。

懸垂下降に失敗したとき

沢登りで行なう懸垂下降では視界をヤブに遮られるなど、下降点の状況を確認できないことがある。最初に降りる場合、下降した先が危険な地形や、そもそもロープが足りていないときは、懸垂下降を中止して登り返さないといけない。

登り返しで使う技術をアセンディングと呼び、ここでは2通りの方法を紹介する（P89）。また、懸垂下降を中止して両手で作業できる状態をつくる仮固定という技術もある（P90）。いずれも懸垂下降とセットで習得したい大切な技術だ。

下降ポイントを決める

下降点は安全か?

下降した先に激しい流れがある、大きな釜があるといった場所は下降ポイントに適さない。可能なかぎり安全なポイントに下降する

丈夫な下降支点はあるか?

懸垂下降では、太い立ち木や灌木などが下降支点になる。懸垂下降を行なうには、丈夫な支点を見つけることが第一歩

ロープの長さは足りるか?

ロープの長さが足りていなければ登り返さないといけない。目視できない場合もあるので、目測に磨きをかけることも大切だ

すぐ先に障害物はないか?

安全な場所に下降できたはいいものの、すぐ先に登れない滝などが現われると、最悪の場合、進退窮まる状況に陥ってしまう

懸垂下降を行なうには、安全な下降ポイントを見つける必要がある。条件は4つあり、すべてがそろう場所が理想の下降ポイントとなる。

安全な下降ポイントの条件

下降支点がある　丈夫な太い立ち木が理想。細い灌木でも根がしっかり張っていれば支点に使える。この場合、ガースヒッチ（Ｐ１０４）などで根元に巻きつけたスリングにロープを通す。使ったスリングは残置することになるので、残置用スリングをパーティで2～3本用意しておく。

ロープの長さが足りている　もしロープの長さが足りない場合、ロープが2本あれば連結して使う。それでも短いようなら、途中に下降支点を探して複数回に分けて下降する。

下降点が安全　広い河原や流れが穏やかな場所がベスト。崩壊する可能性が低いと判断すれば、雪渓の上に降りることもある。逆に、急流、深い釜、滝の落ち口付近などはＮＧ。

障害物がない　下降後にロープを引き抜くと、下降したルートを登り返すことはほぼ不可能となる。下降したあと、その先が安全に遡行できるか、進路の状況も確認しよう。

懸垂下降までの準備

ロープを投げて下降システムをつくる

ロープを投げるまでの手順

安全な下降ポイントを見つけたら、懸垂下降の準備に入る。ロープが絡んだりすると時間がかかるので、手際よく行なえるように練習しよう。

セルフビレイをとる　下降支点にスリングをかけて、ランヤードでセルフビレイをとる。懸垂下降を行なう直前まで、このセルフビレイに体重をかけながら作業する。

ロープをセットする　下降支点に立ち木を使う場合は、最も強度が高い根元付近にロープをかける。間違っても、幹と枝の分かれ目などにはセットしないこと。

　ロープ1本で下降する場合は、片方の末端を下降支点にかけたあとに末端処理を行ない、両末端を半分の長さまで束ねる。

ロープを投げる　束ねたロープを水平方向の空中に投げる。下降するルートのヤブが濃い場合は、絡まないように下降しながら徐々にロープを落としていく。

ロープ2本で下降する場合

片方の末端を下降支点にかける。このときロープを落とさないように注意する

それぞれの末端を持ち、40㎝くらい出してからオーバーハンドノット（P95）などで連結する

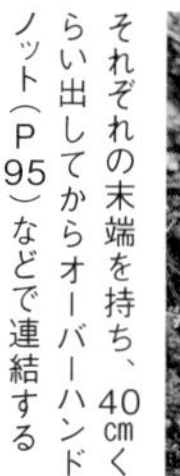

結び目が解けないように、片方の末端にオーバーハンドノットを結びバックアップをとる

末端処理

懸垂下降中にロープの末端が下降器からすっぽ抜けないように、末端にフィギュアエイトノット（P95）で結び目をつくっておく

ロープを投げる

「ロープダウン」と合図してからロープを投げる。真下ではなく水平方向の空中に投げると壁際のヤブなどに絡みづらい

ロープの引っかかりに注意

結び目が幹と枝の間などに挟まると、下降後にロープを回収できなくなってしまう。付近に障害物がない場所にセットする

ヤブが濃い場合

たすき掛けしたスリングに束ねたロープを振り分けて、少しずつロープを出す。ロープを輪にして体にかける方法もある

下降器のセット

ビレイデバイス

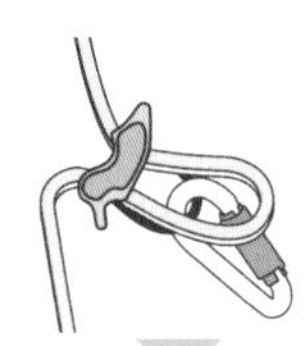

1 制動側を下にしてロープを通す。下降支点からロープがねじれないように気をつける

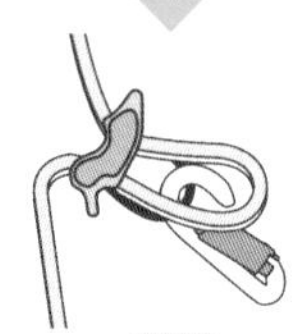

2 カラビナのゲートを開いて、デバイスを外さずに2本のロープをカラビナにかける

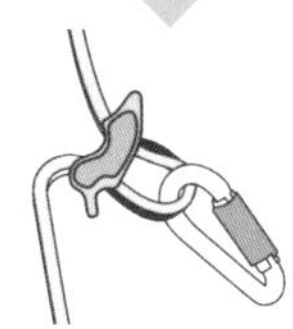

3 2本のロープとデバイスがカラビナにかかっていることを確認できたらゲートを閉める

エイト環

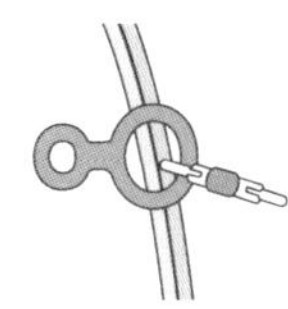

1 エイト環の大きいほうの輪にカラビナをかける。携行するときからこの状態にしておく

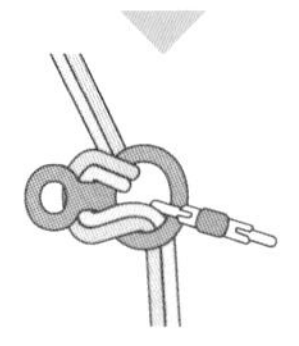

2 大きいほうの輪にロープを通し、小さい輪の外側を回して本体のくびれ部分に引っかける

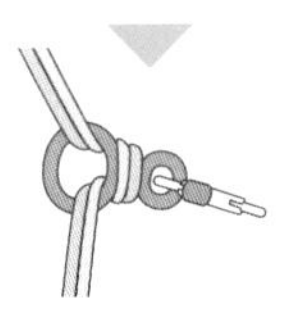

3 くびれ部分に引っかけたロープが手前を向くようにして、小さいほうの輪にカラビナをかける

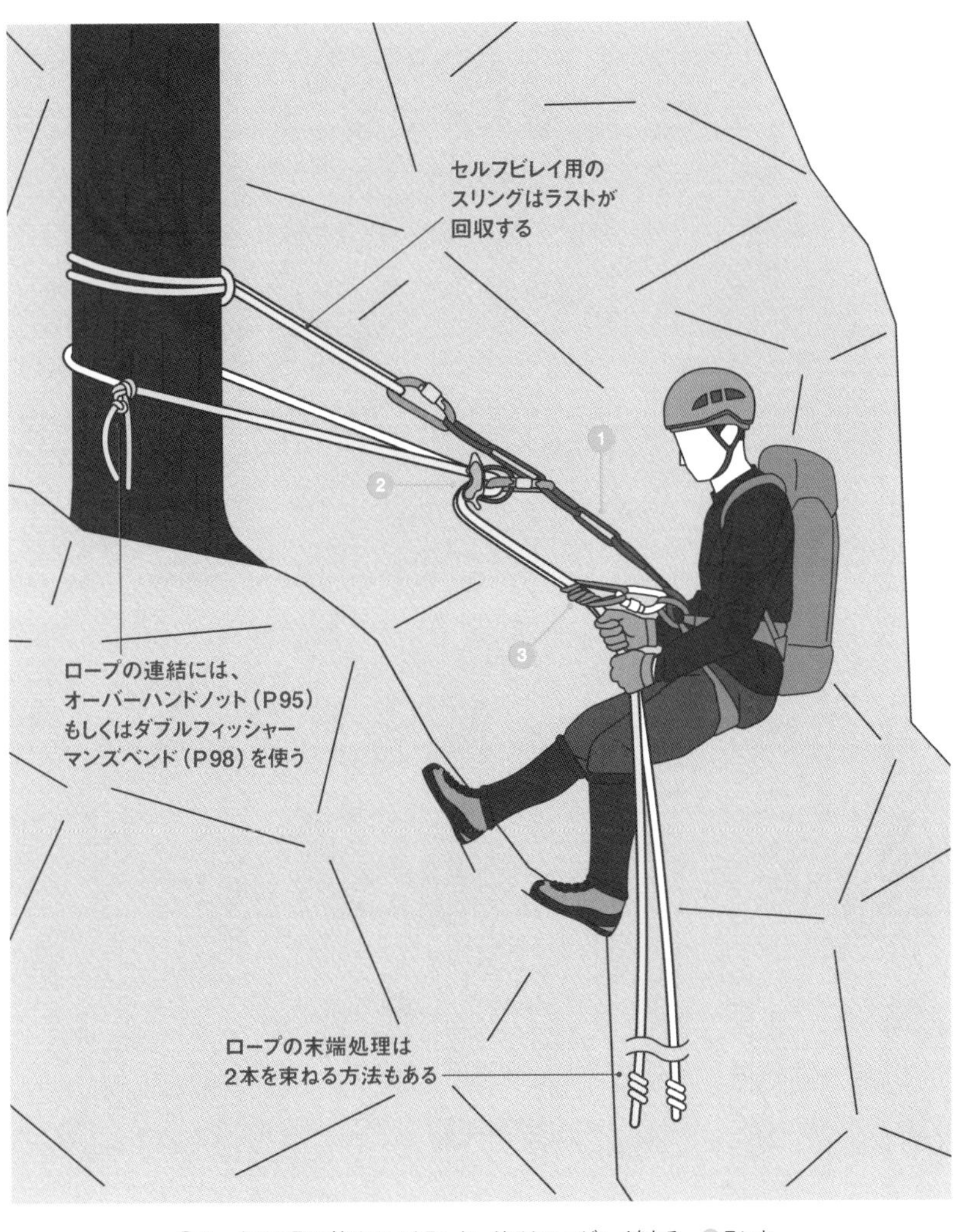

1 ハーネスに取り付けているランヤードでセルフビレイをとる　2 ランヤードの中間に下降器を安全環付きカラビナでセット。下降器にビレイデバイスを使う場合は、安全環付きHMS型カラビナを使う　3 オートブロックでつくったバックアップは安全環付きカラビナでビレイループに連結する

懸垂下降システムをつくる

下降支点にロープをセットしたら、懸垂下降を行なうシステムをつくる。

下降器を取り付ける　下降器をランヤードの中間あたりに安全環付きHMS型カラビナでセットする。こうすることで下降器とビレイループの間に距離ができ、後述するバックアップを操作しやすくなる。

ロープをセット　下降器にロープを取り付ける。ビレイデバイスを使う場合は取り付けるロープの向きを間違えないように注意すること。

バックアップをとる　ロープが途中で絡まっている、下降点に届いているか確認できないといった場合は、必ずバックアップをつくってから下降する。制動側のロープにオートブロック（P100）をつくり、安全環付きカラビナでビレイループに連結。これで落下が止まり、両手を離して作業できるようになる。

最終チェック　ロープを手繰り寄せながら下降支点と下降器の距離を狭めて、ランヤードにかかる荷重を下降器に移す。制動側のロープを握ると下降が止まること、カラビナの安全環が締まっていることを確認する。

下降する

ロープに体重を預けてゆっくり降りる

ロープ回収までの手順

下降システムを正しくセットできたら、懸垂下降を開始する。

セルフビレイを外す　制動側のロープを握り、ビレイデバイスに荷重をかけた状態でセルフビレイを外す。

下降する　ロープに体重をかけて後ろ向きに歩く感覚で降りていく。速度はロープを握る力加減で調整する。バックアップをとっている場合はオートブロックの上端を握る。

途中でロープが絡まっていれば、下降を中止して解く必要がある。落石の原因になる浮石がある場合は、落としながら下降する。

到着後の行動　ビレイデバイスからロープを外し、ロープが引けるか確認する。問題がなければ笛などで後続に下降終了の合図を送る。その後、落石の危険がない位置でロープを少しゆるめて持ち、後続をサポートする。

すべてのメンバーが下降したら、末端処理の結び目をほどき、ロープを引っ張って回収する。

下降の手順

ランヤードをロープにかける

セルフビレイを外したランヤードは支点側のロープにかけておく。２本で下降する場合、回収時に引っ張るロープにセットするといい

▼

トップが下降する

半身に構えて下降ルートを確認しながら降りる。傾斜が変わる地点で体勢を崩さないように注意

下降器を失った場合

安全環付きHMS型カラビナにセットしたムンターヒッチで下降できる（P103）。緊急時の手段として覚えておこう

下降後の行動

ロープが引けるかチェックする

ラストが降りる前にロープを回収できるか確認。動かない場合は上で対処してもらう

▼

到着後、合図を送る

落石の危険がない地点に移り、笛を「ピーーー！」と長く吹いて後続に下降終了を伝える

▼

安全な位置で後続をフォローする

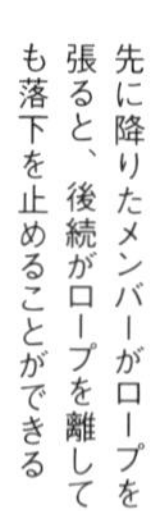

先に降りたメンバーがロープを張ると、後続がロープを離しても落下を止めることができる

アセンディング①

フリクションヒッチを使う

1

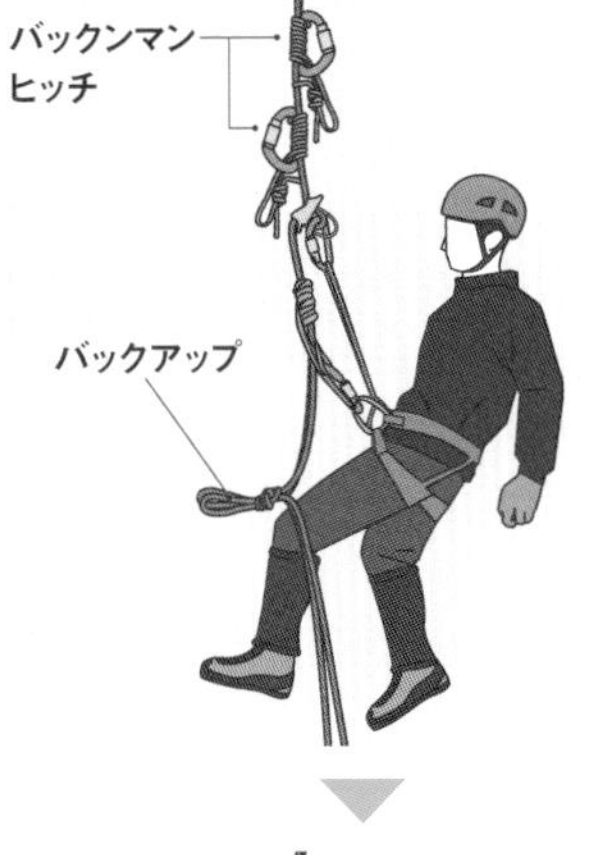

オーバーハンドノット（P95）でバックアップをとり、バックマンヒッチ（P100）を2つセット

2

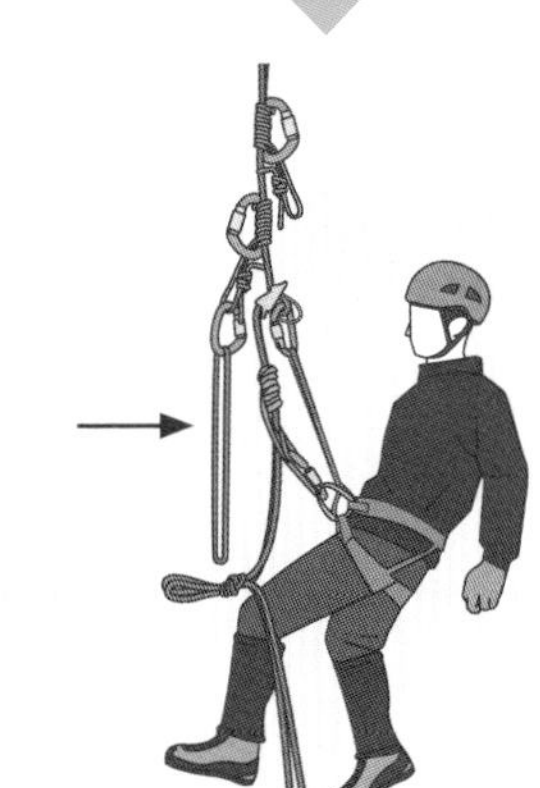

下方のバックマンヒッチに、ひざに届く長さのスリングを安全環付きカラビナでかける

3

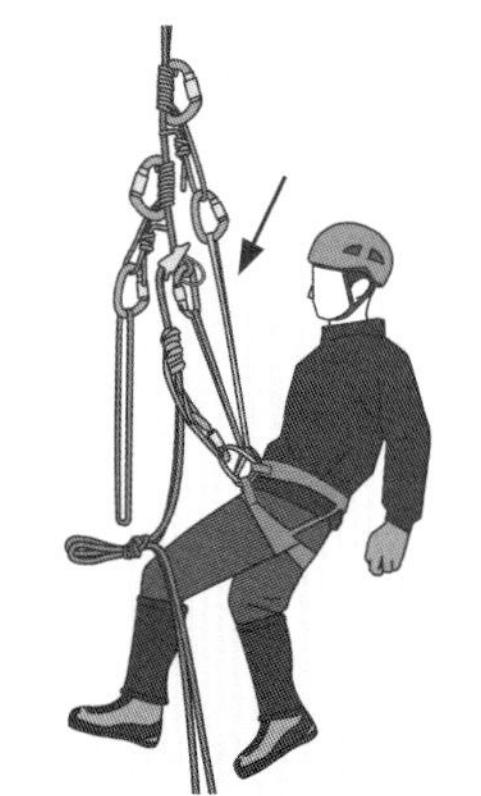

上方のバックマンヒッチを安全環付きカラビナでハーネスと連結。手が届く長さにする

4

2のスリングに立ち込むと同時に上方のバックマンヒッチを握り、上にスライドさせる

5

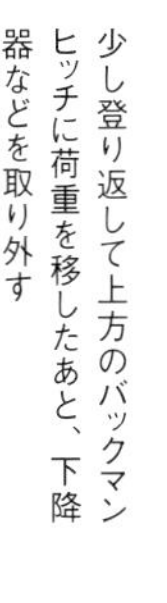

少し登り返して上方のバックマンヒッチに荷重を移したあと、下降器などを取り外す

6

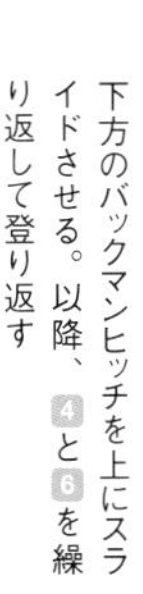

下方のバックマンヒッチを上にスライドさせる。以降、4と6を繰り返して登り返す

アセンディングとは？

なんらかの理由で懸垂下降を続行できなくなってしまった、もしくは下降後に結び目が引っかかってロープを回収できなくなってしまった場合などは、降りてきたルートを登り返す必要がある。ここで使う登り返しの技術をアセンディングという。

種類　主にフリクションヒッチだけで登り返す方法と、ビレイデバイスのガイドモードを利用する方法がある。いずれも技術のなかでフリクションヒッチの摩擦力を利用するため、確実なロープワークが必須。練習して一連の流れを身につけよう。

フリクションヒッチを使う

フリクションヒッチを2つ結ぶ方法は、下降器がエイト環でもセットすることができる。ここではバックマンヒッチを使用しているが、クレムハイストとプルージックヒッチ（P99）も選択可能。それぞれの特徴を理解して使い分けたい。

フリクションヒッチをつくるために、70㎝くらいの長さで確実に止まる太さのスリングを、常に2本専用に用意しておくといいだろう。

アセンディング②

ビレイデバイスのガイドモードを使う

下降器にビレイデバイスを使っている場合はガイドモードを利用できる。デバイスの角度を変えて、フォロワーが滑落したときに制動側のロープが自動的に止まる仕組みを生かして登り返す方法だ。

フリクションヒッチだけで登り返す方法よりも、少ない道具で早くセットできるという利点がある。また、登り返している途中で再び懸垂下降に戻るといったシチュエーションになった場合も、早くシステムを切り替えることができる。

ただし、フリクションヒッチを使う方法よりも体幹のバランス力が必要。また、手順は同じでもデバイスの種類によっては登りづらい場合もあるので注意すること。自前のデバイスを使い、確実に登り返しができるようになるまで、繰り返し練習することが肝心だ。

ここでもフリクションヒッチは、バックマンヒッチだけでなくクレムハイストやプルージックヒッチ（P99）を使ってもいい。

オーバーハンドノット（P95）でバックアップをとり、バックマンヒッチ（P100）をひとつセット

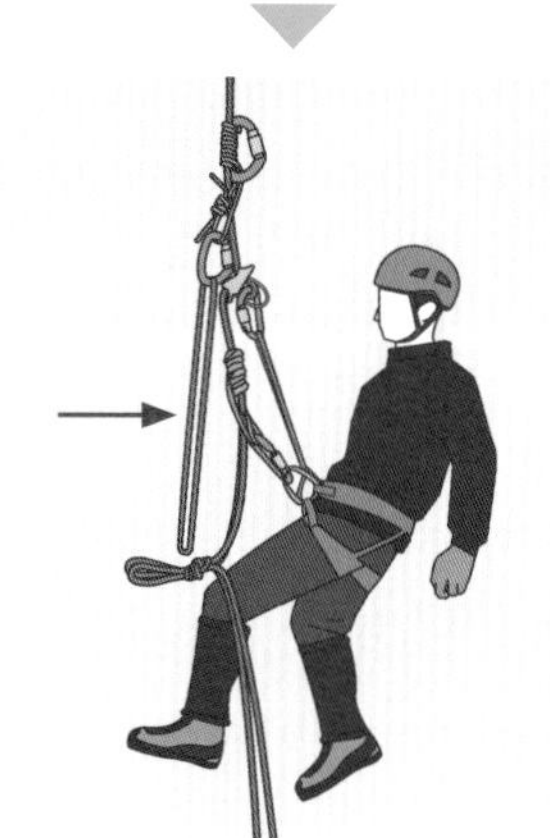

1のバックマンヒッチに、ひざに届く長さのスリングを安全環付きカラビナでかける

デバイスのアタッチメントポイントにスリング長約10㎝のクイックドローをかける

4

2のスリングに立ち込みながら3のクイックドローをビレイループにかけて、ビレイデバイスの角度を変える

デバイスがガイドモードになっていることを確認したあとにバックアップを解く

6
左手はロープをつかんでバランスをとる

立ち込むと同時に、制動側のロープを逆手で手繰り寄せながら登っていく

仮固定

バックアップがない状態で下降を止める

ビレイデバイスを使ってロープを操作しているとき、手を離してもロープが流れない状態をつくる技術を「仮固定」という。懸垂下降時に仮固定を行なうと、下降を中止して両手を使った作業が可能になる。

下降中に仮固定が必要になる場面は、主に絡まったロープを解くとき、アセンディングシステムをつくるとき。いずれも、オートブロックでバックアップをとっていれば仮固定を行なう必要はない。しかし、スリングが不足してオートブロックがつくれないといった不測の事態に備えて、懸垂下降、アセンディングとセットで必ず覚えておきたい。

ここでは下降器にビレイデバイスを使っているが、エイト環で懸垂下降を行なう場合も手順は変わらない。

仮固定の方法は多くの技術書で紹介されており、少しずつやり方が異なっている場合もある。しかし、どれも正しい手順で、間違いではない。確実にできる方法をひとつ身につけることが大切だ。

仮固定の手順

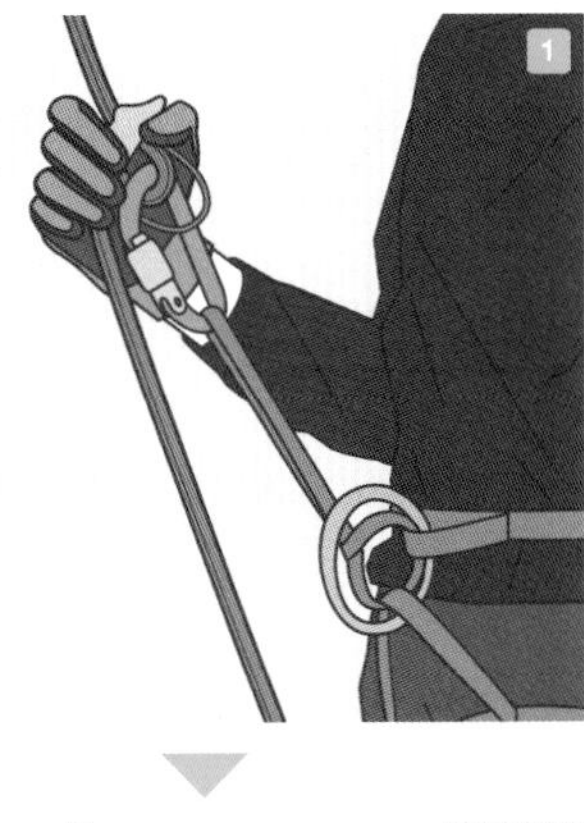

1 ロープを手のひらで押さえつけるようにデバイスを握る（エイト環はくびれ部分を握る）

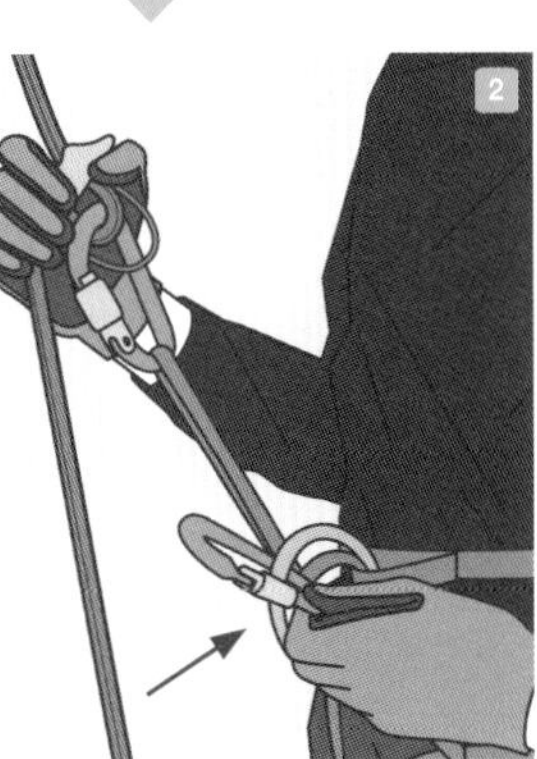

2 ビレイループにカラビナをかける。形状は問わない

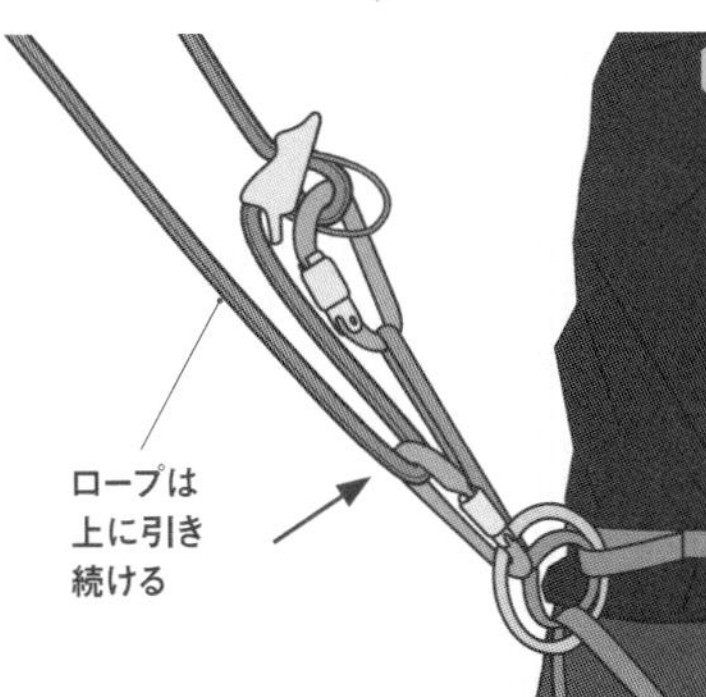

3 制動側のロープを2のカラビナで上方に折り返す。この状態でいったん流れが止まる

4 下降器の真上でミュールノット（P103）を結ぶ

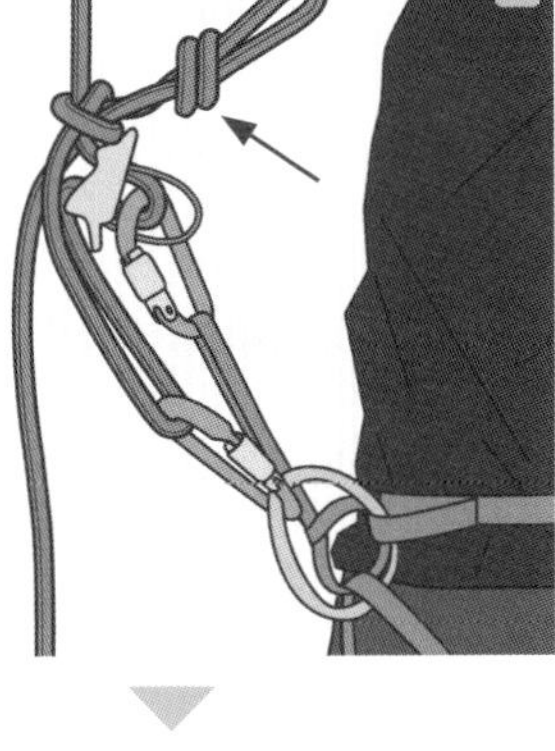

5 ミュールノットの末端にオーバーハンドノット（P95）でバックアップをとる

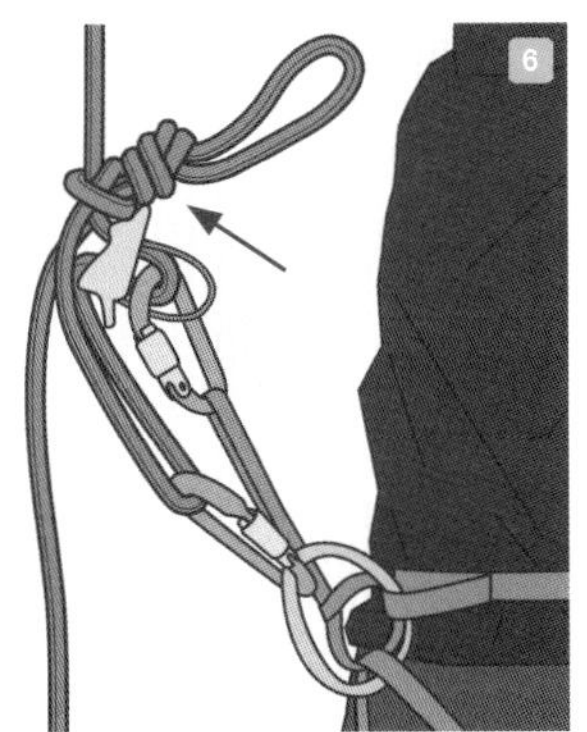

6 オーバーハンドノットをミュールノットに密着させて、きつく締め込む

そのほかの技術

沢登りは何でもあり

使えるものを総動員

簡単に登れない段差が現われた場合、むやみに岩に穴をあけて人工物を埋没させるといった行為でないかぎり、沢登りではどんな方法を用いても許される。メンバーを足がかりにする、ロープを結んだバイルを投げて溝に引っかけて手がかりにする、ザックの上に乗りスタート地点を高くして段差を越えることもある。知恵を絞って困難を突破しよう。

足を手で押さえる

傾斜が急なスラブなどで有効。スリップが怖いわずかに凹んだ足場でも、手を添えてもらうと安定して思いきり立ち込める

ひざや肩に乗る

肩の上に立つことを「ショルダー」と呼ぶ。下のメンバーはしゃがんで人を乗せてからゆっくり立ち上がる。体を貸すメンバーにかかる負担が大きいので、上に乗る人は体重の軽い人がいい。ザックを置いて空身で登る

秘技・ハンマー投げ

ハンマー投げは、通常の登攀では越えられない場面で切り札として使われる技だ。投げて届かせられる高さおよび距離の範疇で、上部に岩や木など引っかかる形状があるときのみ使用可能。主にゴルジュ内CS滝を越えるのに使うことが多いが、手の届かない高さにある木から懸垂下降の支点を得るときなどにも使える。

ただ、うまく掛かったとしても、どんな掛かり方をしているか判別できないときは、充分テストをし、荷重方向を変えないよう（特に抜け口付近）注意して登る。実際上がってみたら5㎜程度の木の節に引っかかっていただけ、なんてこともあった。　（大西良治）

バイルにロープをつなげて投げるだけだが、テクニックが必要

末端交換三角法

1 トップが渡る

トップはビレイループにかけた安全環付きカラビナにロープを通し、ロープに体重をかけながら左岸に渡る

2 対岸に支点を構築

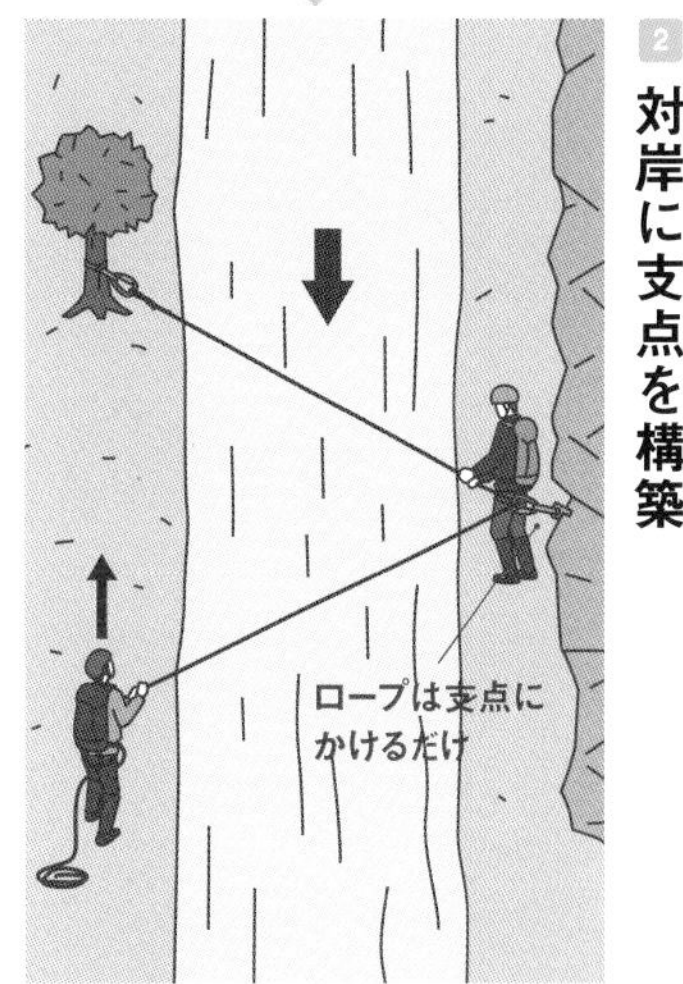

無事に徒渉できたトップは、流れに対してできるかぎり急角度にロープを張ることを考えて、左岸に支点をつくる

3 末端を交換

2の支点にロープをかけたら、1の支点に固定していたロープを解き末端同士を連結。ロープを回転して末端を左岸へ移す

4 セカンドが渡る

セカンドは両岸の支点で斜めに張ったロープに安全環付きカラビナでランヤードをセットし、ロープに沿って渡る

5 ラストが渡る

ラストが流されたら
急いでロープを引く

右岸の支点を回収して、ラストは下流へ移動。ビレイループにロープをかけて、体重をかけながら徒渉する

危険 こいのぼり

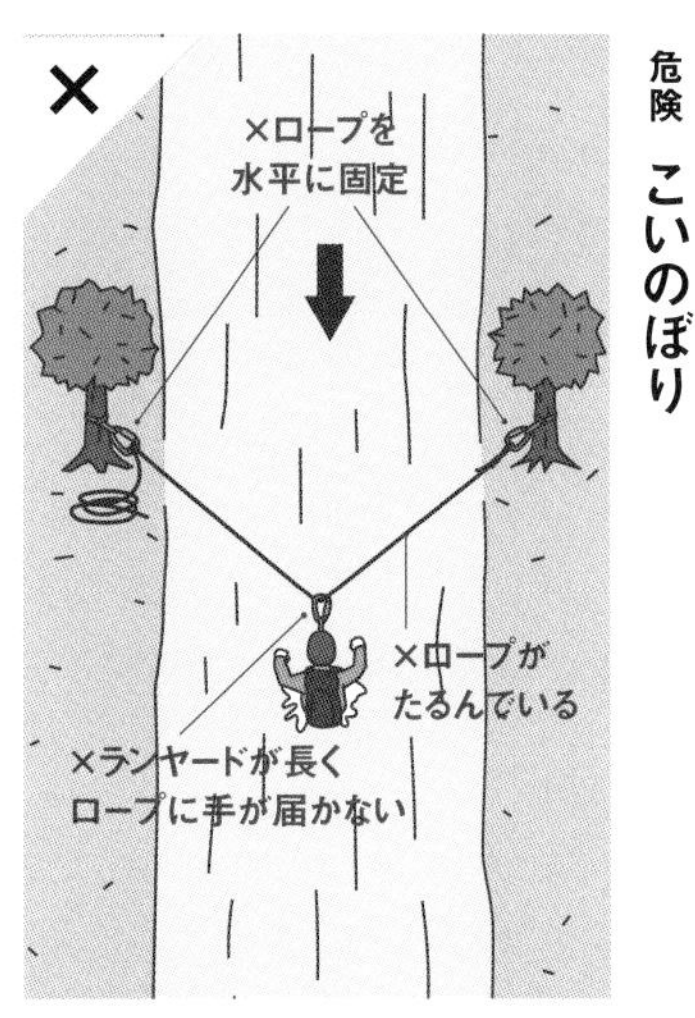

この状態で流されると脱出できずに溺れる可能性が高い。固定ロープを切って運を天に任せるしかない

ロープを使う徒渉技術

スクラム徒渉（P57）でも渡れない急流を徒渉せざるをえない場合は「末端交換三角法」が役に立つ。

末端交換三角法が優れている点は、トップからラストまで、すべてのメンバーの安全をロープで確保できること。中間のメンバーは斜めに張ったロープにランヤードをかけて徒渉するため、万が一流されても、ロープに沿って対岸に流れ着く可能性が高い。トップとラストが急流に足をすくわれた場合も、ほかのメンバーがロープを手繰り寄せることで救助できる。

優れた技術である一方、実際に使うには両岸に支点をつくり、流れに対して急角度にロープを張ることができ、なおかつロープの長さが足りているという条件をクリアする必要がある。ちなみに、幅が10mの沢をこの方法で徒渉する場合は、30m以上の長さのロープが必要だ。

複雑な技術であるため、習得には仲間と共に繰り返し練習すること。また、そもそも徒渉すること自体が危険な場合もあるので、高巻きや撤退、減水するまで待機するといった選択肢も同時に検討しよう。

中間支点は位置も重要。ロープの流れに気を配り、できるだけスムーズになるよう、支点位置やスリングの長さを調整する。また、荷重がかかったときのことまで想定して、岩角などでロープが擦れないようにしておく（上：北アルプス・称名川下ノ廊下／下：北アルプス・称名滝）

支点（プロテクション）の設置方法を選ぶうえで、まず優先すべきは強度、次に設置&回収に要する時間だ。木や岩などの自然物を利用するのがいちばん確実で早いため、支点づくりの際は最初に周囲をよく観察して、利用できそうな自然物を探すことから始める。

見つからなければ、次にカム（またはナッツ）→ピトンという順序で、支点がとれるクラックやリスを探していく。

この順序は設置&回収のスピードだけでなく、できるだけ自然を傷つけないスタイルにも準じている。時間がかかるうえに少なからず岩を傷つけるピトンより、素早く使用でき、まったく岩を傷つけないカムのほうが好ましいということだ。

上記の流れで探しても支点をとれる場所が見つからない場合は、最終手段としてボルトの使用も考えられるが、極力、フェアに自然と対峙するクライミング文化（沢登りも含む）においては、ボルトの使用はいわば反則行為。使うとしても、本当に必要なときだけにとどめたい。

登攀時のアンカー構築で押さえるべき基本事項は、強固（充分な強度）、多重性（2支点以上）、均等（分散荷重）、伸長防止（各支点抜け落ち時のスリング伸長による衝撃荷重の防止）の4つ。特に〝強固〟が重要で、これさえ確実ならほかの項目が不要なこともある（丈夫な木なら1支点でOKなど）。

ゆえに、支点の強度には最も留意し、特に命に関わる場合は絶対に妥協してはならない。

木や岩などの自然物は充分な強度があるか判断しやすいが、カムやピトンなど自分でセットするギアの効き具合は、経験の蓄積と物理的理解力（効く角度や向きなど）、慎重さなどが、判断に大きく影響する。

どれかが欠けているだけで事故は起こりやすくなり、重要な支点が抜けて誰かがグラウンドフォールしたり、させられたりといった場面は、パーティで行くことが少ない私でさえ、何度か出くわす機会があった（運よく、みな無事だったが）。

そのときに共通して言えるのは、必要以上に焦って、強度が不充分な支点で妥協してしまった、もしくは支点の強度を甘く見積もってしまったことだ。焦りはさまざまな悪影響を及ぼすため、生じたときには意識的に抑えるといい。

どんなときでも妥協せず、確実な支点を得られるまで根気よく探す。

それが、安全に沢登りを続ける秘訣だ。

（大西良治）

ロープワーク

使用目的や特徴を覚えよう

フィギュアエイトノット

フィギュアエイトフォロースルーとフィギュアエイトオンアバイトの基礎になる結び。使用頻度が高いので、必ずマスターしたい。

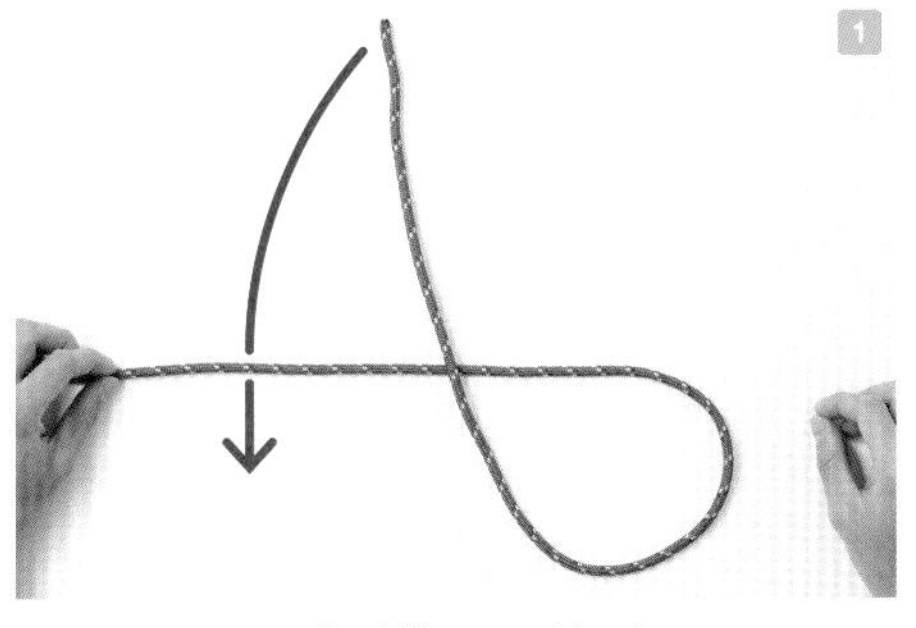

ロープの末端にループをつくる

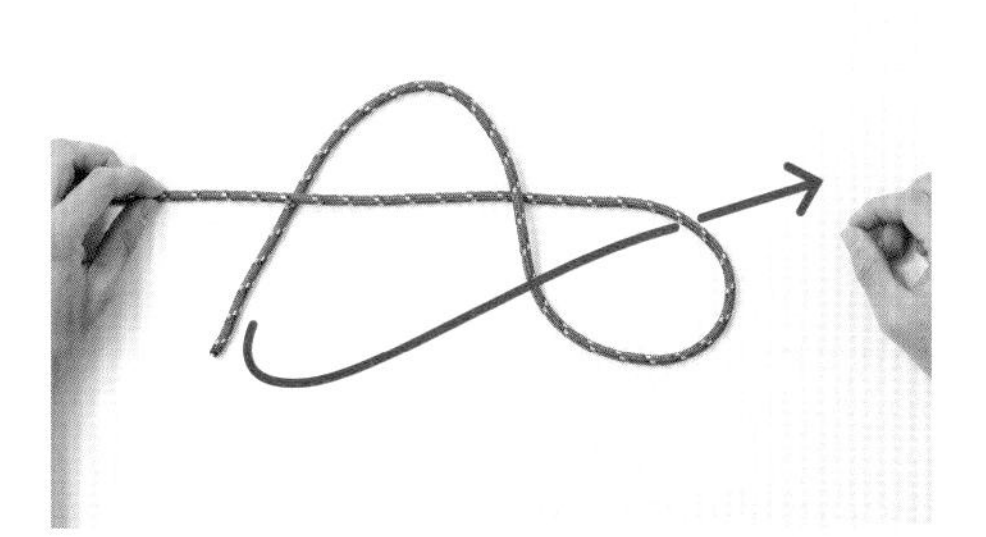

写真の矢印に沿って末端をループに通す

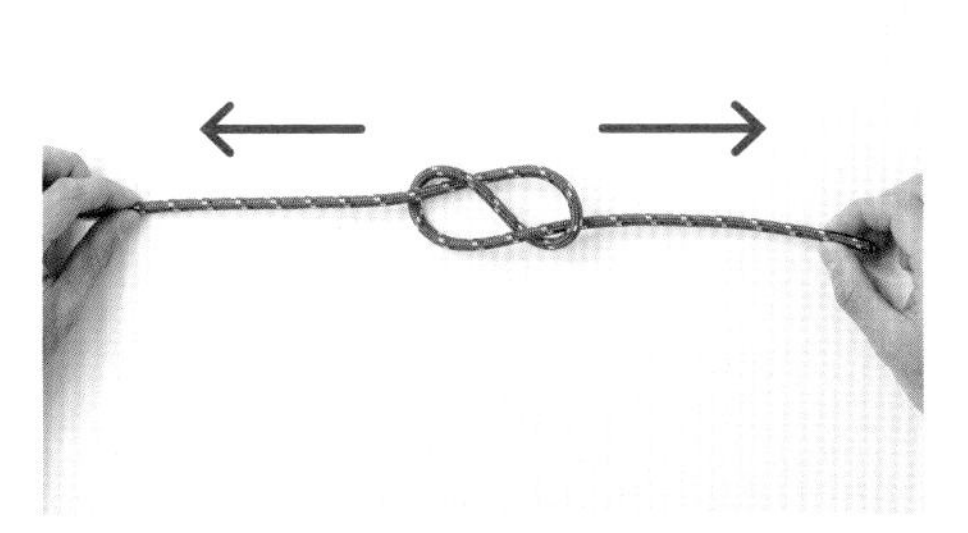

左右のロープを持って結び目をきつく締める

オーバーハンドノット

最も初歩的な結び。懸垂下降時に2本のロープを連結するときやアセンディングでバックアップをとるときなどに使う。

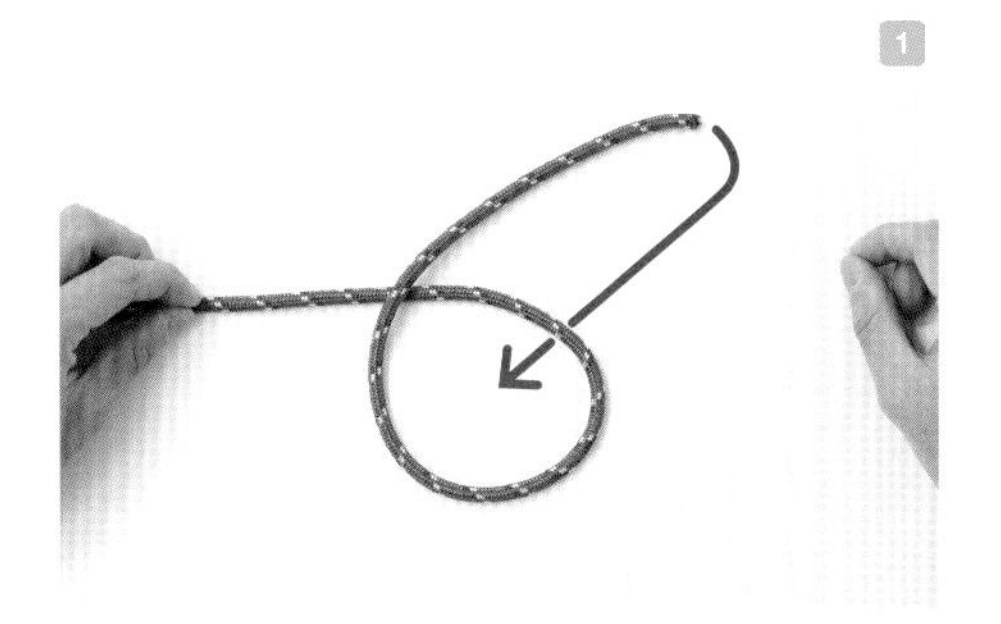

ロープの末端付近にループをつくる

末端をループに通す

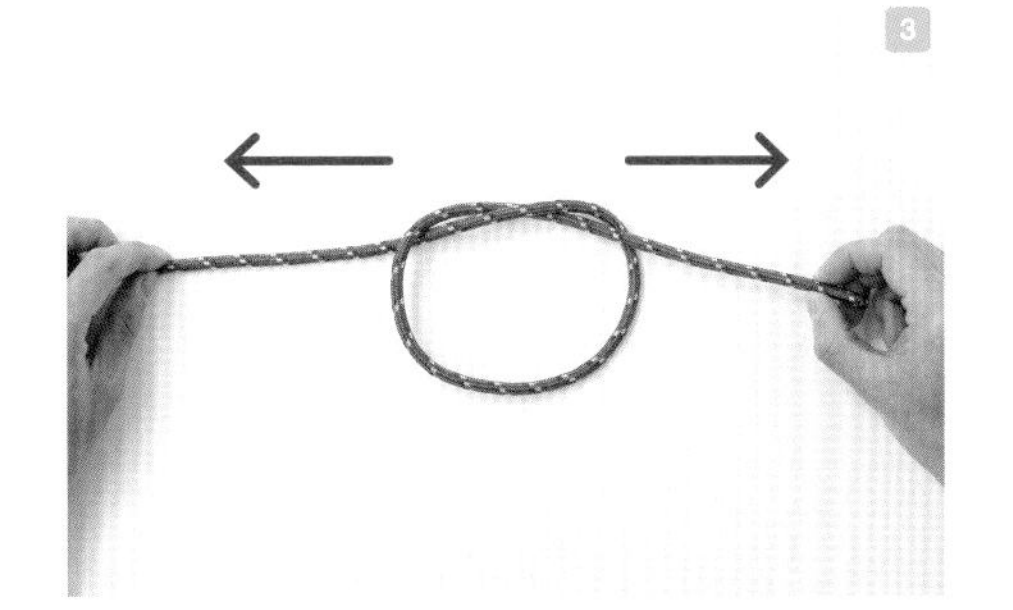

左右のロープを持って結び目をきつく締める

フィギュアエイトフォロースルー

主にハーネスにロープを結ぶときに使用する。タープの設営時など、スリングとカラビナを使わずに立ち木にロープを結びつけることも可能。

ロープをハーネスに結ぶときは末端から約1mの位置にフィギュアエイトノットをつくる

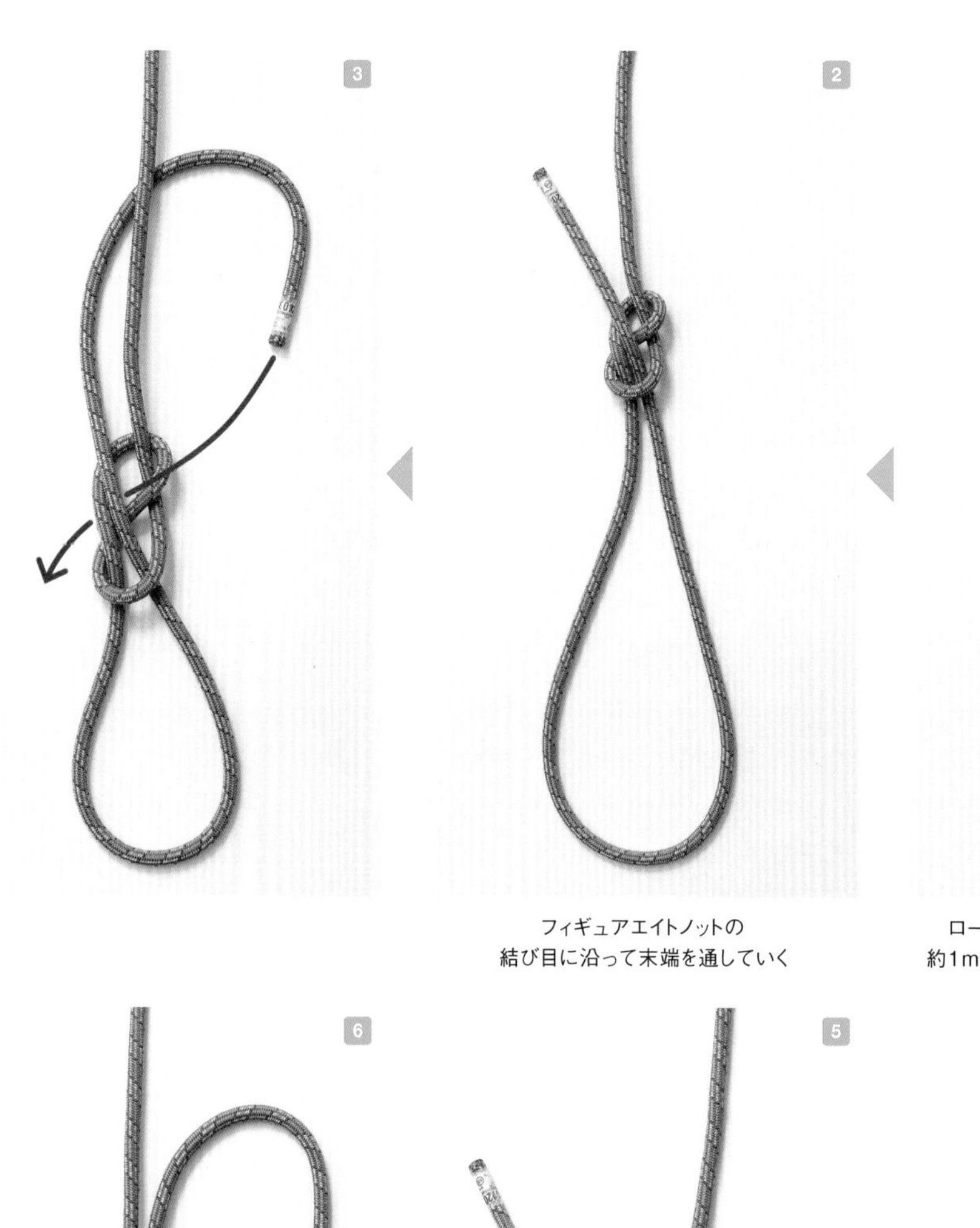

フィギュアエイトノットの結び目に沿って末端を通していく

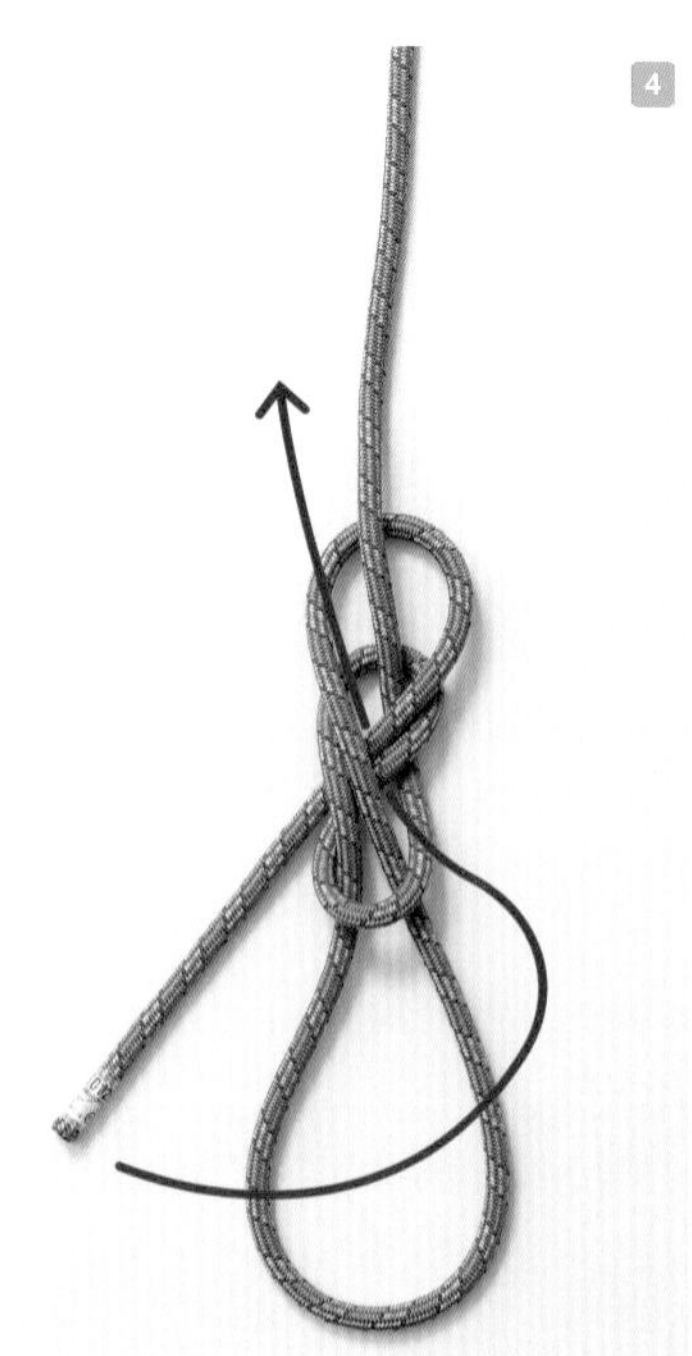

最後、結び目をきつく締める

末端が30cm以上出ている状態が理想

フィギュアエイトオンアバイト

ロープを折り曲げてつくるフィギュアエイトノット。主に、3人以上のパーティの登攀シーンで、ロープの途中で中間のメンバーを確保するときに使用する。

1

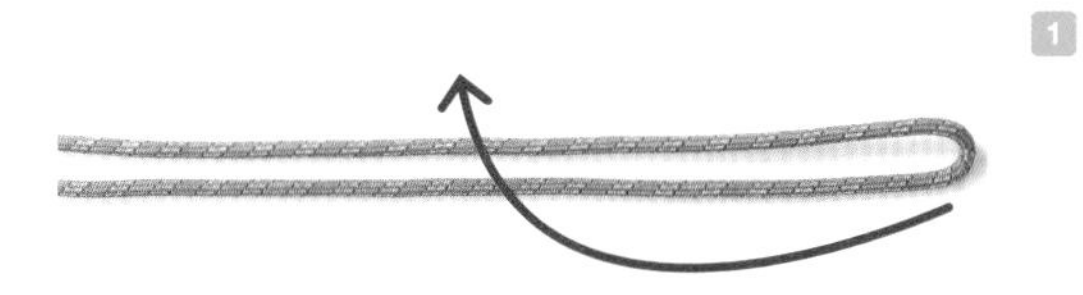

ロープを折り曲げる

2

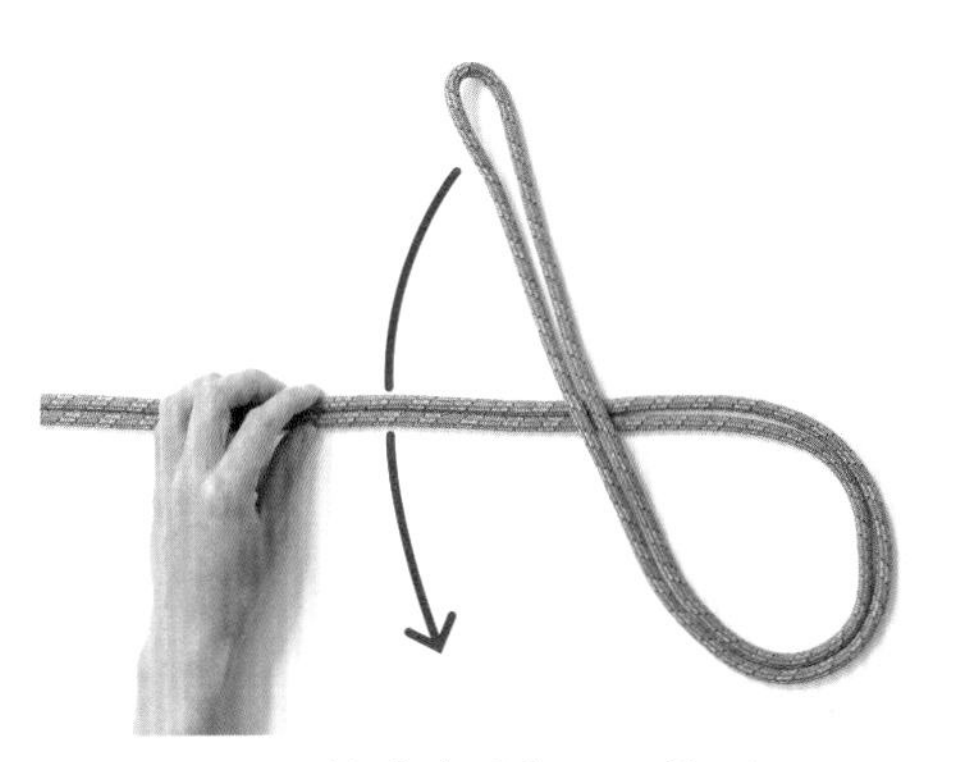

折り曲げた先端にループをつくる

3

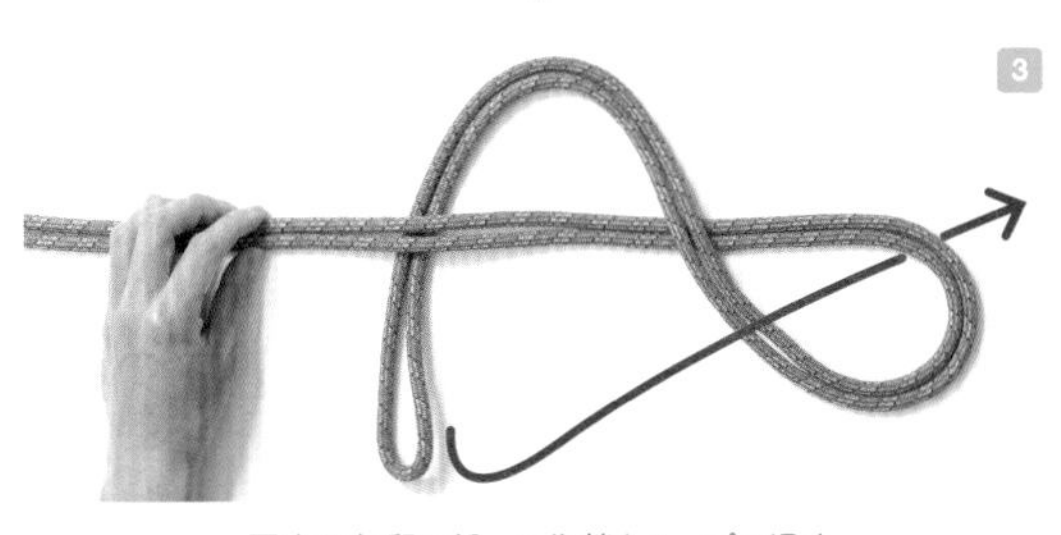

写真の矢印に沿って先端をループに通す

4

5

左右のロープを持って結び目をきつく締める

ハーネスへの結び方

フィギュアエイトフォロースルーでロープをハーネスに結ぶ方法。ハーネスの形状は商品によって異なるので、結ぶ場所は必ず取扱説明書で確認すること。

1

右手から左肩までの長さが、だいたい1m

2

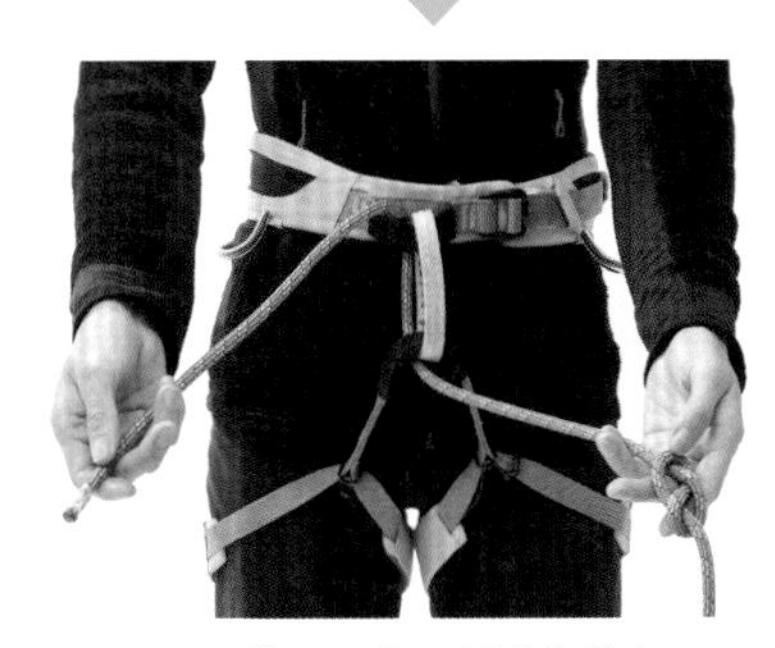

フィギュアエイトノットを結んでから、
末端をハーネスのタイインポイントに通す

3

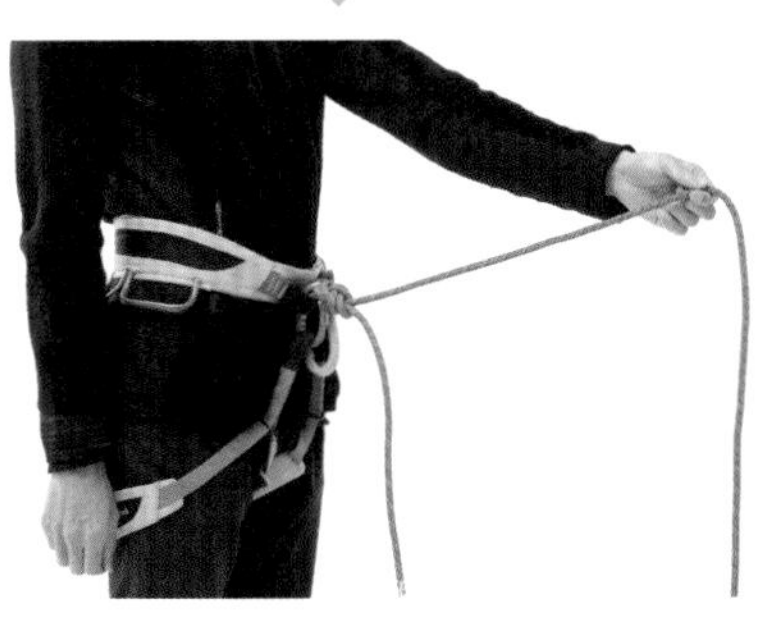

フィギュアエイトフォロースルーをつくり、結び目をきつく締める。
結び目で2本のロープがクロスしていないこと、
遊びがないことを確認する

4

余ったロープは末端処理する
（末端処理についてはP98参照）

5

左右のロープを持って結び目をきつく締める

6

ロープの末端処理には2～6の結び方を使う

7

Ⓐの末端にも同様に結び目をつくる

8

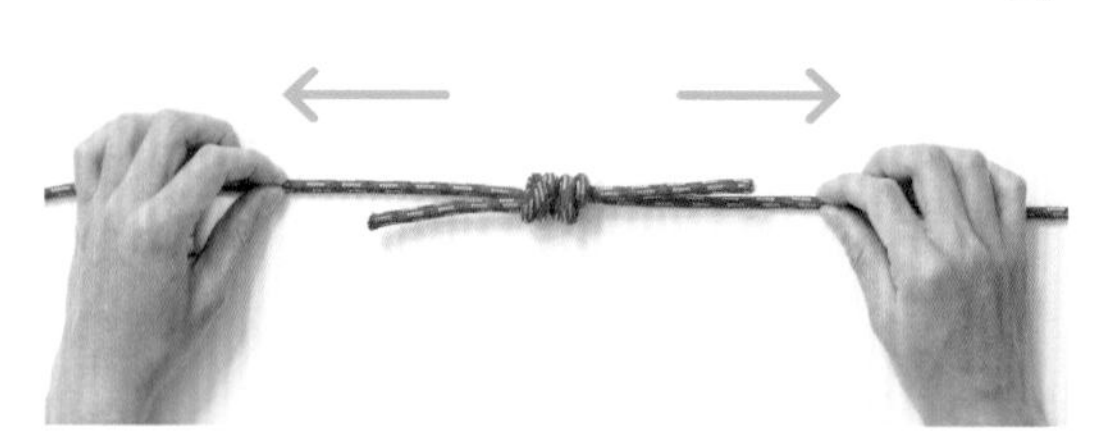

ロープを左右に引き、2つの結び目を密着させてきつく締める

9

結び目が左上の写真と同じ形で密着していることを確認。
結び目から出る末端の長さはロープ径の10倍以上が理想

ダブルフィッシャーマンズベンド

ロープスリング（P31）をつくるときに使用。懸垂下降時、この結びで2本のロープを連結することもできる。途中までの結びでロープの末端処理を行なう。

1

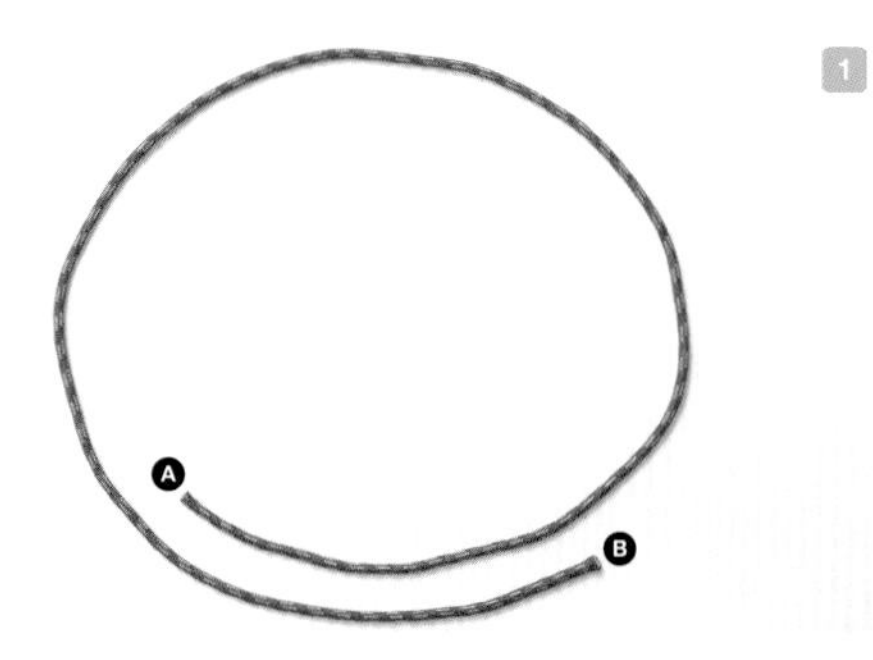

ロープの両末端を上下にずらして輪をつくる

2

Ⓐの末端を左手でつかみ、
矢印に沿ってⒷの末端を人さし指に巻きつけていく

3

4

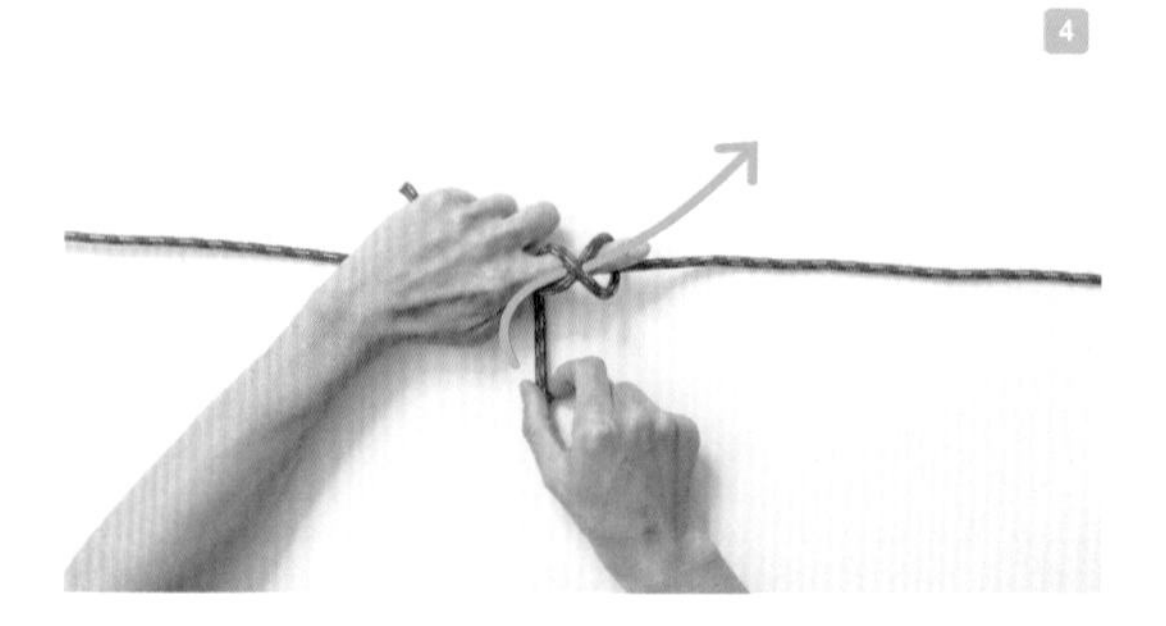

フリクションヒッチ

プルージックヒッチ

フリクションヒッチのなかで、唯一、片手で結ぶことができる結び方。ただし、慣れるまで練習が必要。

1

スリングの結び目を持ち、ガースヒッチ（P104）を何度も繰り返す

2

3

複数回巻いたら、結び目からずらしたポイントを引っ張る

4

クレムハイスト

紹介するフリクションヒッチのなかで最も摩擦力が強く、固定力が高い。動かしにくいのが欠点。

1

スリングの末端を少し出す

2

写真のようにスリングをロープに巻きつけていく。本来の摩擦力を得るためにきれいに巻くこと

3

下の末端を上の末端に通す

4

下方向に引くと結び目がロックされる

フリクションヒッチ

バックマンヒッチ

カラビナを持って結び目を動かせる。テンションをかけているときはカラビナを引っ張らないように注意。

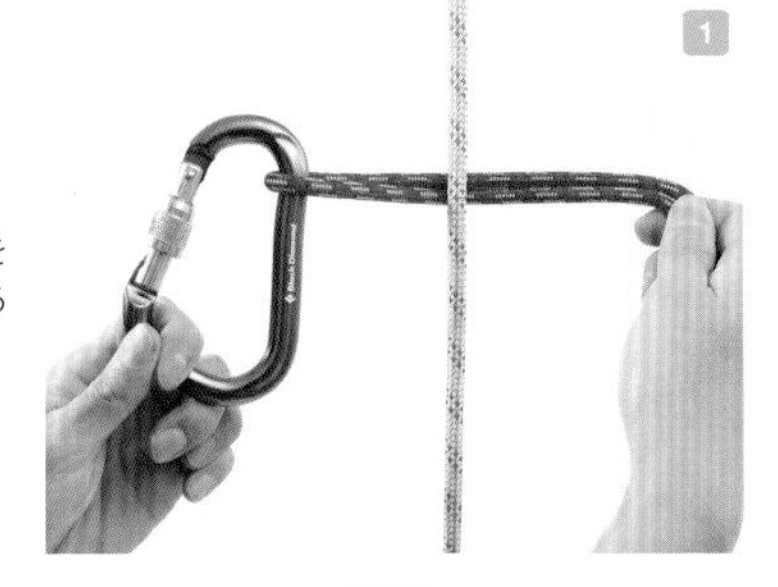

1 写真のようにスリングをカラビナにかける

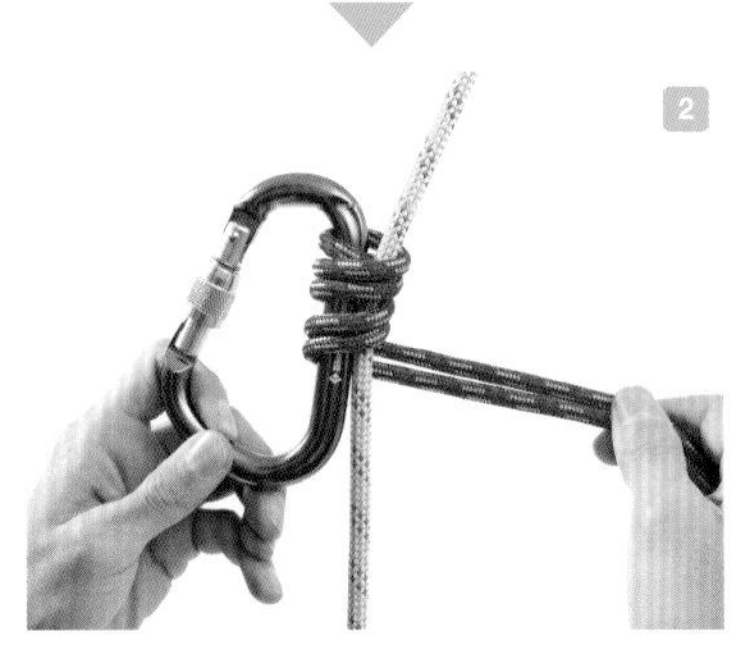

2 カラビナのスパインが全部隠れるまでスリングをロープとカラビナに巻きつける

3 下方向にのみロックする

オートブロック

懸垂下降のバックアップなどに使う。巻き数が少ない、結び目から出るスリングが長いとゆるむことがある。

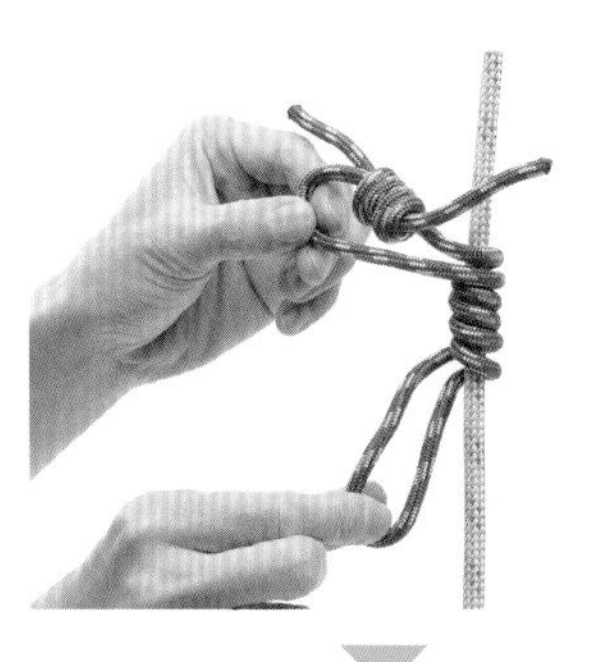

1 スリングをロープに上から下へ巻きつけていく

2 両方の末端にカラビナをかける

スリングが長い場合は適当な位置にオーバーハンドノットで結び目をつくる

スネークヒッチ

テープスリングに適したフリクションヒッチ。スリングの真ん中から交差を繰り返して巻いていく。下方向にのみロックする。

1

2

3

クローブヒッチ①

ロープとモノを固定する結び。確保支点にカラビナをセットするときやザックを使った搬送技術（P119）に使う。片手で結ぶ方法も覚えておく。

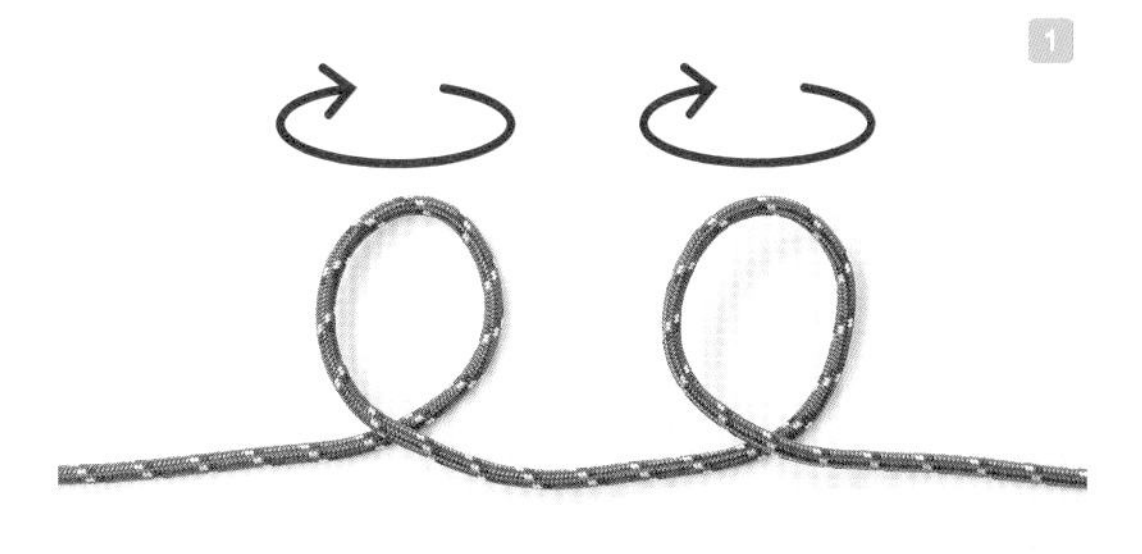

ロープを矢印の向きにねじってループを2つつくる

左のループが上、右のループが下になるように重ねる

ループが合わさった箇所にカラビナをかける

左右のロープを持って1本ずつきつく締める

クローブヒッチ②

片手でクローブヒッチを結ぶ方法。登攀中にハーネスに結んだロープでセルフビレイをとるときに使う。ムンターヒッチ（P102）と間違えやすいので注意。

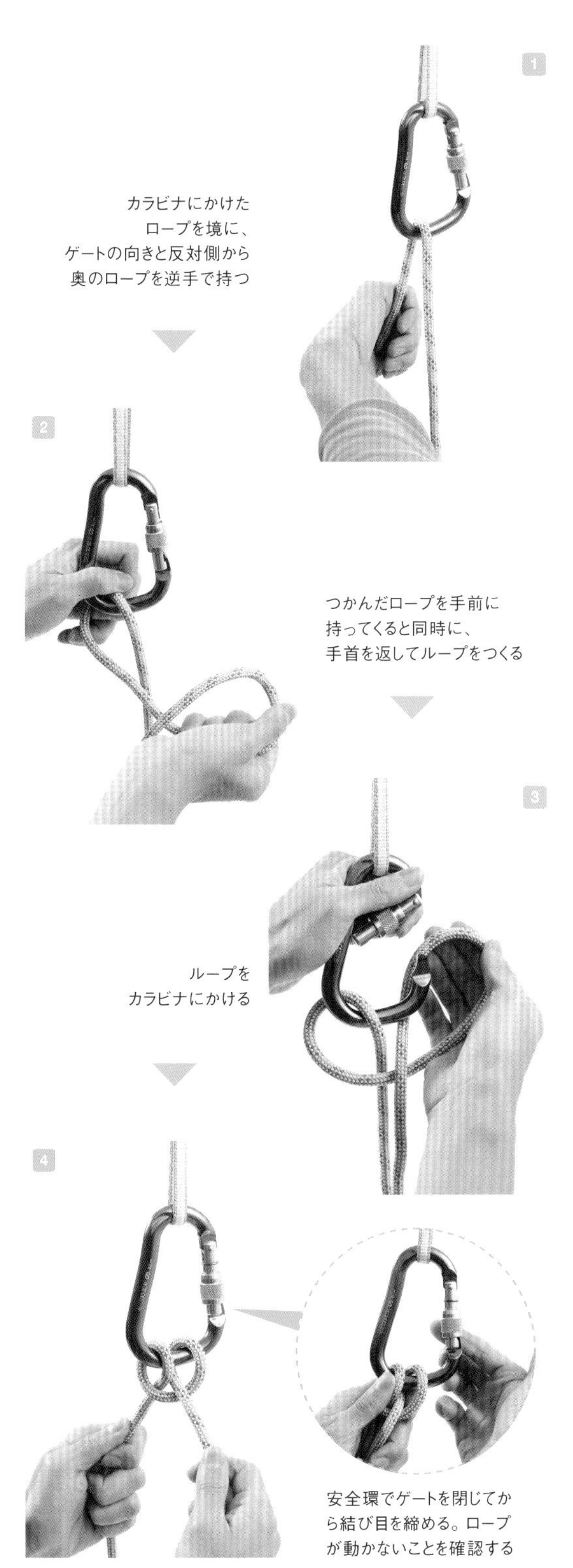

カラビナにかけたロープを境に、ゲートの向きと反対側から奥のロープを逆手で持つ

つかんだロープを手前に持ってくると同時に、手首を返してループをつくる

ループをカラビナにかける

安全環でゲートを閉じてから結び目を締める。ロープが動かないことを確認する

ムンターヒッチ

カラビナに巻きつけたロープ同士の摩擦で制動力を得る結び。フォロワーのビレイで使うほか、懸垂下降にも用いる。ロープが少々傷みやすく、ねじれやすいのが欠点。

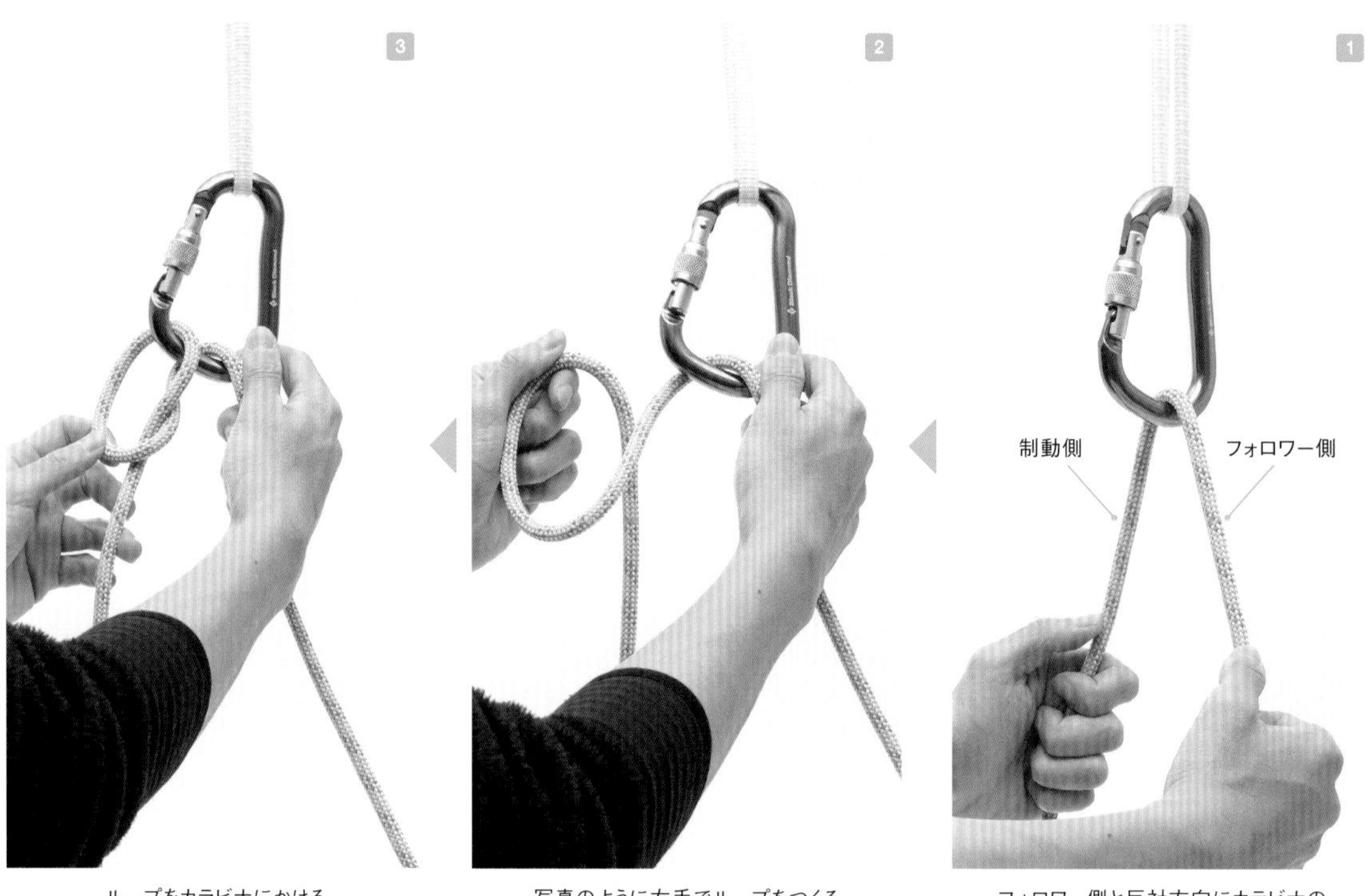

1 フォロワー側と反対方向にカラビナのゲートを向けて、手前から奥へロープをかける

2 写真のように左手でループをつくる

3 ループをカラビナにかける

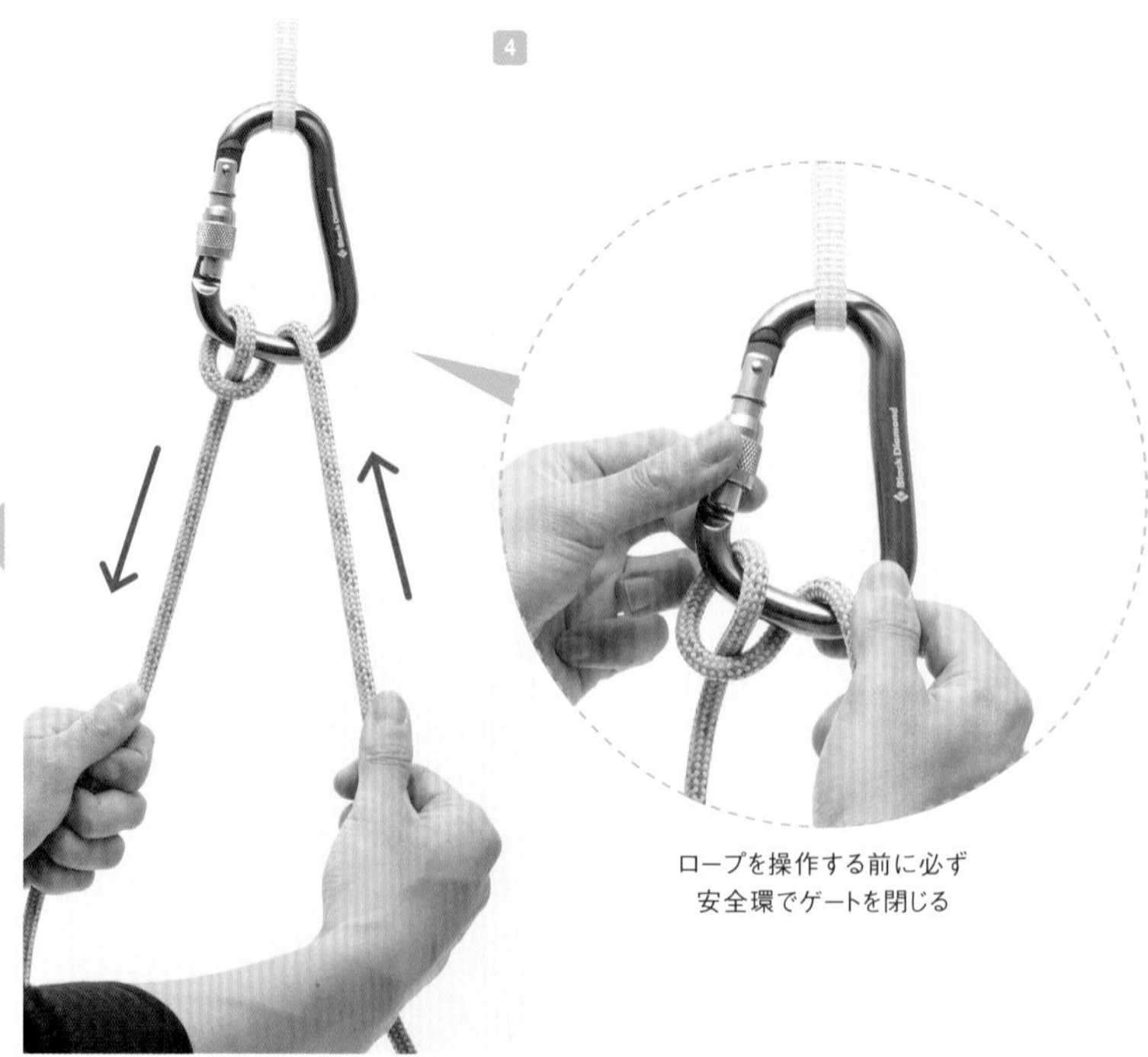

ロープを操作する前に必ず安全環でゲートを閉じる

4 フォロワーをビレイする状態。制動側のロープを引いてフォロワー側のロープを引き上げる

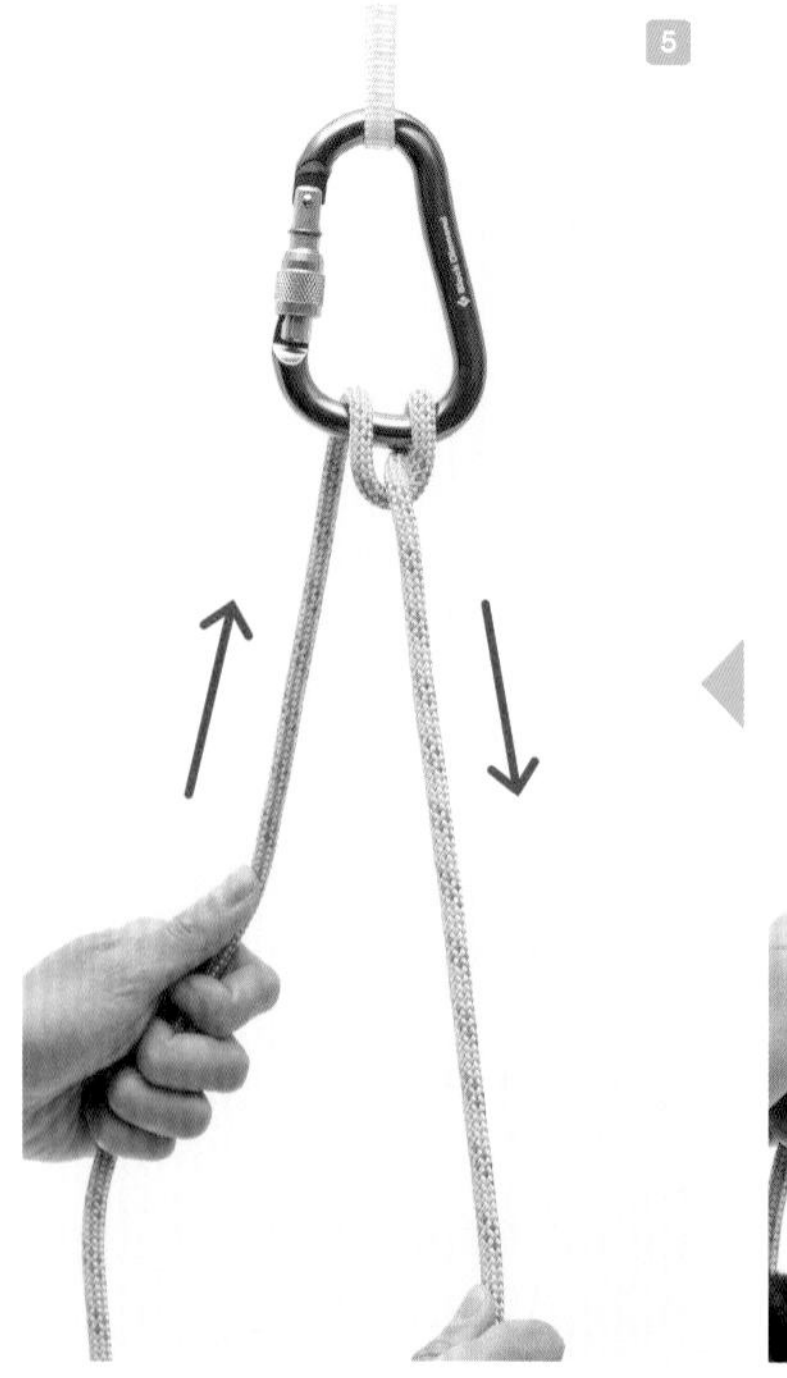

5 フォロワーを下ろす状態。フォロワー側のロープを流すと4から結び目が反転する

ムンターヒッチによる懸垂下降

ムンターヒッチで懸垂下降を行なうときは、必ず安全環付きHMS型カラビナを使う。積極的な使用はおすすめしないが、覚えておくと不測の事態で役に立つ。

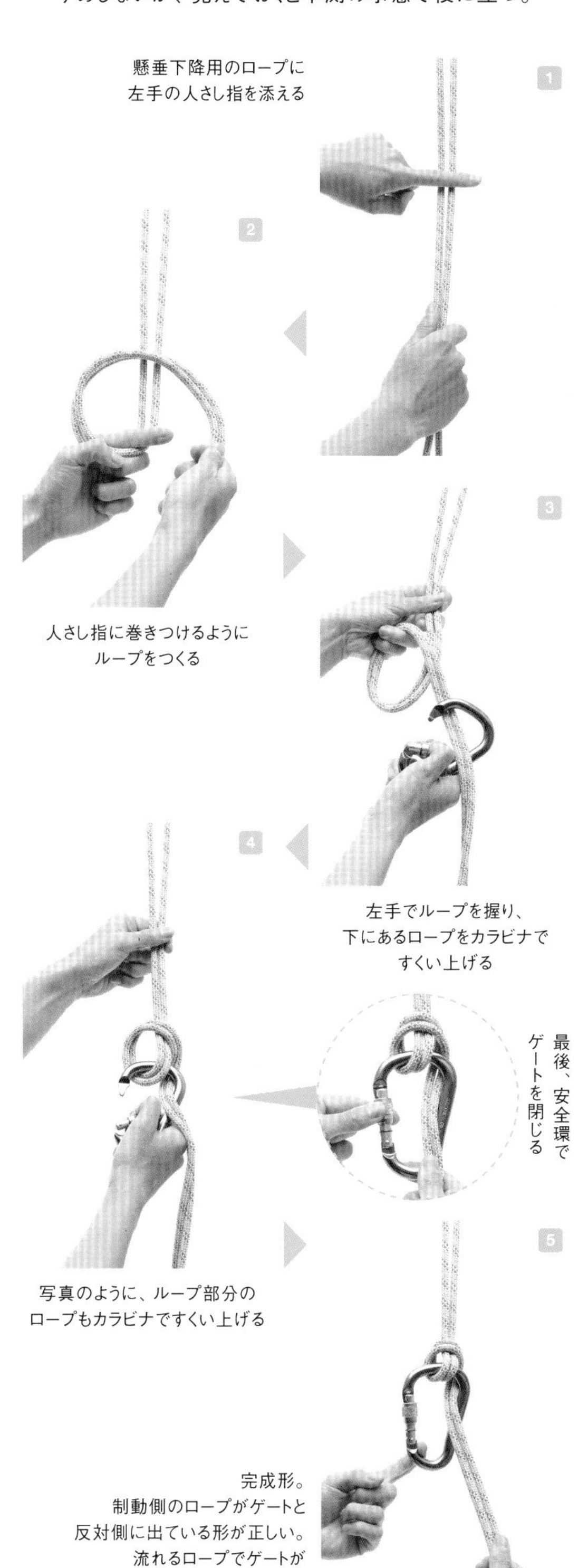

1 懸垂下降用のロープに左手の人さし指を添える

2 人さし指に巻きつけるようにループをつくる

3 左手でループを握り、下にあるロープをカラビナですくい上げる

4 写真のように、ループ部分のロープもカラビナですくい上げる

最後、安全環でゲートを閉じる

5 完成形。制動側のロープがゲートと反対側に出ている形が正しい。流れるロープでゲートが開く心配がない。この状態でビレイループにかける

ミュールノット

ムンターヒッチや懸垂下降時の仮固定で使う結び。オーバーハンドノット（P95）で行なうバックアップとセットで覚える。

1 ムンターヒッチでフォロワーをビレイしている状態。結び目を握って流れを止める

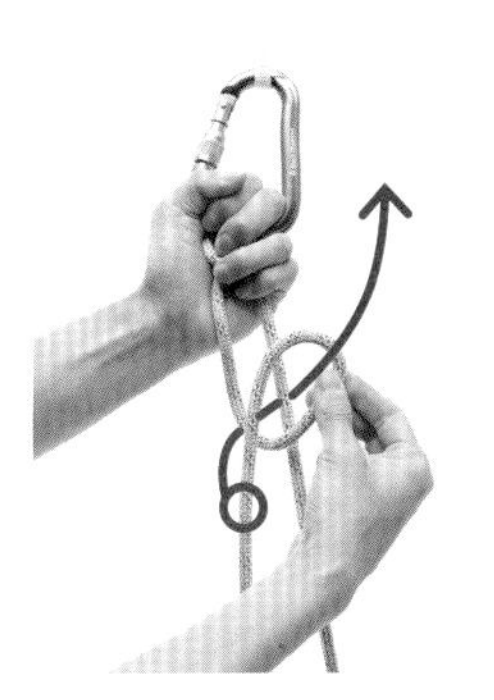

2 制動側のロープに写真のようにループをつくる

3 2のループに手を入れて、フォロワー側のロープの後ろから、制動側のループの下方にあるロープをつかんで手前に引き出す

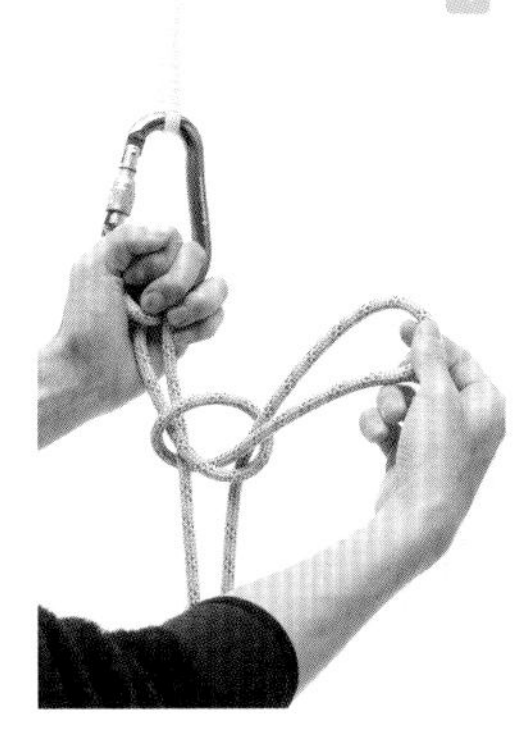

4 3のロープをループから30㎝ほど出す

5 結び目をムンターヒッチに密着させてきつく締める

6 4で引き出したロープにオーバーハンドノットをつくり、ミュールノットの結び目に密着させる

ガースヒッチ

ラウンドターンと同様に摩擦力が強いので結び目がずれない一方、屈曲部に摩擦が生じると、強度が最大で70％も低下するといわれている。

ラウンドターン

摩擦力が強いので結び目がずれない。ガースヒッチと違い強度低下が生じづらいので、確保支点となる立ち木にスリングを結びつけるときに多用する。

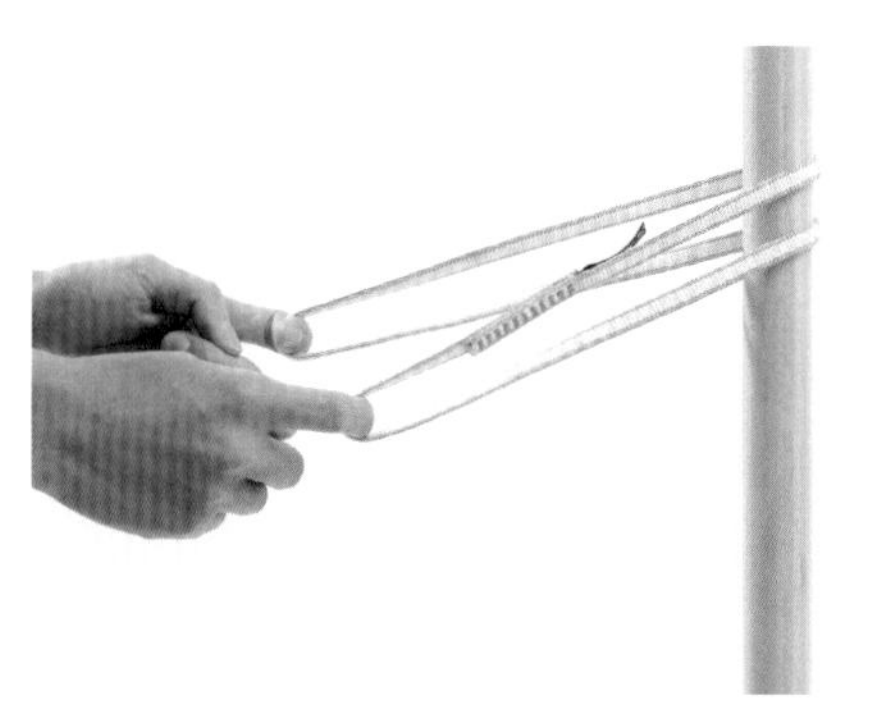

支点の後ろからスリングをまわす

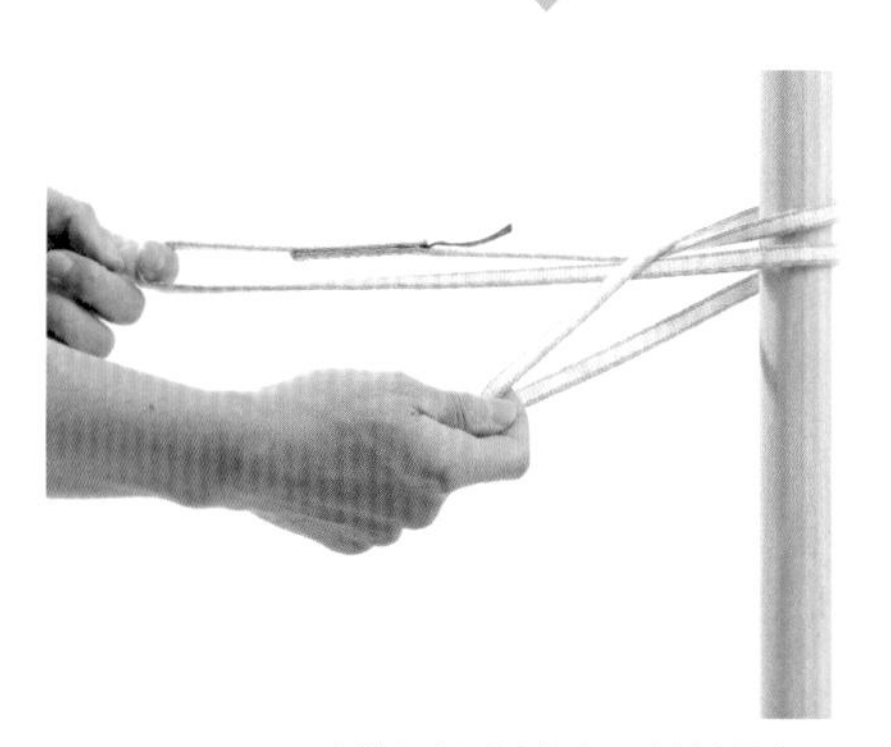

末端の中にもう片方の末端を通す

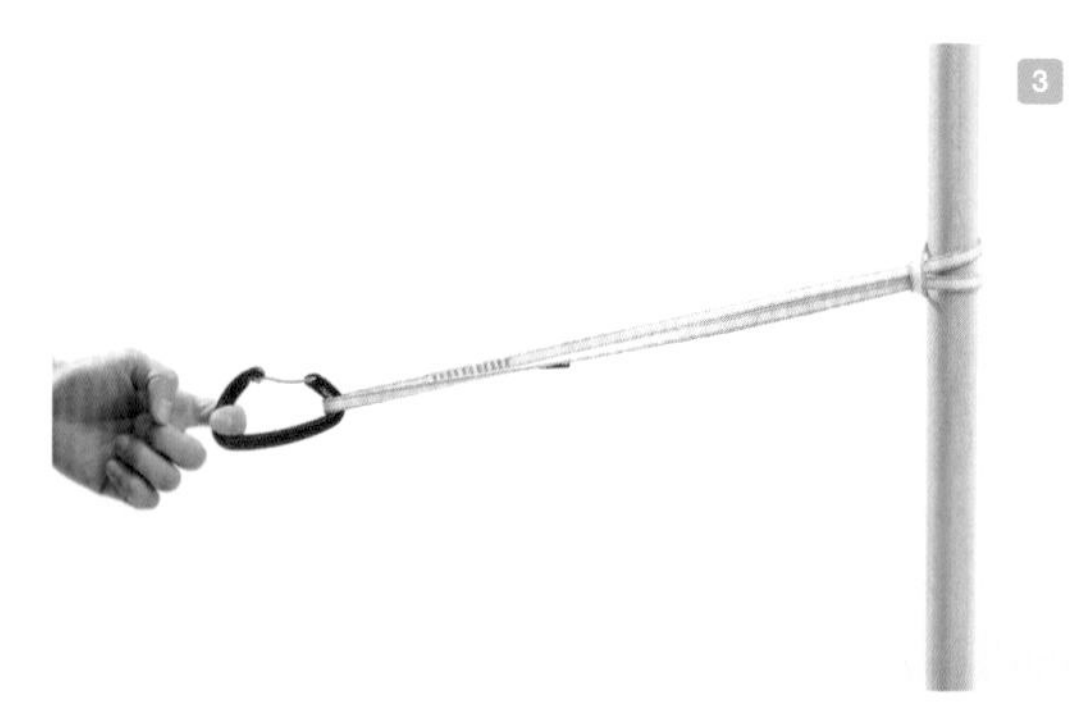

結び目を締めて完成。スリングを長く使える

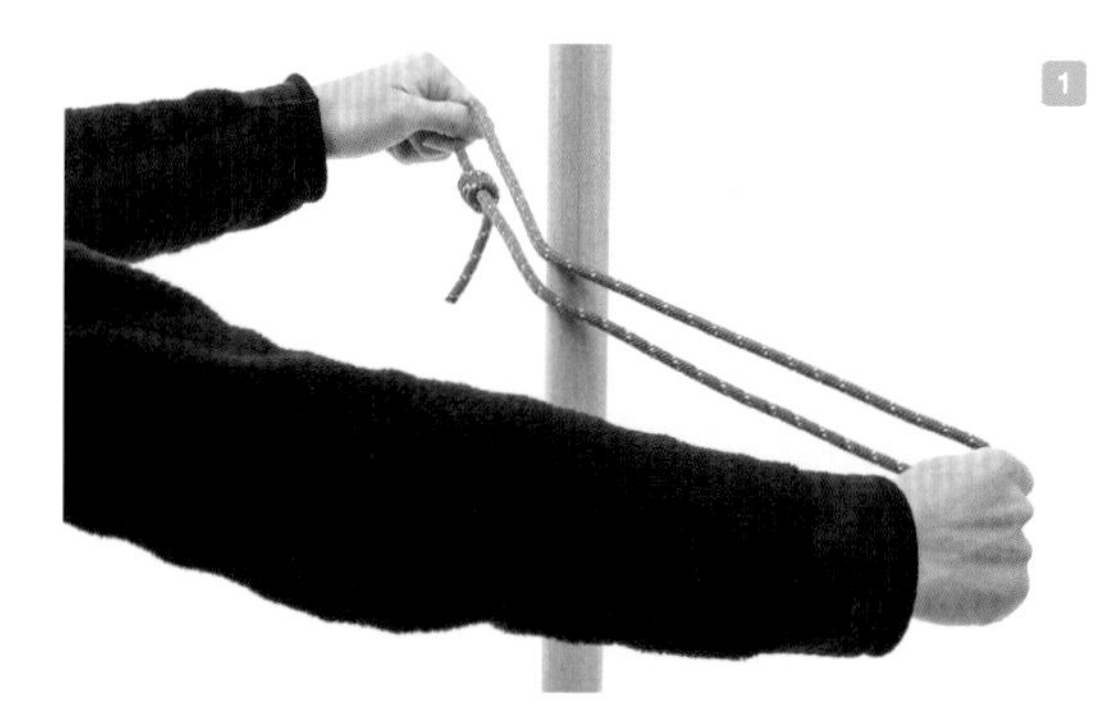

スリングの真ん中から支点に巻きつける

後ろで交差させる

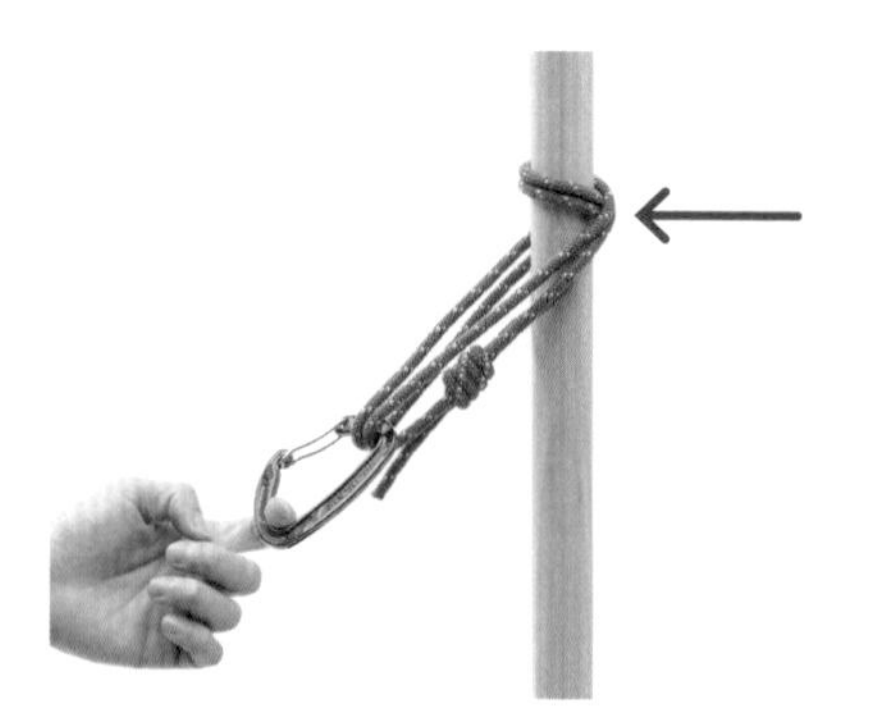

結び目の下を通るように両末端を手前にまわし、カラビナをかける

ツーバイト

支点の後ろからスリングをまわすだけのシンプルな結び方。ラウンドターン、ガースヒッチと比べて最も強度が低下しにくいが、結び目がずれる。

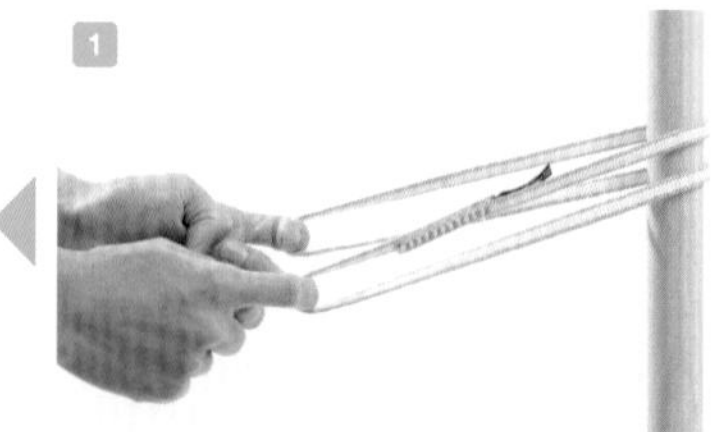

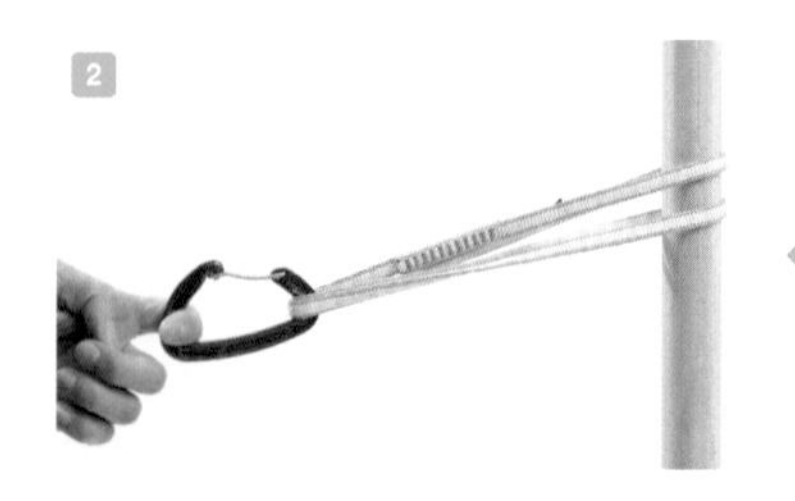

シートベンド

2本のスリングを連結する結び。セフルレスキューでザックを使った搬送技術で使用する。素材や太さが異なるスリング同士もつなぎ合わせることができる。

スリングの末端を、もう一方のスリングの末端に通す

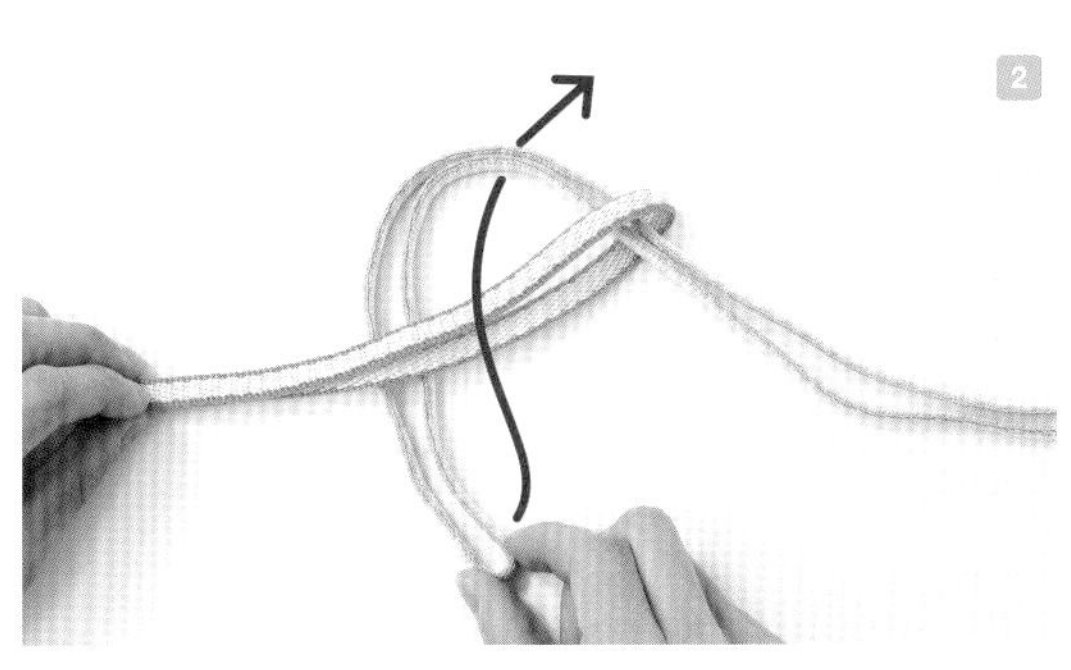

矢印に沿って右側のスリングを折り返して、中を通す

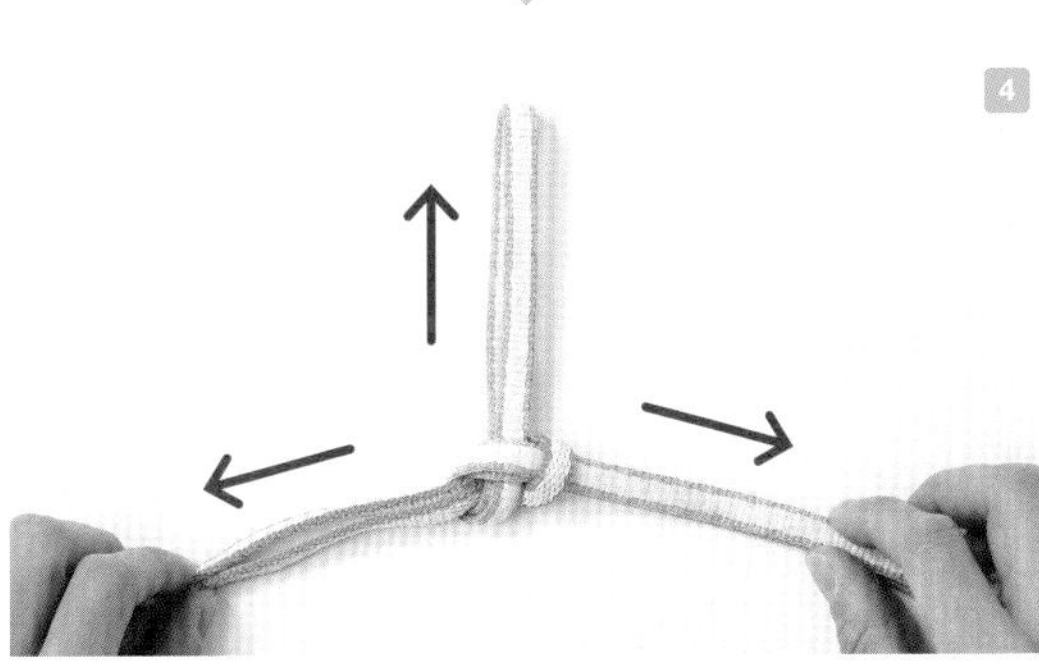

3方向にスリングを引っ張り、結び目をきつく締める

ガルダーヒッチ

一方向にのみロープが動くシステムをつくることができる。タープを設営するとき、ロープを張り込むときに役立つ。ザックの荷上げにも使える。

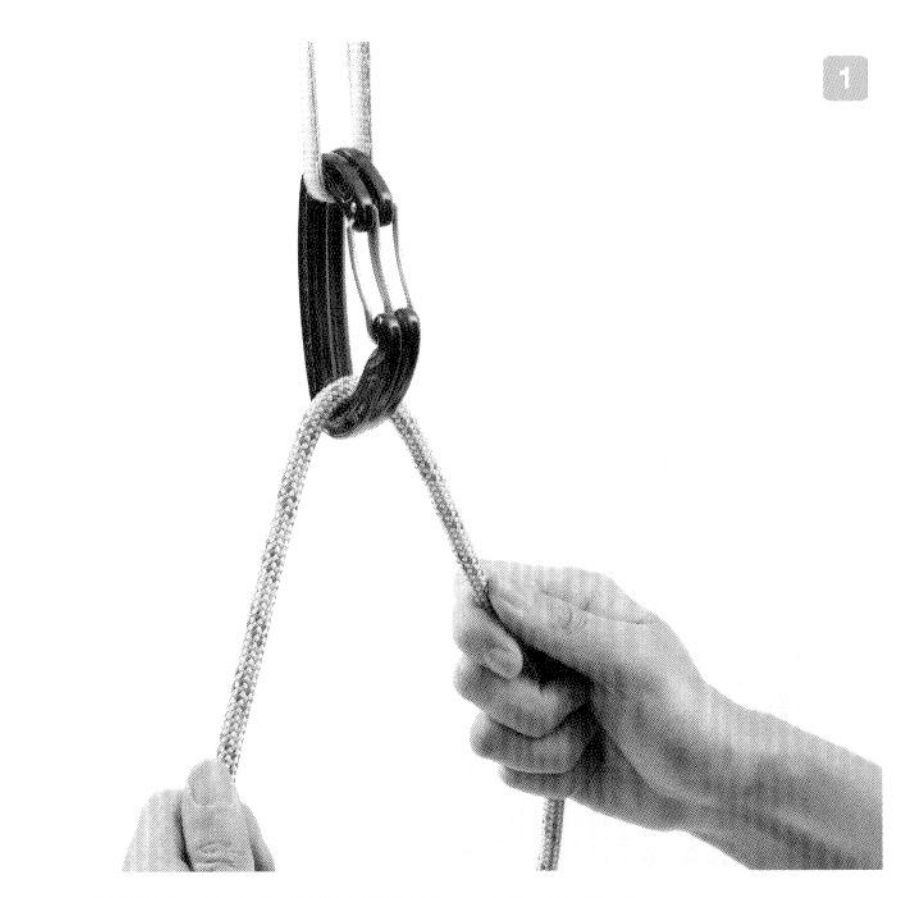

同じ形のカラビナ2枚にロープをかける

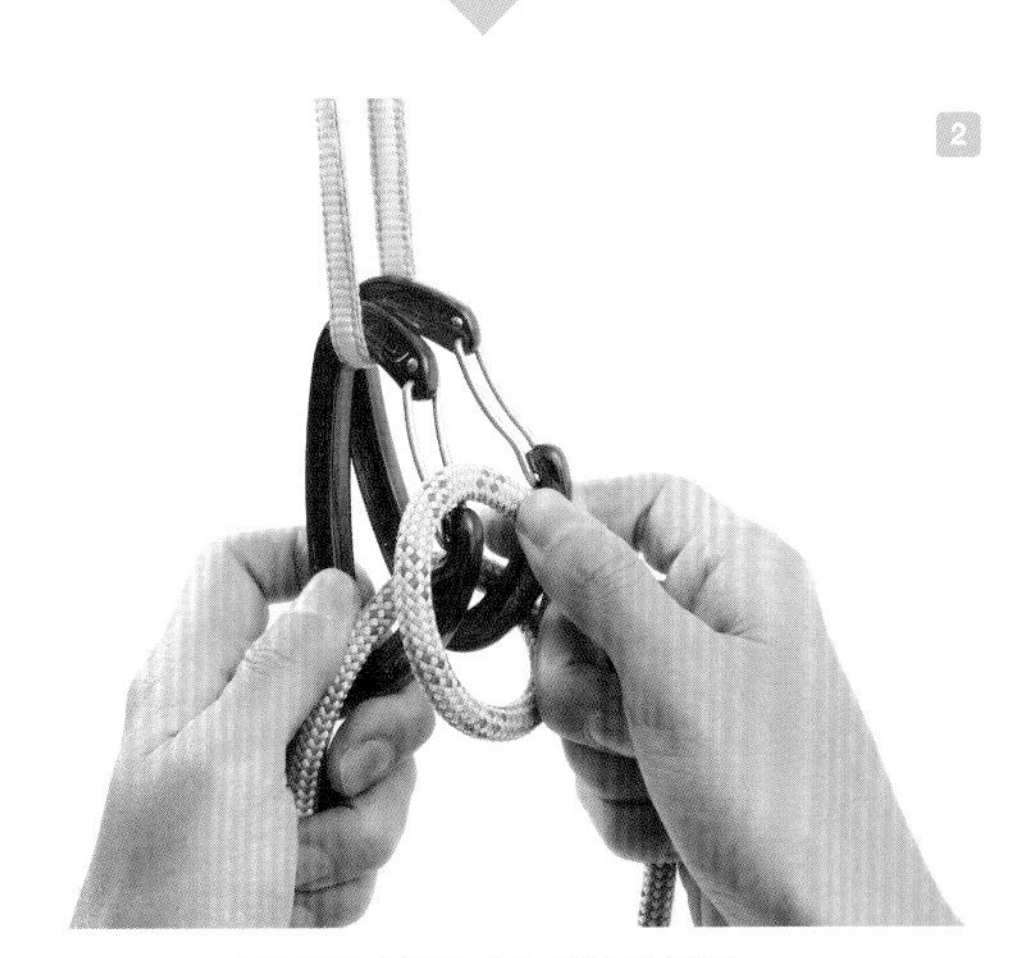

右手のロープを左のカラビナにかける

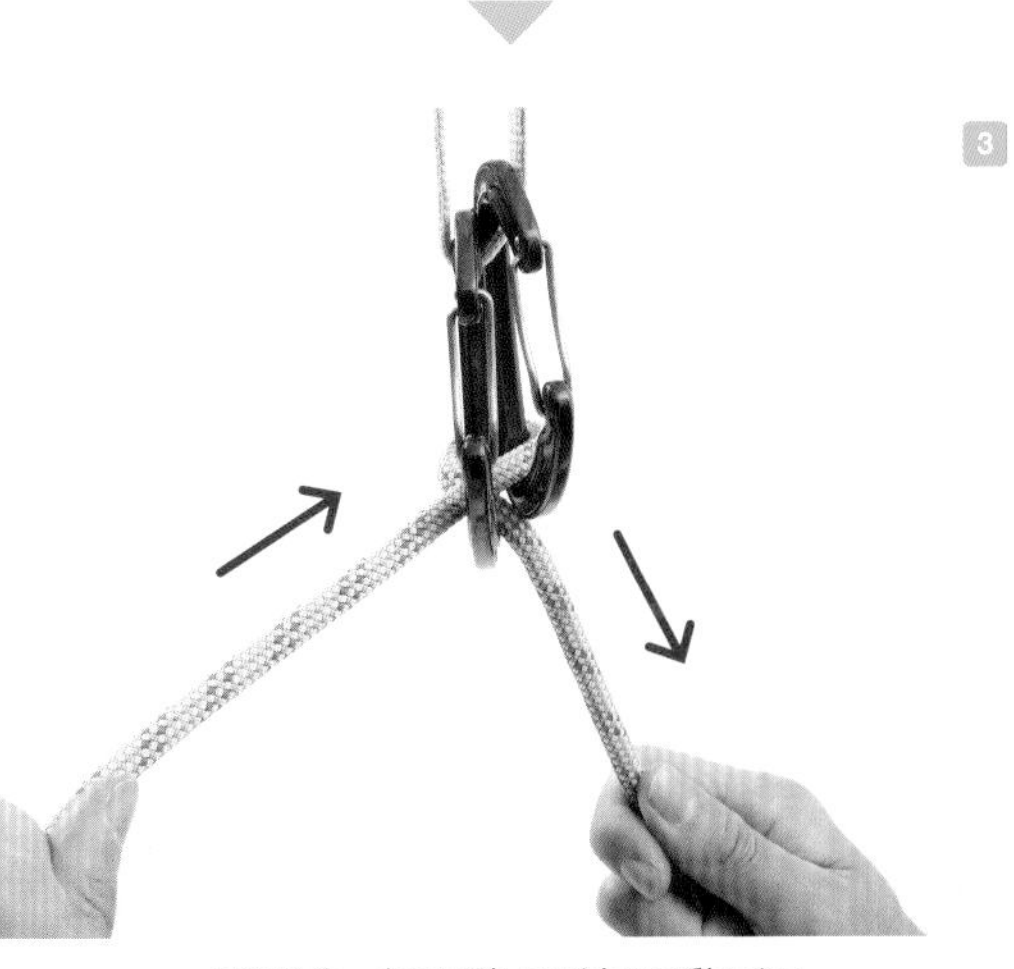

この場合、右には引けるが左には動かない

Column 5

沢登りとクライミングの違い

～冒険的な登攀で未知の世界へ～

沢登りで行なう登攀は、通常のクライミングとは大きく異なる点がある。それは、登攀スタイルに明確な決まりがなく、どんな登り方をしてもかまわないということだ。

たとえば、他者の肩を借りて登る“ショルダー”や、ロープをつないだハンマーを滝上に投げ、岩などに引っかけてエイドクライミング（人工登攀）で越える“ハンマー投げ”などは、沢登り特有の登り方であろう。

他者の力を借りず、手足の届く範囲で行なうのが大前提のクライミングからすれば、到底あり得ない発想の産物といえるが、沢登りでは難所を越える一技術として定着している。

それが普通に許容されるのは、行程中に部分的に行なわれる登攀は沢登りの主たる目的ではなく、先に進むための手段でしかない、と捉えられているからだ。沢登りでは、対象となる区間を最後まで登り通すことにいちばんの目的があり、それが優先事項となる。

一方、通常のクライミングでは視点が変わる。登るという行為を手段ではなく目的にすることで、より深くスタイルが追求され、カテゴリーやルールがはっきりと定められるようになった。

カテゴリーにおいては、人工支点に体重を預けて登るかどうかでフリークライミングとエイドクライミングに分けたり、同じフリークライミングでも、ボルトかナチュラルプロテクション（カムやナッツ、灌木など）を使うルートかで、スポーツクライミングとトラッドクライミングに分けたりする。

このように、目的の違いで登り方はさまざまだが、いくら沢登りでの登攀が自由とはいえ、スタイルの良し悪しは存在する。元来冒険的な沢登りでは、登攀においても冒険的なのが望ましい。

危険を受け入れ、自然形状のみで登るナチュラルプロテクションでのフリークライミングがベストといえるが、自然での登攀は必ずしも理想どおりにはいかず、スタイルの変更を余儀なくされることもあるだろう。だが、それが先人の歩んできた軌跡よりも劣るのであれば避けるべきだ。

沢でもクライミングでも、常によりよいスタイルを追求する思想があり、それは文化の発展において大切なものである。沢登りはルールが少なく自由だが、それゆえに個々の姿勢が未来を大きく担う。

今後、一段と冒険的な試みが増え、まだ見ぬ世界へと沢登りのフィールドが広がっていく……。そんな胸躍る未来が訪れることを願いたい。

写真・文／大西良治
（渓谷冒険家、フリークライマー）

上：登攀はできるだけフリークライミングで（台湾・馬霍拉斯溪）
左：難所を越えるのに有用なショルダー技術（台湾・豊坪溪）

Part 6

沢のリスクマネジメント

沢にひそむリスク……108
落石……110
転落・滑落……111
水の危険……112
動植物の危害……114
負傷箇所の処置……116
レスキュー技術……118
コラム6　滑落〜沢における事故から〜……120

■監修／後藤真一（登山学校主宰／P108〜115、118〜119）、小林美智子（国際山岳看護師／P110〜117）

沢にひそむリスク

沢登り特有の危険を認識する

沢登りを楽しむにあたっては、沢登りならではのリスクを知り、リスクを回避する行動をとる必要がある。

沢登りのリスクは、水に起因するものと未整備に起因するものがある。水に起因するものとしては悪天候を要因とする増水や鉄砲水、さらには滝壺への転落や溺れなどが挙げられる。他方、一般登山道と異なり整備されていない山中の行動となるため、落石や転落・滑落のリスクも高い。

人のあまり入らない山中ではクマやヘビなどの危険生物と遭遇する可能性も高まる。さらに沢登り特有のリスクとして雪渓崩壊が挙げられる。

リスクを回避する行動を意識

沢の中でリスクに遭遇した場合、登山者にできることは限られる。増水を人間の力で止めることはできないし、滝壺に転落し水流に巻き込まれてしまった人を外部から救出することも難しい。沢登りでは「リスクを回避する行動」が重要となる。

メンバーの技量やルートの状況を

沢登りのリスク

転落・滑落

濡れたりぬめったりしているうえ、通常の岩場より中間支点がとりづらい滝の登攀、さらに急峻な草付や泥壁などの高巻きは転落・滑落のリスクが高い。つかんだ岩がもろく剥がれたり、立ち木が枯れていることもありうる。【→P111】

水の危険

大雨により増水することで徒渉が困難になったり、ビバーク地が水没してしまうことがある。滝壺への転落、淵で水流に押し流されて溺れるなどのほか、長時間水に浸かり続けた場合は低体温症のリスクも発生する。【→P112】

動植物の危害

ヘビやハチ、マダニなど、毒をもった生物に刺されたり噛まれたりすることで重篤な症状に陥る場合がある。生命の危険にさらされるわけではないが、痛みや腫れを伴って厄介なのがブユや蚊などの吸血生物だ。【→P114】

雪渓崩壊

豪雪地域では雪渓に遭遇することも多い。雪渓の下をくぐったり、上を歩いているときに崩壊する可能性があるので、通過には慎重な判断が必要。崩壊した雪渓が水を堰き止め、決壊して発生する鉄砲水も起こりうる。【→P66】

把握して、安全に通過できる手段を選ぶこと、先に進むことが危険と判断したときに安全なルートで下山ができるよう、エスケープルートの検討・確保を行なうことが求められる。

事故発生時の対応

事故が発生したときの対応は、一般的な登山の場合と同様。まず落ち着くこと。被害を今以上に大きくしないよう安全な場所へ退避するなど、メンバー全員の安全を確保したうえで、事故者の応急処置を行ない、自力下山の可否を判断する。

自力下山ができる場合は、沢を下降する、あるいは最寄りの尾根に登り返してから下山をするなど、事故者をサポートしながら最も簡単なルートで下山をする。

自力下山ができない場合は救助要請となるが、沢登り特有の状況として、救助が難しいことを念頭に置いておく必要がある。沢の中では携帯電話の電波が非常につながりにくく、事故発生現場からすぐに携帯電話で救助要請をすることは難しい。

事故者を背負って、あるいは介助しながら懸垂下降をしたり、担架を作って移動するなど、ヘリコプターや救急車などでの救出が可能な場所へ事故者を搬出してから、救助要請を行なう。搬出した場所で携帯電話の電波がつながればすぐに救助要請ができるが、つながらない場合は伝令（連絡係）が電波のつながる場所または山小屋などに出向いて救助要請を行なう。事故者の容態やパーティの技量により事故発生現場からの搬出ができない場合は、事故発生現場から伝令が出向いて救助要請を行なうこととなる。

本来は事故者に1名以上の付き添いを残し、伝令を2名出すことが望ましいが、少人数パーティの場合は状況に応じて判断が必要となる。

このとき、事故の状況をより正確に伝えるために、救助要請で伝える項目をまとめた連絡メモを持参する。出発前に携帯電話の地図アプリで事故者の位置情報を確認してから救助機関に報告すると、より正確な位置を伝えることができる。

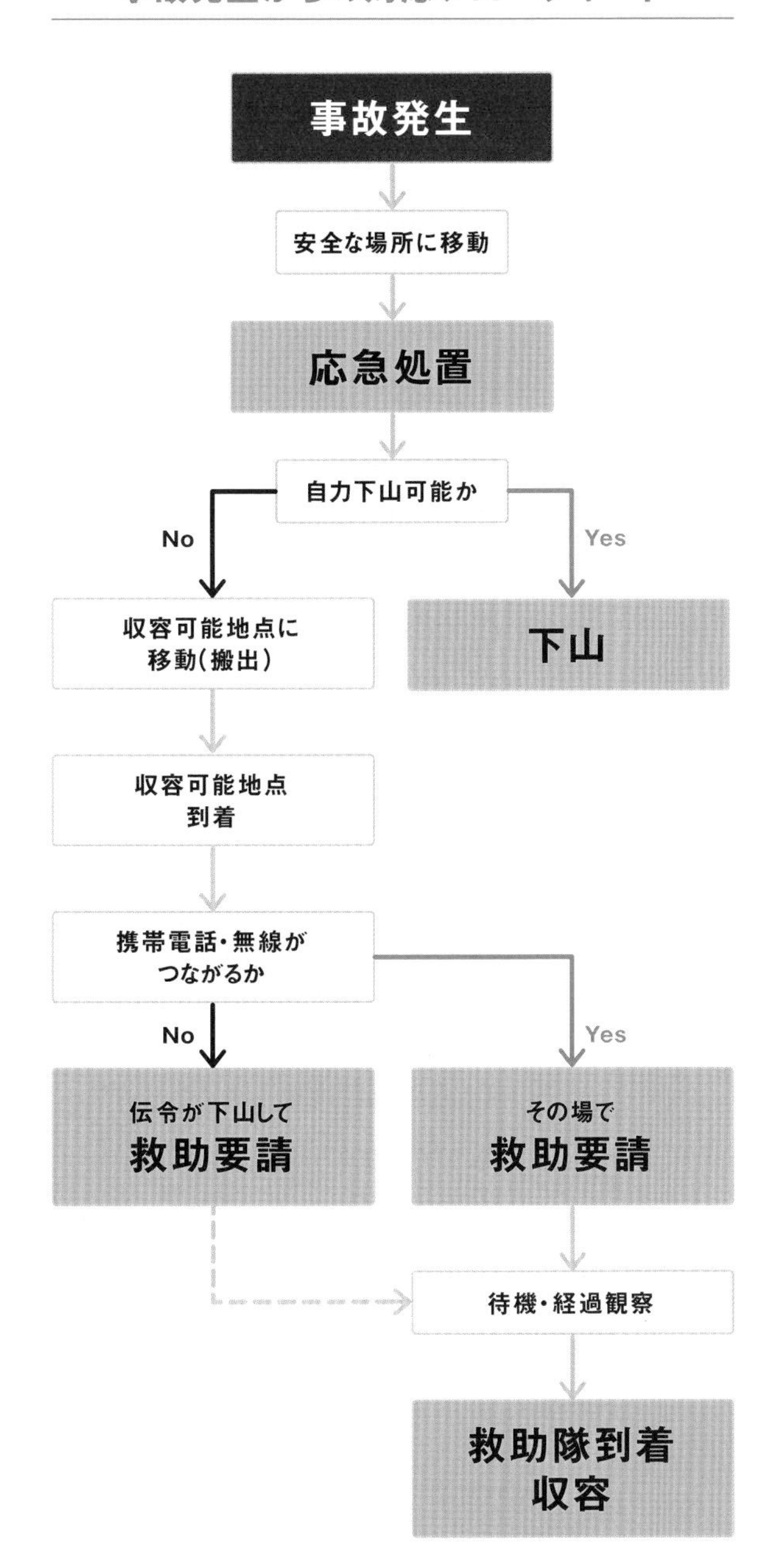

救助要請で伝える項目

いつ	事故が発生した日時
どこで	山名、およその場所
だれが	事故者の氏名、住所
何をした	事故の内容（滑落した、溺れた、など）
事故者の現状	今いる場所、事故者の容態など

落石

自然落石にも注意が必要

登山で落石の多い場所として挙げられるのは沢筋やガレ場、岩場などだが、沢登りではどれも該当する。滝の登攀中や、登っている人からの人為的な落石もあるが、自然落石も多い。特に雪解け直後や大雨のあとは土砂や岩の状態がもろくなっており、自然落石のリスクが高まる。

小さな石でも落下距離が長くスピードがあると、体に当たったときの衝撃が大きく、腫れや出血、骨折の危険性もある。滝や急峻な斜面で落石を受ければ、バランスを崩し滑落も起こりうる。落石を受け負傷したら、安全な場所に移動して負傷箇所の確認をし、応急処置を行なう。

落石のリスクの高い場所を通過するときは上部に気を配り、石が飛んできた場合は目を離さず、直前で素早くかわす。不安定な場所の登下降時は、上部を歩くメンバーからの落石を受けないように間隔をあけて1人ずつ行動することも必要だ。沢の中では、落石の危険は常にあると考えて行動したい。

落石の多発しうる状況

ルンゼの登下降

ルンゼは土砂や岩、小石が堆積しやすく、浮き石も多い落石の巣といえる。登下降時は上からの落石に注意を払う。急で不安定なルンゼの場合、短いルンゼは1人ずつ、長いルンゼは間隔をあけずに注意して行動。

崩壊地・ガレ場の通過

斜面から土砂や岩が崩れだしている崩壊地やガレ場は、再び崩壊の可能性がある。崩落面に注意を払いながら慎重かつ素早く通過を。崩壊直後で不安定な状況なら1人ずつの通過も考慮する。

クライミング中

通常の岩場に比べて岩質が不安定で、ホールドやフットホールドの岩が崩れて落下することも多い。ビレイヤーは落石の直撃を受けない場所でビレイをするとともに、常に上からの落石に注意を払う。

頭に落石を受けたら……

落石や滑落で頭を打った場合、脳は頭蓋骨に守られているため、脳内が腫れたり出血していても目に見えず、ダメージがわかりにくい。見た目の変化がなくても、何回も同じことを言う、一時的な記憶喪失などが見られたら、すぐに下山し医療機関へ。これらの症状は時間を置いて現われることがあるので、周囲が注意を払うことが重要だ。

頭部への衝撃を最小限にとどめるため、ヘルメット装着は必須

転落・滑落

濡れやぬめりでリスクが高まる

滝の登攀や高巻き、急な尾根の登下降などでは、転落・滑落に充分な注意が必要だ。岩は滑りやすくなっていることが多く、高巻きでは足場の悪い不安定な場所を登ったり、トラバースすることもある。滝の登攀では整備された岩場と異なり、確実な支点がとれないところも多い。

転落・滑落は骨折や打撲、裂傷により激しい出血を伴うなど、以後の行動が難しくなるケガや、時として死に至る可能性もある。自力下山ができる場合も、未整備で歩きにくいルートを負傷した状態で下ることになるため困難を伴う。

高い滝や激しく渦を巻く滝壺のある滝を登るような場面では、たとえ難易度が低くても、滑落に備えロープで確保をするなどの対応が望ましい。急な岩場や草付の高巻きも、パーティの登攀力に応じてロープを出す。「簡単だから大丈夫」ではなく、「滑落したら何が起こりうるか」を考え、より安全な方法をとりたい。

転落・滑落の発生しうる状況

木が折れる、抜ける

急斜面の登下降などで手がかりにする灌木や木の枝は、力を入れてつかむと、枯れていてぽっきり折れたり、根元から抜けてしまうことがある。太く丈夫に見えても、いきなり体重をかけないようにしたい。

足場が崩れる

ルンゼやガレ場の登下降、岩質のもろい滝の登攀では、足場やホールドが崩れ、転落・滑落のリスクが高い。泥壁の登下降やトラバースも足場が崩れやすく、滑りやすいので、チェーンスパイクの使用も考慮。

足を滑らせる

滝や岩場の通過では、濡れている岩は滑りやすいうえ、水流で磨かれ、珪藻類も種類によってはぬめりが強く、不用意に足を置くと滑る。適度に水量のあるナメ滝や濡れているスラブも要注意だ。

転落・滑落後のダメージ

大きなエネルギーが体に加わって発生する外傷を高エネルギー外傷といい、沢登りでは岩場や滝でのグラウンドフォール、落下距離の大きい滑落などが該当する。高エネルギー外傷では脊椎損傷を疑う。体を動かすことができても脊椎を損傷している場合があり、後日、麻痺などの症状が出ることもあるので、すみやかに下山し、医療機関へ。

階段状の容易な滝であっても高さがあればロープで安全確保を

水の危険

沢登り特有のリスク

和賀山塊・生保内川で。上流で大雨が降り、一気に増水。茶色く濁った水が流れ込み、ものの5分ほどでプールのようになったが、30分たたずに水が引いた

泳いで岩に取り付くときは、滝下への巻き込まれに注意

体が濡れて稜線で風に吹かれると低体温症のリスクも

増水

狭く急峻、岩が多く上部に樹木の少ない沢では増水が急激に進む。雨が強く降り始めたらすぐに避難を。上流部の大雨で増水する場合もあるので、進む方向の雨雲の様子も注意しておきたい。一方でこのような沢は水が引くのも早い。樹林の多い沢はいきなり増水することは少ないが、増水するとなかなか水が引かない。

溺れ

溺れとは、水没して窒息し、低酸素の状態になっていることをいう。滝壺に転落し滝下に引き込まれる、淵や釜の突破で水流に妨げられるなど、リスクはいたるところにある。

溺れた人を上流から引き上げるのは極めて困難。時間との勝負になるが、下流側に戻ってから引き上げて助かった事例もある。

溺れた人を引き上げたら、酸素を与えることが最優先。呼吸がなければすぐに人工呼吸を行なう。滝壺で巻かれたり、急流に流されると体を岩などにぶつけていることも多いので、全身の観察をしてから、負傷箇所の処置、保温・加温を行なう。

冷たい水に浸かり続けることによるコールドショックも起こりうる。急激な温度変化で血圧が上昇し、脈拍も速くなる。血管が収縮し、体に充分な酸素が行き渡らず、呼吸困難や心停止が起こりうる。

人工呼吸や胸骨圧迫を迅速に行なうことが事故者の命を救う。講習会などで技術を身につけておきたい。

低体温症

低体温症は、濡れ、低温、風の3つの要素で発生するが、沢登りではこれらがそろいやすい状況にある。長時間水に浸かる、または、稜線で強風に吹かれるだけでもなりうる。

症状が悪化する前に風を避けられる場所に移動し、保温・加温に努める。コールドショック、低体温症とともに、保温性に優れたウェアの着用でリスクを軽減できる。

溺れた人の引き上げ後の対応

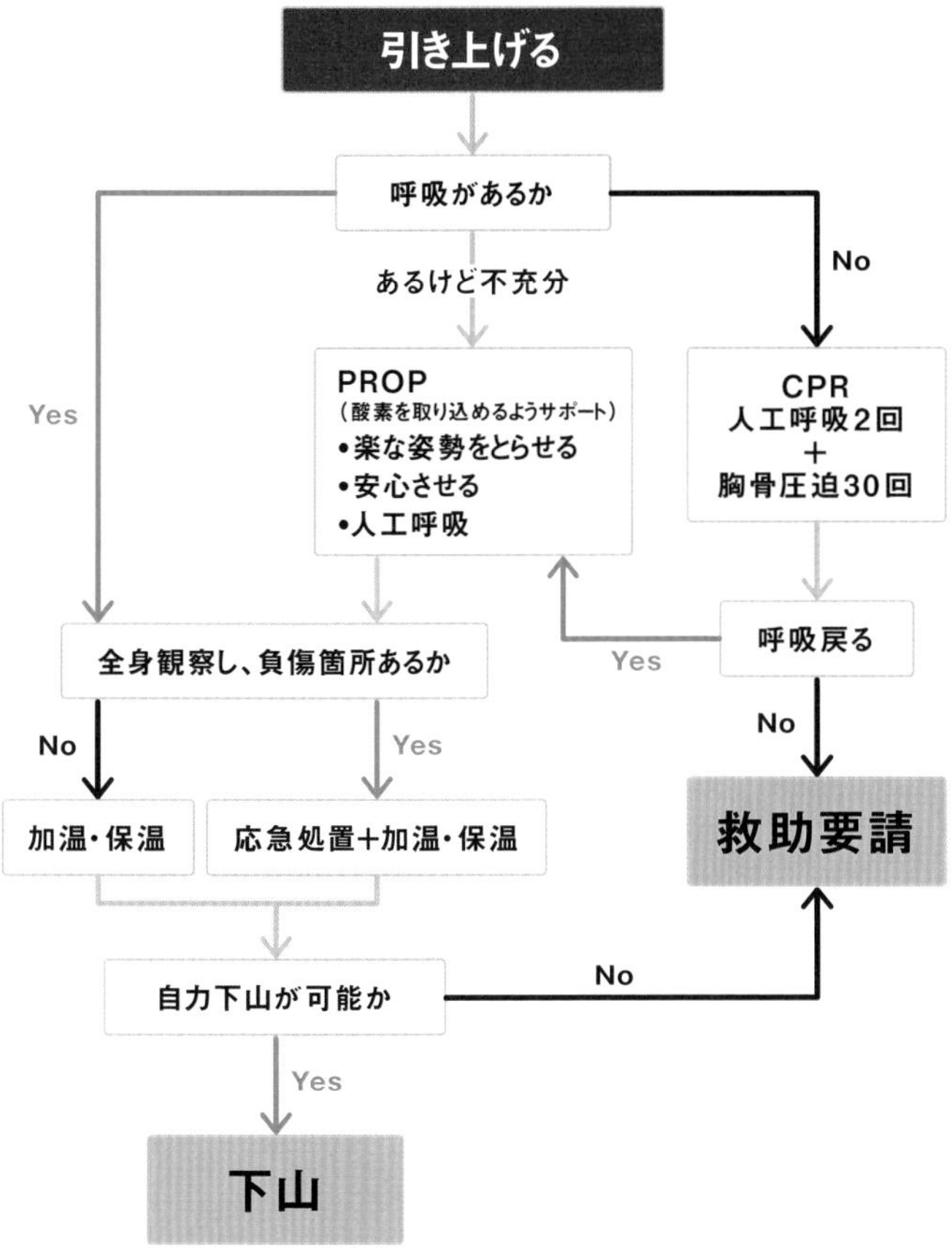

引き上げる
↓
呼吸があるか
- Yes → 全身観察し、負傷箇所あるか
- あるけど不充分 → PROP（酸素を取り込めるようサポート）
  - •楽な姿勢をとらせる
  - •安心させる
  - •人工呼吸
  - → 全身観察し、負傷箇所あるか
- No → CPR 人工呼吸2回 ＋ 胸骨圧迫30回 → 呼吸戻る
  - Yes → PROP
  - No → 救助要請

全身観察し、負傷箇所あるか
- No → 加温・保温
- Yes → 応急処置＋加温・保温

→ **自力下山が可能か**
- Yes → **下山**
- No → **救助要請**

低体温症の処置

❶保温する
- ●可能であれば濡れたウェアを乾いたもの（多少濡れていないもの）に着替える
- ●持っている防寒着などを身につける

❷風を避ける
- ●レインウェアなど、風を通さないウェアを身につける
- ●エマージェンシーシートを巻く
- ●ツエルトを張り、中に入れる

❸加温する
- ●熱い飲み物や食料を補給
- ●ツエルトの中で火を起こして温める

一次救命処置を学べる講習会

■日本赤十字社の救急法講習
日常生活における事故防止や手当ての基本を学ぶ。基礎講習（約4時間）では、傷病者の観察のしかた、一次救命処置（心肺蘇生、AEDを用いた除細動など）を行なう。申込方法は日本赤十字社各都道府県支部のサイトから

■消防本部・消防局の救命講習
各地の消防署などで開催される。普通救命講習（3時間）では、心肺蘇生、AEDの使用方法、止血の方法などを学ぶ。上級救命講習（8時間）ではさらに傷病者管理、外傷の応急手当て、搬送が講習内容に加わる。申込方法は各地の消防署または消防本部に電話で、またはサイトから

水流に巻かれたら

まずは私の実体験を記そう。台湾の沢下降で3mCS滝のトラバース中に釜へ落ちたときの出来事である。ちょうど瀑水直下に入ってしまい、ザックを背負ったまま水中でコークスクリューのように体を回され続ける状況に陥ってしまった。体勢をコントロールできず、とにかく息を吸おうと上へ向かうが、水面から顔が出ようとする瞬間、上からの強烈な水圧でまた水中に沈められてしまう。

まずい、このままでは死ぬ……もみくちゃにされながら、リアルな死への予感が脳裏をよぎる。天地がわからないほど回されながらも、わずかに視界に映る明るみを頼りに死に物狂いでもう一度上へ向かう。しかし、結果は変わらず、モンスターの腕に引き込まれるかのごとく、圧倒的な力が私を再び水中へ沈めた。

二度のトライで上に逃げるのは不可と悟り、とっさに下に潜る考えがひらめく。これまで経験はなかったが、サラシ場からの脱出方法として昔読んだ本の記憶が不意によみがえったのだ。苦しさは限界に達し、イチかバチか最後の力を振り絞って、体が沈められたと感じた瞬間に底へ向かって潜る。すると、下部の流れが私を捉え、5mほど先で浮かび上がることができた。まさに間一髪の脱出！これに失敗していたら、私は今この世にいなかっただろう。

水流に巻かれたときは、だいたいみな似たような状態となり、下流側に仲間がいれば投げロープでの救出手段もありうるが、通常は自力で脱出するしかない。その術は大抵の場合、私の体験と同じく、落ち込みの流れを利用して下に潜る一択となろう。ただ、下部に泳ぎ抜けられる充分な深さがあるとは限らず、うまく脱出できる保証はない。

ザックを外すことで潜りやすくなるが、溺れやすくもなるため、その後のチャンスはより限られる。いずれにせよ、やるだけやったあとの成否は運次第だ。

（大西良治）

動植物の危害

遭遇のリスクを減らし被害を最小限に

沢ではさまざまな動植物に遭遇しうる。なかには獰猛な動物、毒をもっている動植物などもある。遭遇しうる生物の生態を知り、衝突を回避する行動を心がけたい。

クマやイノシシ、シカなど野生動物の大半は、人の気配を察すれば自分から逃げていく。行動時にクマよけの鈴をつけるなど、人間の居場所を知らせるようにしたい。遭遇してしまった場合も、不用意に近づいたり攻撃を試みるのではなく、そっとその場を離れるように。

毒虫、吸血生物への対応

沢では毒のある虫や吸血する虫が厄介な存在だ。山中に当然のように生息しており、遭遇しないように行動することは難しい。スズメバチは壁上、木の洞や土の中などに巣を作り、巣に近づくことで攻撃的になる。近づいてしまった場合や、偵察のハチが寄ってきたときは、追い払おうとせずにそっと離れる。

蚊やアブ・ブユなどの吸血生物は刺されるとかゆみや腫れが出る。傷口をかきむしって化膿する場合もある。ひどく腫れたり青黒くなったりした場合は医療機関を受診したい。

毒のある虫に刺される、あるいは植物に触れてしまった場合の対処は「毒を洗い流し、軟膏を塗る」。蚊やアブ・ブユの場合は刺された部分をつまんで毒を絞り出し、大量の水で洗い流す。ハチも毒針を払い落とし、傷口を水で洗い流す。その後、炎症や化膿を抑える効果のある成分が含まれる軟膏を塗る。これらの処置は早ければ早いほどよい。

マダニの危険性

近年、沢登りで危険性が大きく指摘されているのがマダニ。重症熱性血小板減少症候群（ＳＦＴＳ）ウイルスをもっているマダニに吸血され、感染すると6～14日間の潜伏期間を経て、発熱、嘔吐、下痢などの症状が発生し、死亡例もある。沢登りでは、つめのヤブこぎなどで噛まれることも多いので、登山道に出たときに肌やウェア、ザックなどに付着していないかの確認を心がけること。

虫を寄せつけないために

蚊やブユ、ヤマビルなど吸血生物や毒をもった虫などからの被害を防ぐには、虫を寄せつけないこと、皮膚に付着しないよう肌を露出させないことに尽きる。夏、ブユやアブの多い山域に行く場合はモスキートネットは必須。虫よけスプレーやハッカ油もこまめにかけるようにしたい。泊まりの沢では、森林作業用の強力な蚊取り線香の使用も有効だ。ヤマビルは忌避剤の塗布に加え、タイツの着用などヒルの侵入、肌への密着を防ぐ服装が効果的。

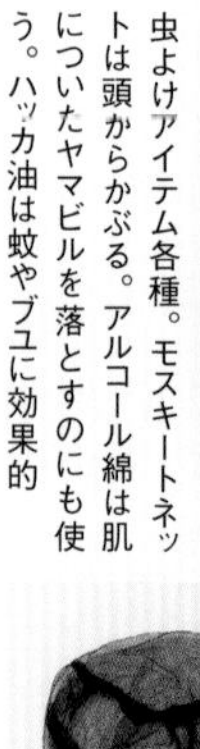

虫よけアイテム各種。モスキートネットは頭からかぶる。アルコール綿は肌についたヤマビルを落とすのにも使う。ハッカ油は蚊やブユに効果的

ポイズンリムーバー

ハチやヘビなど、体内に毒液が入ってしまった場合に、毒を吸い出す道具がポイズンリムーバー。受傷後すぐに処置をすることで効果が高まる。緊急時に素早く正しく使用できるよう、使い方を習熟しておくこと。

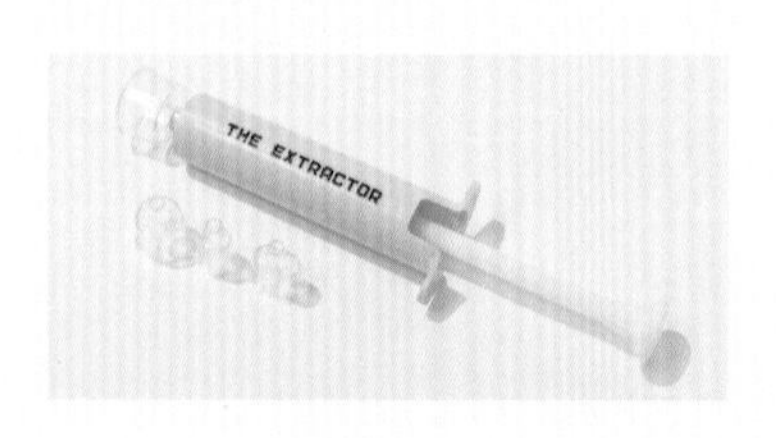

沢登りで遭遇する吸血生物

ヤマビル

山地に生息し、活動時期は春～秋。吸血すると丸々と太って剥がれ落ちる。吸血後は一時的に血が止まらなくなるが、通常は痛みや腫れはない。予防にはヒル忌避剤や塩を靴や足回りにふりかける。

マダニ

山地のヤブや草地に生息。吸血してすぐなら手で払うことができる。体が大きくなると頭が皮膚に食い込んでしまい、ピンセットなどで頭部をつまんで除去、あるいは病院で処置が必要。

アブ・ブユ

渓流沿いの河原、風のないところに多い。ブユは春～秋、アブは夏が活動時期。吸血されると痛みやかゆみがあり、腫れて化膿する場合も。予防にはハッカ油や防虫スプレーが有効。

沢登りで遭遇する動植物

ウルシ

日本各地の山地に生息する低木のヤマウルシや、つる性のツタウルシは葉に触れるとかぶれ、腫れや痛み、発疹などが発生する。患部を水で洗い流し、腫れや発熱があれば患部の冷却も。

ヘビ

毒性が強く注意が必要なのはマムシとヤマカガシ。活動時期は春～秋、活発になるのは夏。噛まれると痛みや腫れ、吐き気や発熱などの全身症状を起こすこともある。噛まれたら即下山し、医療機関へ。

クマ

北海道にヒグマ、本州・四国にツキノワグマが生息。積極的に人を襲うことはないが、突然の遭遇で驚いたときに攻撃を仕掛けてくる可能性が高い。大声を出したり走って逃げるのは厳禁。

スズメバチの危険性

ハチに刺され、急性のアレルギー反応「アナフィラキシーショック」が現われる場合がある。刺されて数分で吐き気や発熱などが出始め、症状が進むと呼吸困難や意識不明になる。

ハチに刺されて体の中に抗体ができると、2度目に刺されたときにアナフィラキシーショックが起こることがある。抗体ができているかは、刺されたあとに医療機関で抗体検査をすることでわかる。抗体がある場合は、ショック症状を緩和する注射キット「エピペン」を携行するとよい。

スズメバチのなかでも攻撃的で危険性が高いオオスズメバチ

負傷箇所の処置

素早い状況判断と応急処置

滑りやすい足場での転倒、不安定でもろい斜面での落石、滑落など、沢登りではケガのリスクが高い。負傷をしたときは、まず負傷箇所の状態を確認し、処置をする。自力下山ができる程度の症状の場合はもちろん、救助要請をした場合であっても、ケガの痛みを和らげたり、医療機関に引き継ぐまでの間に症状を悪化させないために処置が必要だ。

　常に濡れている状態で皮膚がふやけていることから、沢登りでは切り傷や擦り傷ができやすい。傷口に付いた泥汚れなどの洗浄に大量の水が必要な場合は、沢の水を使ってかまわない。ひととおり傷口の泥を除去できたところで、少量のきれいな水で洗い流すか、下山後に水道水などで洗えばよいだろう。

　山中で行なう応急処置はあくまでも「一時的なもの」であり、根本的な治療ではない。自力下山ができ、症状が収まったからといって放置するのではなく、下山後に医療機関にかかるようにする。

ファーストエイドキット

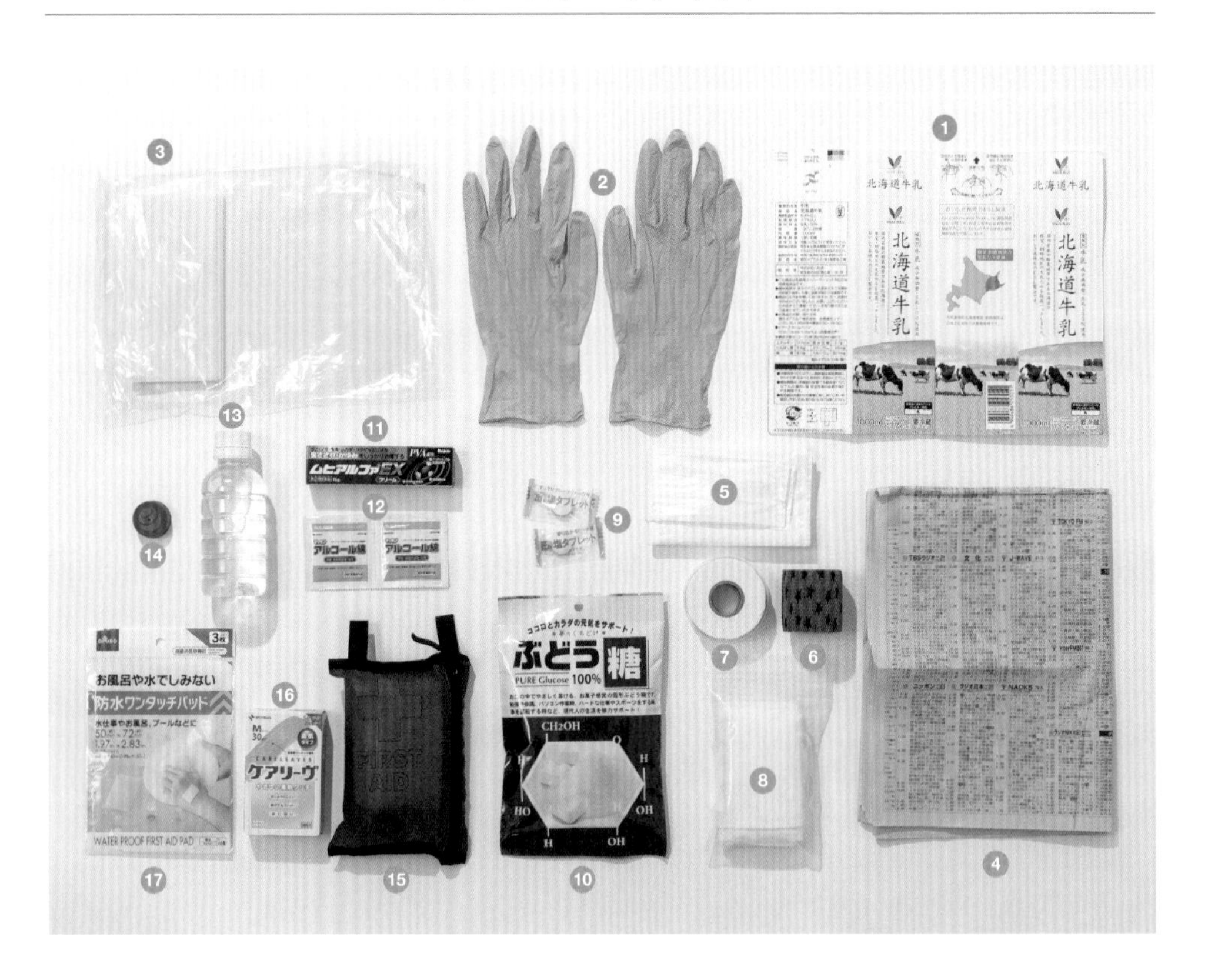

ドラッグストアやコンビニなどで購入できる、入手しやすいものが望ましい。牛乳パックやレジ袋など、多用途に使えるものを取り入れることで装備の軽量化も図れる。

❶**牛乳パック**　焚きつけやまな板代わりのほか、副木に使うことができる。濡れにも強い

❷**手袋**　応急処置に入る前に装着する。傷病者、処置をする側双方の感染症予防のため

❸**レジ袋**　濡れ物や汚れたものを入れるだけでなく、腕の負傷時、手を吊るのに使うことができる

❹**新聞紙**　重ねて使用することで、副木代わりに使うことができる

❺**滅菌ガーゼ**　切り傷の保護に使用。透明のビニール袋に入れておくとすぐ使える

❻**粘着テープ**　何度も使えるテープ。100円ショップにもある

❼**テーピングテープ**　捻挫や突き指の固定などに使用。多用途に使えるのは35㎜幅

❽**三角巾**　細い包帯状にも、広げて大きな部位を覆うのにも使いやすい。すぐ使えるようたたんで携行する

❾**塩分タブレット**　熱中症対策に1～2粒用意する

❿**ブドウ糖**　即効性があり、素早いカロリー補給が可能

⓫**虫刺され薬**　ステロイド剤、抗生剤の含まれるもの。ドラッグストアで販売している薬でよい

⓬**アルコール綿**　消毒だけでなく、ヤマビルの除去にも有効

⓭**真水**　小さなペットボトルに入れて用意

⓮**穴あきペットボトルの蓋**　傷口の洗浄に使用。ペットボトルに装着し、勢いよく水を出すことができる

⓯**常備薬**　内服薬や軟膏などの常備薬を、わかりやすい色の小袋に入れておく

⓰**絆創膏**　サイズの違うものをいくつか用意しておくとよい

⓱**防水パッド**　水に濡れても傷口に染みてこない大型の防水絆創膏

足首の捻挫

冷たい水などで患部を冷やして腫れを抑え、軽度であれば、足首を固定して下山。足首の固定はテーピングテープが使いやすいが、濡れた足では接着しにくいのが難点。

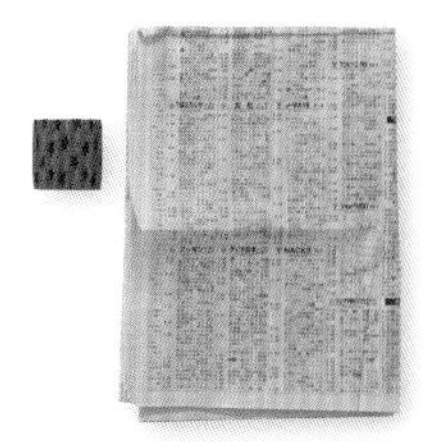

形を変えやすい新聞紙と、何度も使える粘着テープを使用

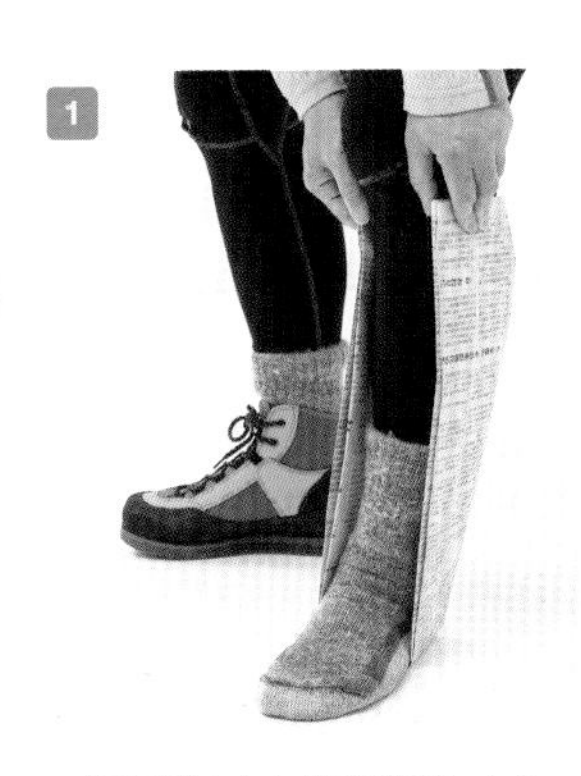

1 細く折りたたんだ新聞紙を、かかとからふくらはぎあたりまで沿わせるようにあてがう

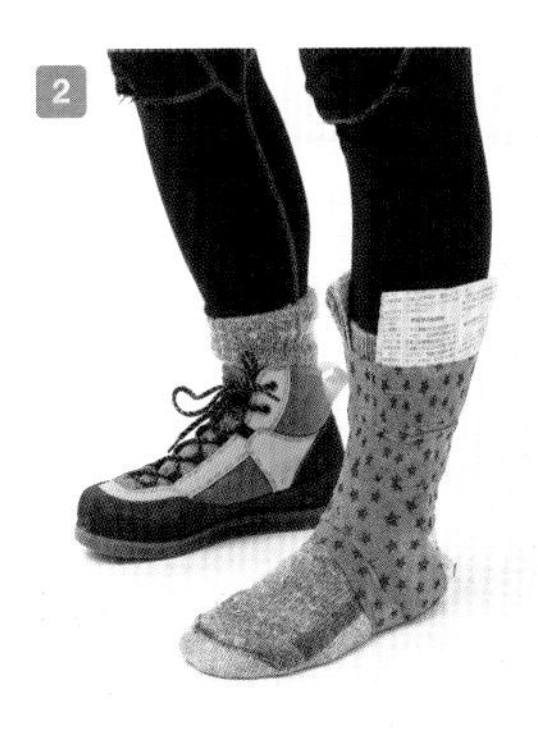

2 粘着テープを巻きつけて新聞紙と足首を固定させる。粘着テープがなければ包帯でも可

3 沢靴を履いて完成。新聞紙、粘着テープとともに靴も足首の固定に役立っている

前腕の骨折

骨折の処置は「折れた部位の前後の関節を固定」が基本。前腕の骨折の場合は手首とひじを固定させて腕を吊る。行動中に腕がぶらぶら動くと痛みが出るので胴体への固定も行なう。

牛乳パックと粘着テープ、腕の吊りにレジ袋を使用

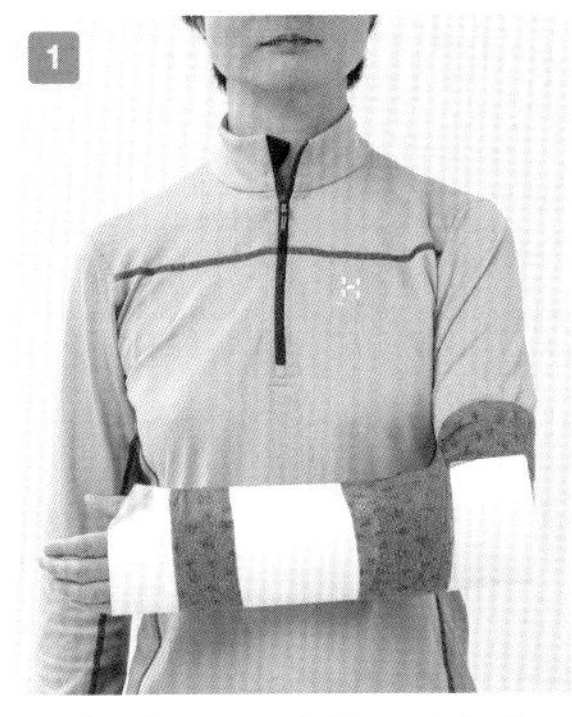

1 腕を巻くように牛乳パックを当て、粘着テープで留める。指先は少し出しておく

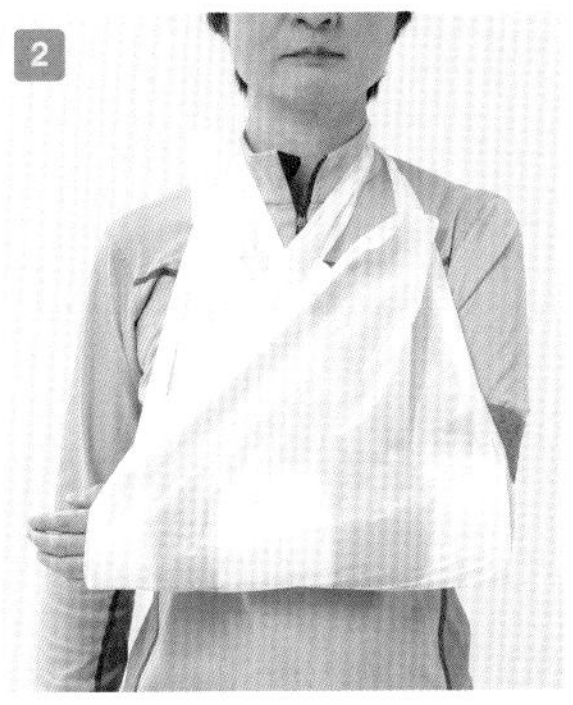

2 腕が通るように裂いておいたレジ袋を首にかけ、腕を吊った状態にする

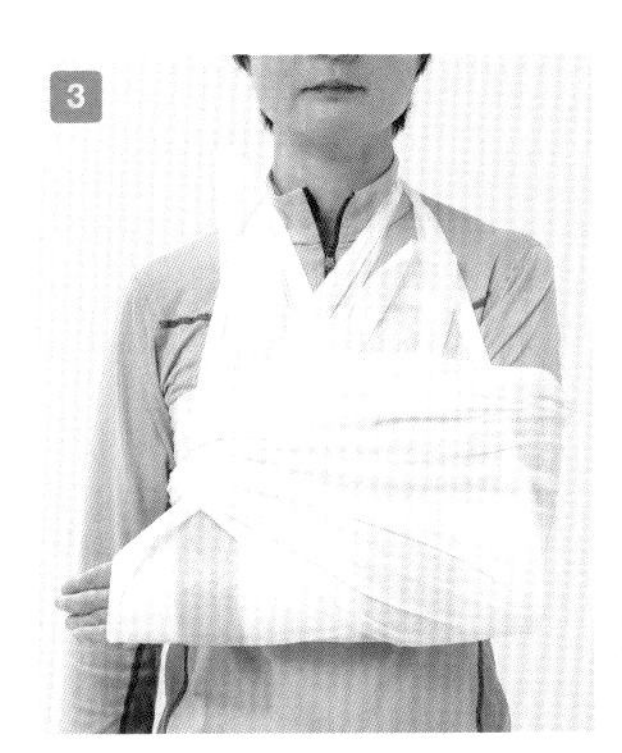

3 三角巾を広げ、吊ったレジ袋の上から固定。骨折側の腕のひじから上腕を覆うようにする

突き指

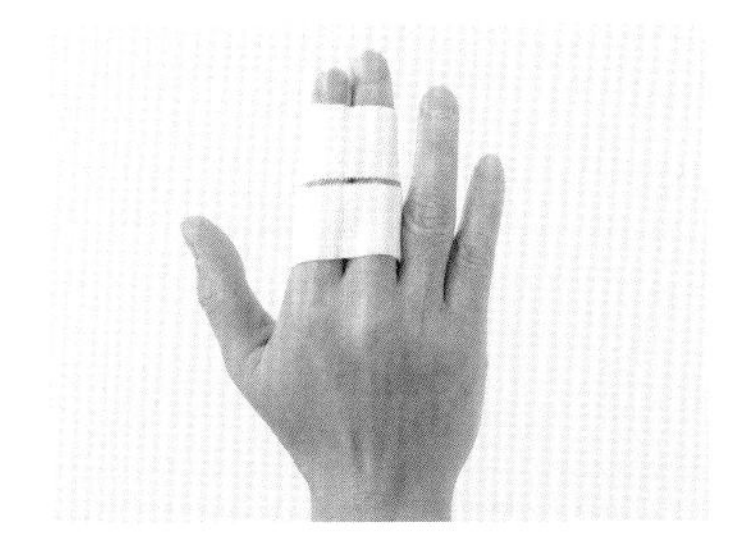

捻挫同様に、冷やして腫れを抑え、固定する。突き指をした指と、その隣の指をテーピングテープで巻くと、健康なほうの指が副木代わりとなって固定ができる。

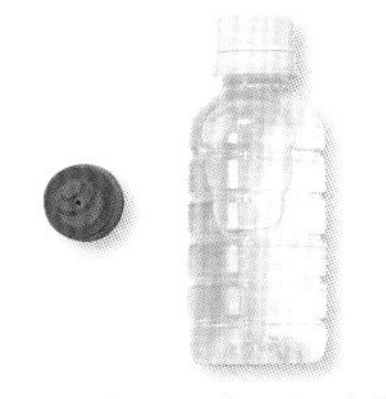

ペットボトルの蓋にキリなどで穴をあけたものを常備

裂傷

処置の基本は「傷口を洗い流して汚れを落とし、止血をして傷口を覆う」。傷口を強く上から押さえて止血をする圧迫止血法を用いるが、大出血の場合は止血帯という方法もある。

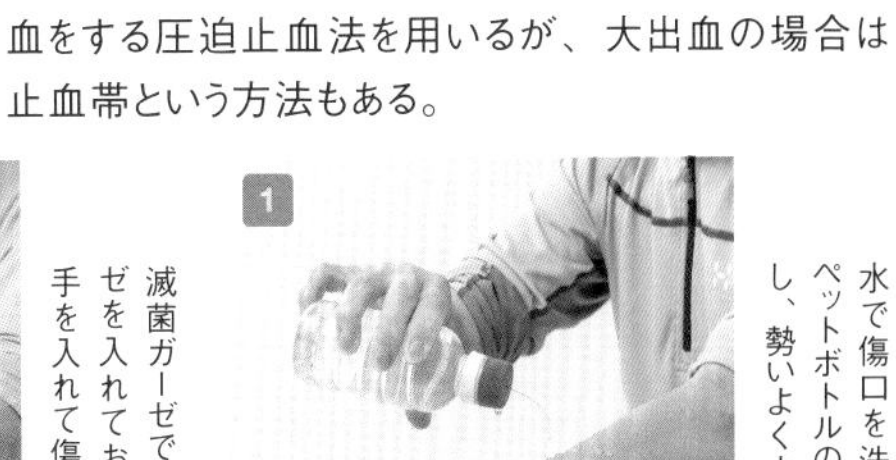

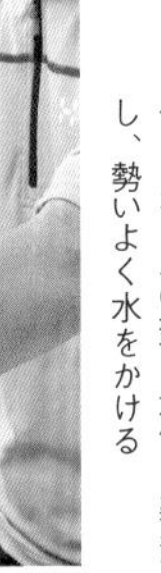

1 水で傷口を洗浄。穴をあけたペットボトルの蓋を水筒に装着し、勢いよく水をかける

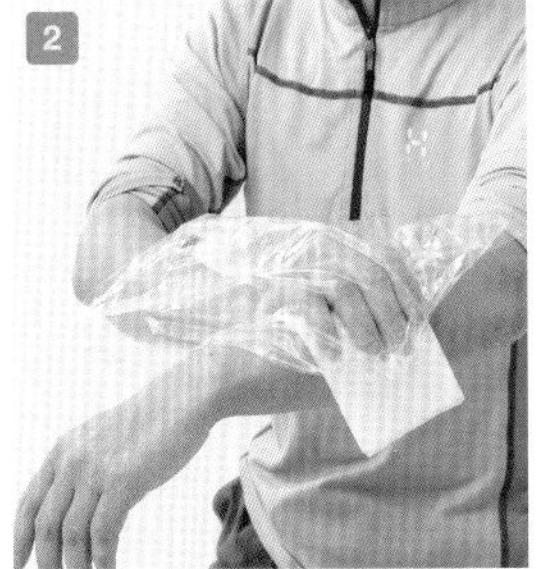

2 滅菌ガーゼで傷口を覆い、ガーゼを入れておいたビニール袋に手を入れて傷口を圧迫

レスキュー技術

事故者を安全圏まで導く

沢登りのレスキューは救助隊員のリスクも大きく、困難を極める

レスキュー技術の重要性

事故が発生したとき、さまざまな場面でレスキュー技術が必要になる。事故発生直後に事故者を安全な場所へ移動させる、応急処置を行なったあと、救助隊の収容可能地点まで場所を移すなどのほか、自力下山が可能と判断した場合も、事故者を介護、もしくは背負いながら行動する。

安全な場所は沢を下った先にあるとは限らない。状況によっては沢を登ることもある。いずれの場合も、滝などが出てくるとロープを使った高度な技術が必要になる。

谷筋は携帯電話の電波が入りづらく、頭上に樹木の枝葉が覆いかぶさるような沢の環境では、救助のヘリコプターが近づくのが困難な場合もあるため、沢登りにおけるレスキュー技術の重要性は、一般的な登山よりもはるかに高いといえる。

ここでは主要な技術をいくつか紹介する。講習会などを活用して、正しい技術を学びたい。

さまざまなレスキュー技術

ザック搬送　主に足を負傷して事故者が自力で行動できない場合に使う。ザック、レインウェア、カラビナ、スリングを使い、事故者を背負う状態をつくる。

介助懸垂　事故者を後方で介助しながら一緒にロープで下降する。事故者に意識があり、自力で行動できることが条件。自力歩行が不可能な場合は、ザック搬送の状態で懸垂下降に移行することもできる。

MAS　ロープを使って事故者を上方に引き上げる技術。少ない力で事故者を引き上げることができる。空身で登攀するとき、ザックの荷上げに活用する場合もある。

そのほか　登攀中に事故が起こり、ロープで宙吊りの状態になった事故者を救助するには、ビレイ状態からの脱出方法や、固定したロープで事故者のもとへ向かい一緒に下降するといった、より高度な救助技術も必要になる。

レスキュー技術例

MAS（メカニカルアドバンテージシステム）

たとえば体重60kgの人を引き上げるには60kgの荷重を引き上げる力が必要になるが、このシステムを使うと理論上、1/3（20kg）、1/5（12kg）といった具合に引き上げる力を減らすことができる

介助懸垂

介助する人と事故者のハーネスを120㎝程度のスリングやPAS（P72）などで連結。そのスリングに下降器を取り付けて、ふたり同時に懸垂下降を行なう。介助する人は後方で事故者を支えながらロープを操作する

ザック搬送

スリングでたすき掛けをつくり、そこにふたりの腕を通して事故者の体が離れないようしてから、レインジャケットで包んだ事故者をザックで背負う。立ち上がるとき、残りのメンバーがサポートする

ザック搬送（背負うまで）

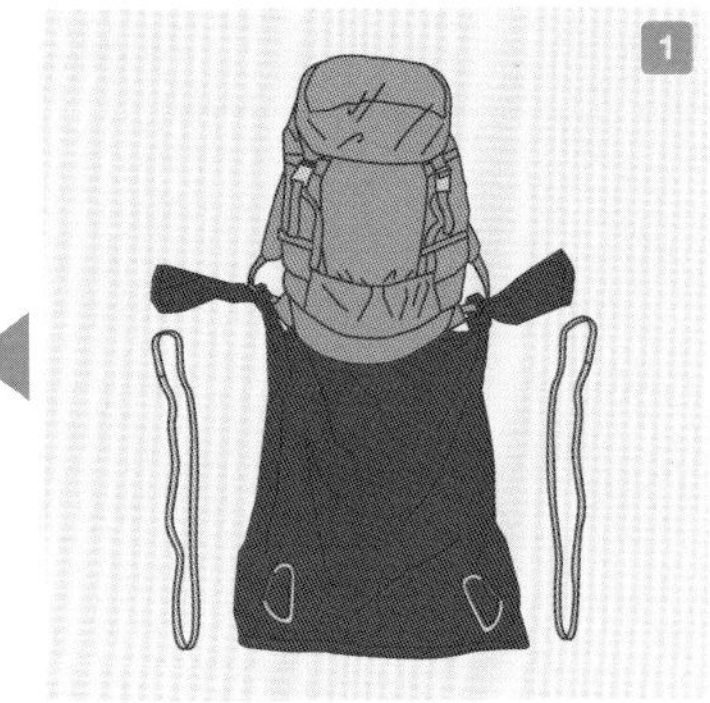

雨具をザックに結ぶ

レインジャケットの背面を上にして、袖の付け根をザックのショルダーハーネスの根元にオーバーハンドノット（P95）できつく結ぶ

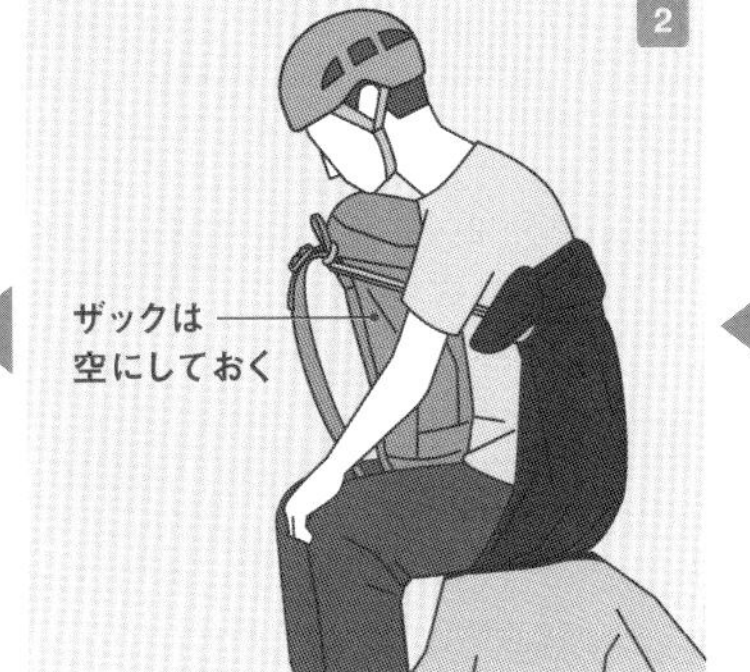

雨具で事故者を包む

レインジャケットの裾の内側にカラビナを入れてクローブヒッチ（P101）でスリングを固定。レインジャケットで事故者のお尻を包み込む

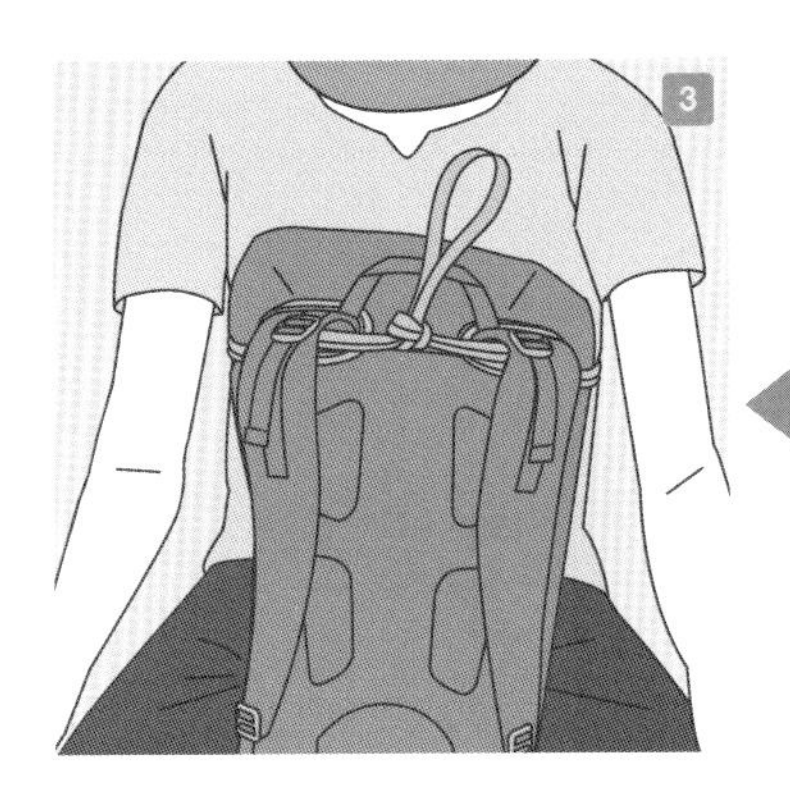

雨具をザックに連結する

スリングをショルダーハーネスの付け根とグラブループに下から巻きつけた後、ザックと事故者が密着するようにシートベンド（P105）などで結ぶ

レスキュー技術を学べる講習会

■一般社団法人日本アルパインガイド協会
「レスキュー技術講習会」を年数回開催。講習内容は、事故者を降ろす技術、引き上げる技術、搬送法など。岩登り経験者で、懸垂下降が間違いなくできることが参加条件
■東京都山岳連盟
遭難対策教室が主催する「岩場のセルフレスキュー」で、岩場でのトラブルからの脱出方法や、パートナーの救助方法などを学ぶことができる。机上と実技講習あり
■兵庫県山岳連盟
技術・遭対委員会が「アルパインクライミングでのセルフレスキュー講習会」を実施。内容は、搬送法、ロワーダウンレスキュー、リーダーレスキューなど。神戸登山研修所で行なうことが多い

レスキュー技術は、重要かつ間違いが許されない高度な技術である。専門書籍や、いまではインターネット上の動画も参考になるが、机上学習だけで正しい技術を習得することは難しい。各都道府県の山岳連盟や、ガイド団体、個人の山岳ガイドなどが開催している講習会に参加して、知識のある講師の指導のもと、実際に体験しながら学ぶことが大切だ。沢登りで必要となるレスキュー技術はクライミングの技術と共通する部分が多いので、インターネットで「クライミング レスキュー技術」など検索すると、いくつか講習会がヒットする。身近なものを探してみよう。

Column 6

滑落

〜沢における事故から〜

とある春の日、会のパートナーと記録が少ない短めの沢に訪れた。少ない記録によれば30mクラスの大滝があるという。週末には誰かが入渓しているメジャーな沢は大半遡り尽くし、当時は記録が疎いマイナーな沢に食指を動かされていた。前年、長年の目標であった大きな沢を成功させ、またクライミングのグレードもどんどん上がり、今にして思えば「天狗」になっていたのかもしれない。

順調に下流部の滝をこなし、いよいよ30mクラスの大滝が眼前に現われる。水量は少なく、斜度も60〜70度で、下から眺めればホールド、フットホールドも適度に続いているように見えた。乾いている右壁のほうがクライミング慣れした自分には行けそうな気がした。

さて、スタート。張りぼて状の花崗岩質が何段も続き、取り付いてみてわかったが、岩のつなぎ目は水平バンドではなく、外傾したオープンホールドであった。カムもナッツも使えず、ピトンを打ちながら登るが、すべて浅打ちでまともに効いていない。上を見て「あそこまで登ればガバがありそう」と登り続けるが、期待は完全に裏切られた。ガバに見えたホールドはやはりパーミング系のオープンホールドで、下からは見えなかったその上部は数メートルにわたりカチも疎いスラブ壁になっていた。

すでに浅打ちピトンを5枚打ち、15mは上がっている。左右にエスケープも不可。ビレイヤーのパートナーに「だめだ。クライムダウンするからピトンにテンションかけないようゆるめにロープ出して！」と伝えゆっくりと降りだす。少し降りた箇所で右足をかなり伸ばし、岩の継ぎ目の外傾した足場に下ろそうとしたところ、おそらく継ぎ目にヌメリがあり、足が滑ってピトンにテンションがかかってしまった。そのまま水量の少ないガレ場にグラウンドフォール。5本のうち上部3本のピトンが抜けたようだった。

幸い背中から落ちたのでザックがクッション代わりになったのだが、左足かかとはもろに衝撃を受けてしまった。靴を脱がすとみるみるうちに「もののけ姫」のアシタカの呪いのようにグルグルと内出血の血袋が左足を巻いた。パートナーがシーネとテーピングで固定してくれる。

救助を呼ぶべきか自身で動けるか妙に落ち着いた意識で自問する。「行ける」と決め、地形図を眺め、右岸尾根をロープ確保してもらいながらシリセード気味に下りる。アプローチの林道は這いずったり、壊れたガードレールを頼りにしたりで、なんとか夜中2時前に車まで下りた。そのまま救急病院に会の仲間が連れていってくれて、即入院。

退院3カ月でギプスが取れたが、落ちた筋肉を元に戻すのは大変で、4階の自宅からの下り階段は必死であった。半年後に仲間と茨城の岩場に行き、Ⅲ級の簡単なルートを登れて久しぶりの達成感！　結局、本格的な沢に行けるようになるには1年以上かかった。いまなお、2日以上の沢や山から帰ると左足に鈍い痛みが残る。

写真・文／後藤真一（登山学校主宰）

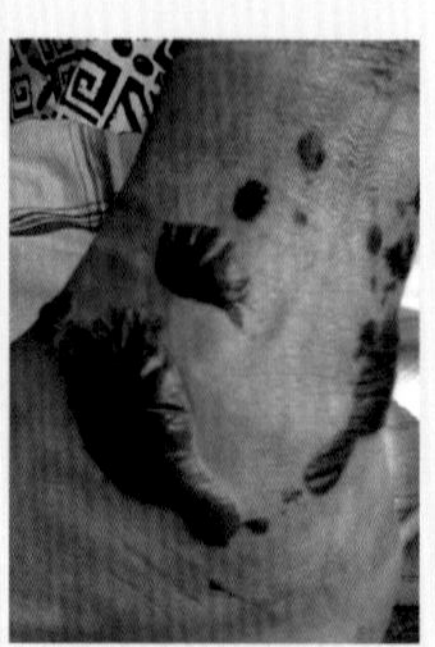

上：転落した滝。見た目はやさしそうに見えたが……
右：受傷10日後、これでもかなり治った血膨れ

Part 7

沢に泊まる

沢に泊まる楽しみ……122
泊まるための装備……124
装備を濡らさないパッキング術……126
タープの張り方……128
ツエルトの張り方……130
焚き火……132
山菜……134
キノコ……136
渓流釣り……138
コラム7 「四〇センチオーバーの夏」
～爆釣の奥利根遡行～……142

■監修／吉野時男（登山専門店スタッフ／ P122 ～ 133）、高桑信一（文筆家、登山家／ P138 ～ 141）

沢に泊まる楽しみ

原始に還り、真の豊かさを知る

北アルプスの大渓谷にて。源頭部の小さな台地に泊まる（北アルプス・柳又谷）

沢に泊まるとは？

一般登山では山小屋か整備されたキャンプ指定地に泊まるのに対して、沢登りでは人の手が介在しない、ありのままの自然のなかに眠る。どこに泊まるかも自由であり、一晩の宿に選んだ場所は、流れを傍らに感じる河原かもしれないし、緑豊かなブナの森かもしれない。いずれにしても、手つかずの自然のなかで寝泊まりする様は、まるで原始の営みを想起させる。この開放感は、日常の生活では決して味わえないものだ。

泊まる場所　沢の中で泊まるには、増水や落石の危険を回避できる安全な場所を見つける必要がある。ビバーク適地の特徴を知り、計画段階で探す術を身につけよう。

装備　シュラフやマットなど、一般のテント泊装備と基本は変わらない。ただしテントは使わずに、軽量化を兼ねてタープやツエルトを選ぶことが多い。設営方法を学び、さまざまな地形に柔軟に対応したい。

自然を味わう贅沢

沢の中には豊かな自然が広がっている。焚き火を囲みながら、山菜やキノコ、渓流魚などをいただく食事の時間は、何ものにも替え難い贅沢だ。収穫の知識を増やすと、沢登りはより一層おもしろいものになる。

焚き火　焚き火を抜きに沢の夜は語れない。焚き火台は使わずに、集めた薪は大地で燃やす。暖かい炎は濡れた服を乾かしてくれるだけでなく、調理に生かすこともできる。

山菜　雪が解けて大地が顔を出す春先がシーズン。独特な苦味やえぐみが特徴で、おひたしや、カラッと揚げて天ぷらなどでいただきたい。

キノコ　秋に収穫することが多い。群生に出合えれば、一晩の献立が一気に豪華に。鍋の具材にすれば体を温めながらおいしくいただける。

渓流釣り　釣法を学べばイワナに代表される渓流魚も味わえる。塩焼きもいいが、新鮮な刺身こそ沢に泊まるから味わえる逸品といえるだろう。

沢中でのビバークポイントを考える

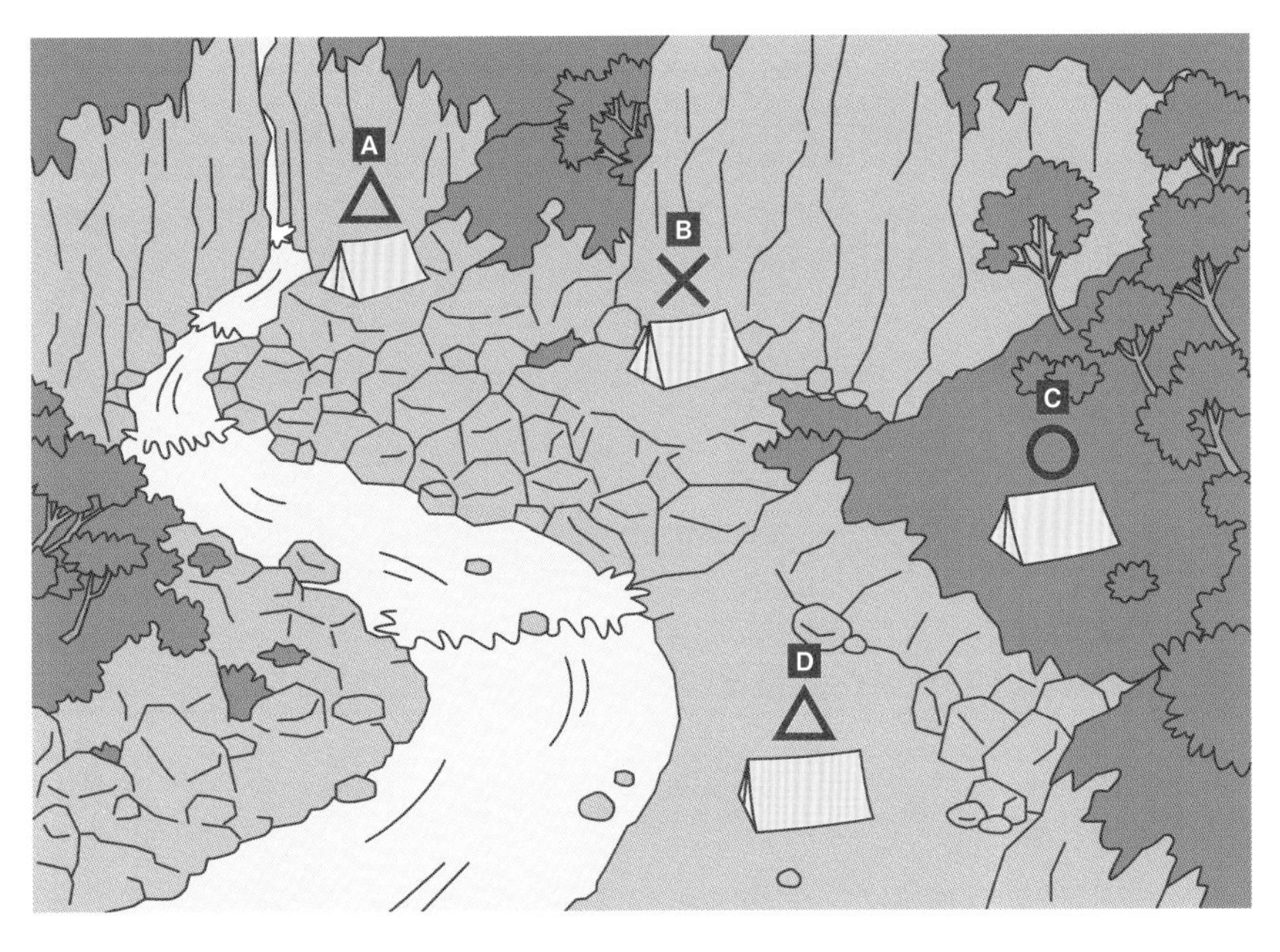

■Cが最も安全。崖下の■Bは落石の危険があるので選んではいけない。■Aのゴルジュの中も逃げ場がないので危険だが、どうしてもビバークポイントが見つからない場合はイラストのように高台を選ぶ。■Dも増水を考えると不向きだが、雨の心配がなければビバークポイントになりうる。その場合、高台に逃げられる避難経路を考えておく。

適地が見つからなかったら

高台に腰かけてツエルトなどをかぶって一晩を明かす。来る途中にビバーク適地があったなら、距離が近ければ引き返すことも考える

地形図から探す

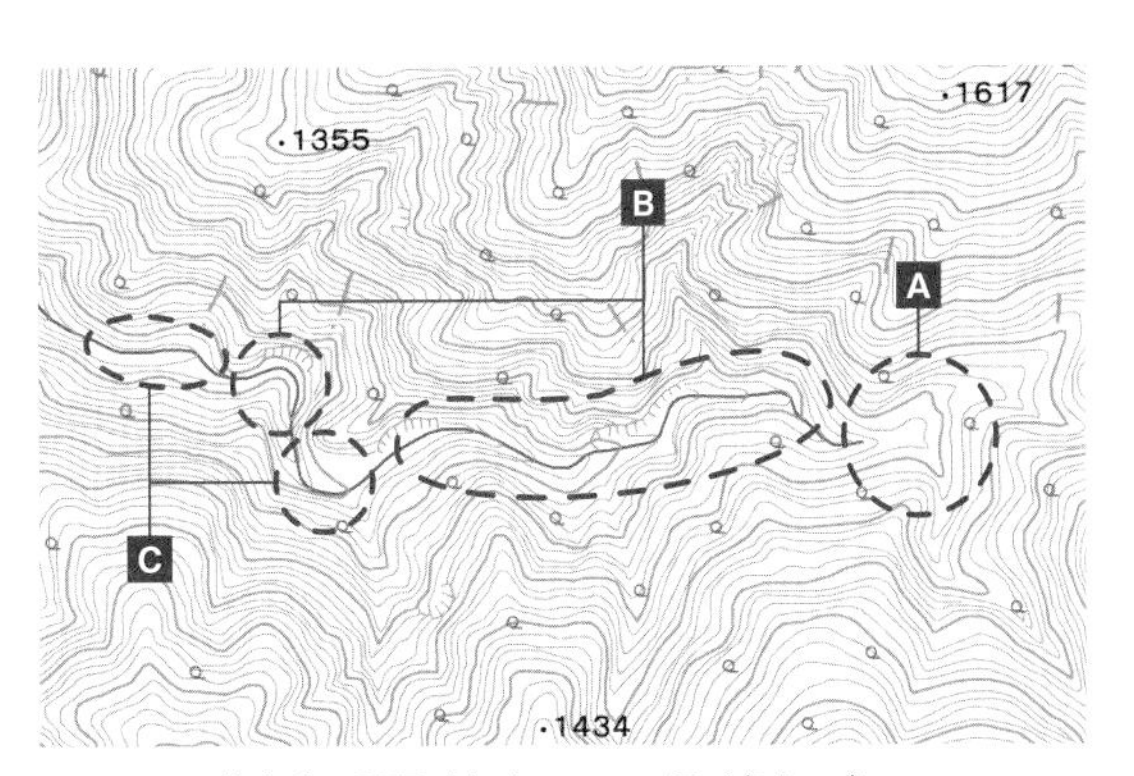

等高線の間隔が広がっていて、沢が急カーブしていない場所（■A）がビバークポイントの候補になる。■Cにも可能性があるが、■Bは可能性が低い

安全な場所を探す

沢の中に整備されたキャンプ指定地は存在しない。安全な場所を見つけて、必要であれば石をどかすなど、平らに整地して幕営する。

安全なビバークポイントは、ふたつの条件を満たしている必要がある。ひとつは増水による危険がないこと。選んだ場所が沢と同じ高さにあると、増水したとき、あっという間に水没して流されてしまう。最低でも水面から1mくらいの高さが欲しい。もうひとつは、落石の危険がないこと。崖やルンゼの下は岩や石が落ちてくる可能性が高いので、決してビバークポイントに選んではいけない。

計画段階におけるビバークポイントの選定には、遡行図が役に立つ。ほとんどの遡行図にはビバーク適地が記されている。ただし、遡行図がない沢も存在するし、記載のビバーク適地が崩れている可能性もある。そのような場合に備えて、地形図を使ったビバークポイントの見つけ方を覚えておくといい。目星をつけた場所は、最終的に現地で安全に幕営可能か判断する。

泊まるための装備

基本、テントは使わない

森の中に見つけたビバーク適地。快適な夜が約束された

軽量化を意識する

沢登りでは、徒渉、滝の登攀、泳ぐ場面が出てくるため、できるだけ動きやすい状況をつくりたい。そこで意識したいのが軽量化だ。

谷の中は稜線のように強い風に吹かれることが少ないので、耐風性に優れるテントではなく、軽いタープやツエルトを選ぶことが多い。

タープとツエルトを多用するのはどんな環境でも設営できる汎用性の高さも理由のひとつ。泊まる場所がビバーク適地とはいえ、地面が平坦で、どこにでもテントを張れる充分なスペースを確保できるとは限らない。不確定要素の高い沢の環境に柔軟に対応するための最善策がタープとツエルトといえる。

気温が高い季節に標高が低い沢に泊まる場合は、一枚の生地でできた軽量なシュラフカバーだけで眠ることもある。寒さを感じるようなら防寒着を着込んで、暖かい焚き火のそばで眠るといい。

防水対策を念入りに

日帰りの計画でも荷物の防水対策は必要だが、沢に泊まる場合は、より装備を濡らさないことが大切だ。特に寝具が濡れてしまうと夜の寒さをしのげなくなってしまい、辛い一晩を過ごすことになる。

登山では、雨で装備を濡らしたくないときにレインカバーが使われるが、ヤブなどに引っかける可能性があるので、沢登りでは主にドライバッグに荷物を入れて、ザックの内側で防水対策を行なう。

すべての装備をひとつのドライバッグに入れると取り出しにくくなるため、食料、衣類、寝具などと、使用頻度や種類などで小分けにしてパッキングするといい。

一枚のドライバッグでは浸水することもあるので、濡らしたくない寝袋や着替え、モバイルバッテリーといった電子機器、トイレットペーパーなどは、ビニール袋などを使って二重に対策する。

必要な装備

沢の泊まりに必要な装備は登山のテント泊と変わらない。ここには基本装備で紹介したバーナーとクッカー（P33）も含まれる。防寒着やモスキートネットといった防虫アイテムも準備する。

シュラフ・シュラフカバー

春や秋になると温かいシュラフが欲しくなる。濡れても保温性が著しく低下しない化繊綿のタイプがおすすめ

保温着などを着込み、シュラフカバーだけで寝ることも多い。気温が高い夏なら風を防ぐだけで充分

タープ・ツエルト

雨風を防ぐシェルター。状況に応じてさまざまな張り方ができるので、テントよりも使い勝手がいい

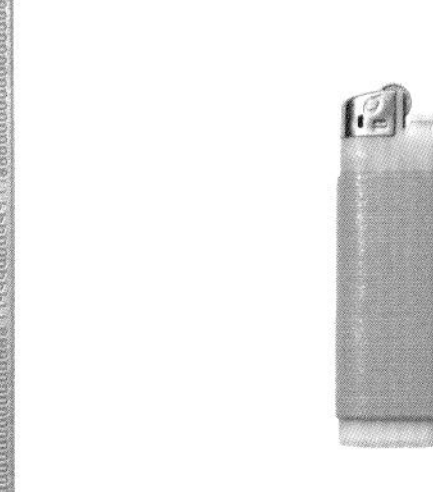

ライター

薪に火をつけるために使う。外側には着火剤の役目を果たすガムテープを巻いておくと便利

水筒

幕営地で調理用の水を汲むときに使用。使わないときは小さく丸められるソフトボトルタイプが使いやすい

マット

石や火の粉で穴があく心配がなく、水で濡れても保水しないクローズドセルマットが適している

便利グッズ

薪を扱うときに手のひらを保護する軍手や、ガムテープの予備としてジェルタイプや固形の着火剤などもあると便利。持ち物は荷物の重さと相談して、苦にならない範囲で厳選しよう。

ノコギリ

ビバークポイントの整地で草や枝を切る。薪を短くしたいときにも役立つ

ランタン

ヘッドランプよりも広範囲を照らすことができる。小型でコンパクトなものを選ぶ

調理器具

焚き火缶やフライパン、まな板やナイフがあると調理の幅が広がる。献立に合わせて用意

装備を濡らさないパッキング術

水量が多いときこそ念入りに

水量が少ない沢の例

ひざ下程度の徒渉が続くような泳ぎのない沢では濡れることが少ないので、必要最低限の防水対策で充分。小分けにした荷物を軽量なドライバッグに入れて収納する。

Bファーストエイドキットなど

頻繁に使わないものを一緒にまとめる。トイレットペーパーはビニール袋に入れて念入りに対策

C着替え

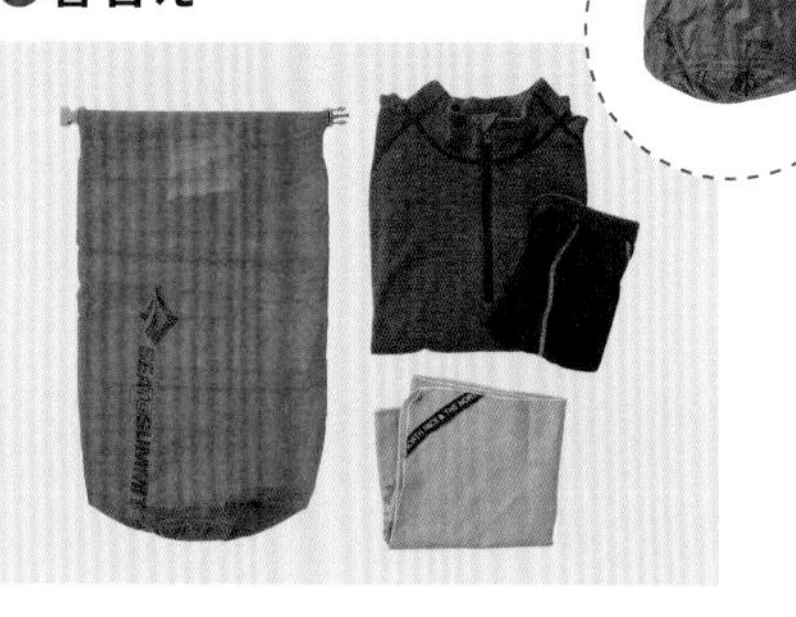

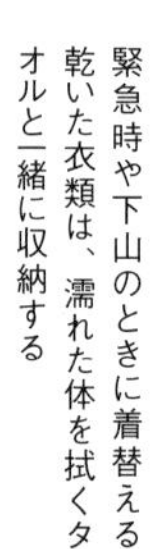
緊急時や下山のときに着替える乾いた衣類は、濡れた体を拭くタオルと一緒に収納する

Dシュラフなど

シュラフはザックの最下層に入れて足で踏みながら空気を抜き、できるだけ小さくパッキングする

A雨蓋に入れるもの

行動食など、すぐに取り出したいものを収納。モバイルバッテリーはビニール袋で二重に守る

防水対策しないもの

濡れても困らない保温ボトルや、濡れてもすぐに乾くツエルトといったアイテムは防水対策を講じない。必然的に濡れてしまうロープは雨蓋で挟んで携行する。

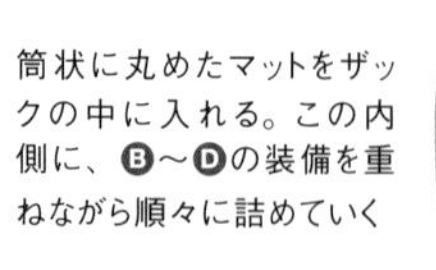

筒状に丸めたマットをザックの中に入れる。この内側に、B～Dの装備を重ねながら順々に詰めていく

携帯電話は、防水機能があれば何もせず取り出しやすい位置にしまう

保温ボトルは防水対策の必要がない。取り出しやすい荷室の上部に収納する

濡れてもすぐに乾くツエルトとレインウェアは、マットの外側にできる隙間に押し込む。バーナーは内側にパッキングする荷物の間に入れる

水量、泳ぎが多い沢の例

水を浴びながら滝を登攀する場合や泳ぎがメインの沢では、生地が薄い軽量なドライバッグだけでは浸水することがある。厚みのある丈夫なドライバッグで濡れから防ぐ。

B荷室に入れる装備

素材にポリウレタンフィルムなどを使う厚手のドライバッグに荷物を詰める。多少濡れてもいい行動食やサンダル、すぐに使いたいレインウェアを上に乗せて、ひと回り大きなドライバッグでさらに全体を包む

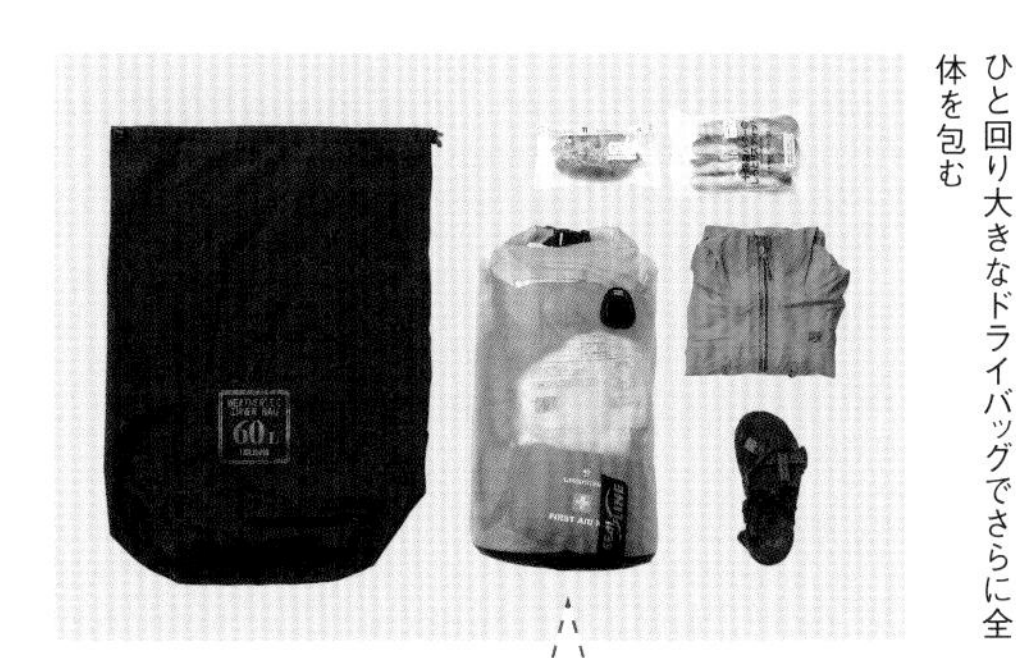

厚手のドライバッグの中身がこちら。着替えやファーストエイドキット、タープ、ツエルトといった濡らしたくないものはもちろん、バーナーやクッカーなどもまとめて入れる

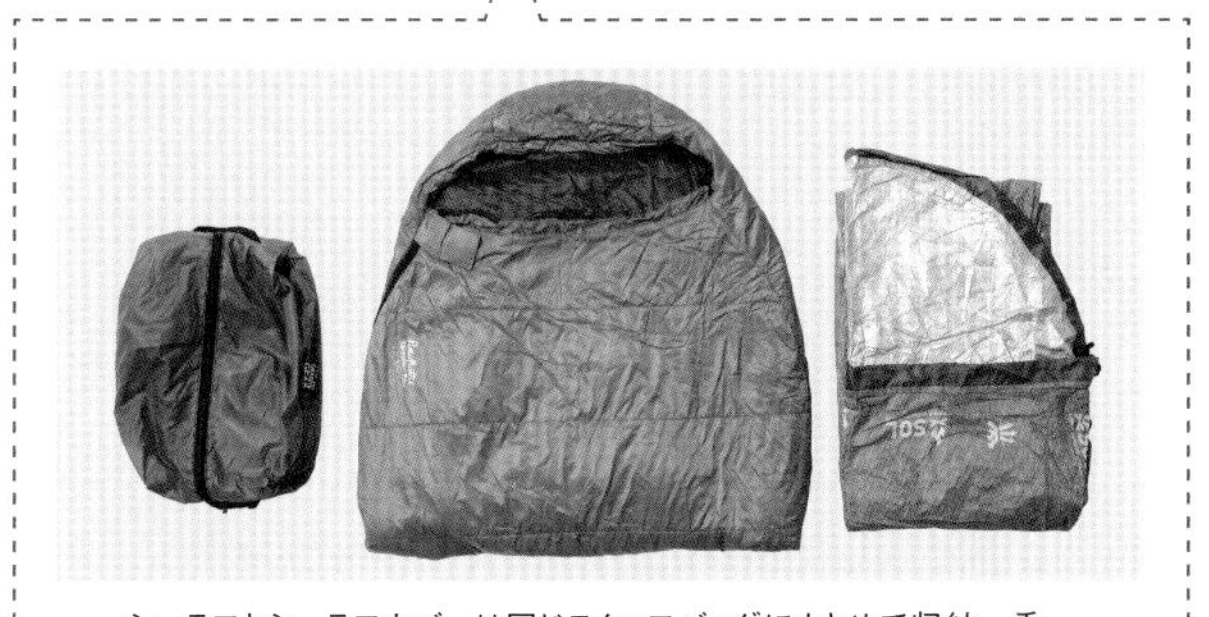

シュラフとシュラフカバーは同じスタッフバッグにまとめて収納。季節や気温によっては片方だけ持つ場合もある。ドライバッグの中に入れているので、スタッフバッグには防水性がなくてもいい。

A雨蓋に入れるもの

泳ぐとき雨蓋は水面に浮かぶことが多い。よく使うものを軽量なドライバッグに入れる

防水対策しないもの

水量が少ない沢の例と同じく、ロープとマットはそのまま携行。収納サイズが小さくなるエアマットなどを持つ場合は、ドライバッグに入れるといい。

マットがクローズドセルタイプなら、ほとんど水を含まないので対策しない。薄くて軽いものを選んで、ザックの背面付近に差し込んで収納する

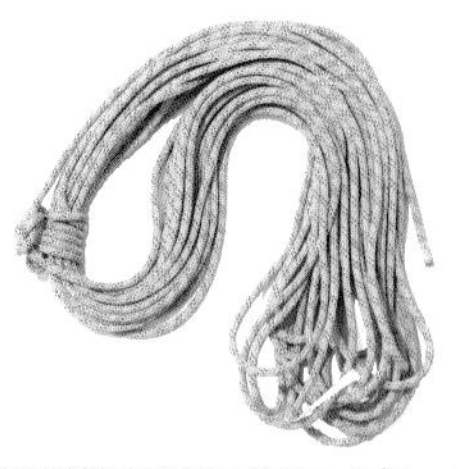

滝の登攀で頻繁に使うロープは、取り出しやすいザックのいちばん上にそのまま収納。ただし、ヤブなどで引っかからないよう中にしまっておく

タープの張り方

大人数の宿泊に対応

ロープを張る支点を探す

ビバーク適地が林の中にある場合は、立ち木がそのまま支柱になる。増水の危険がない河原に泊まる場合は、飛び出ている灌木を利用する。長いロープがあれば対岸にも支点を求められる。適当な位置に木がなければ、草を束ねる、ピトンを打つなどして工夫する。

ロープを張る（立ち木の場合）

❶片方の木にロープを巻く

ロープの末端に輪をつくり、支柱となる立ち木に2～3回巻きつけてから、写真のようにカラビナをかけて固定する

❷もう一方の木にスリングを巻く

適当な長さのスリングを、❶の支点と同じ高さになるように、もう一方の支柱となる立ち木に巻きつける

❸デバイスでロープを固定

❷のスリングにビレイデバイスのガイドモード（P78）をつくり、フォロワーをビレイする要領でロープを張る

❹テンションをかける

❸のガイドモードを操作して、たるみがなくなるまでロープにテンションをかける。張り具合はきついくらいがちょうどいい

タープとは防水コーティングを施したナイロン布。四隅に固定のための張り綱を結ぶループがある。

特長のひとつに、沢のそばには基本、支柱となる木が多いので、どこにでも設営できる使い勝手のよさが挙げられる。さらに、一枚の生地で広い面積をカバーできる点も大きい。3～4人のパーティでもシェルターにはタープをひとつ用意するだけですむので、荷物が軽くなる。

ただし、タープは密閉空間をつくれないという欠点がある。雨を防げても風を遮ることはできないのだ。夜、タープの下で寝ているとき、風に吹かれると夏でも寒いことがある。涼しい季節にはツエルトか、場合によってはテントを用意したほうがいい。

ちなみにタープには六角形のヘキサタープなどいくつか種類があるが、沢では長方形のスクエアタープが使いやすい。2～3人で使うなら、300×250㎝くらいのサイズがあれば充分だ。四隅に設営用の2～3mの細いナイロンロープを結んでおこう。

設営手順

❶スリングでロープに固定

ロープにタープをかぶせて、真ん中を写真のようにクレムハイスト（P99）でロープに固定

❷四隅を固定

タープを❶の方法で固定できたら、石や枝などを使って四隅を固定する

❸完成

四隅の固定に張り綱の長さが足りない場合は、スリングなどを活用する。
できるだけ風の吹き込みを防ぐために、もっと地面すれすれに張ってもいい

さまざまな設営方法

2枚連結&枝で支柱をつくる

人数が多ければアクセサリーカラビナなどで2枚を連結してもいい。高さが足りないときは支柱となる枝を追加してロープを持ち上げる

片がけ

支柱に渡したロープの奥がヤブなどの場合、片方の長辺を固定して写真のように斜めに張る。河原でタープを張るときに多用する

張り綱は「ビニールひも」で

私がビニールひもをタープの張り綱に使うのは、必ず焚き火をするという前提があるからだ。２枚連結タープの下で焚き火をするとロープは熱で損傷するため、もったいなくて使えない。

ビニールひものいいところは、安く、なにより軽い。２００ｍのものなら、ホームセンターで３００円もあれば買える。さらに切ったり結んだりが自在である。加えてビニールひもは、意外なことに熱に強いのだ。

したがって、メインの張り綱を中心に、長さの違うビニールひもをあらかじめ何本か切って用意しておけば、しばらくは補充しなくても済むのだから、便利なものだ。　（高桑信一）

軽くて丈夫。ビニールひもの用途は思ったよりも広い

基本的な設営手順

完成形 ロープを使わずにツエルトを設営するには張り綱が前後に必要。市販品を用意して、ガースヒッチ（P104）で写真のベンチレーション付近に固定しておく

❶四隅を固定

床を結んだツエルトを地面に敷き、たるみが出ないように四隅を固定。固定に使うペグは落ちている枝で代用できる

❷張り綱を固定

張り綱の末端に枝を通し、枝の上に石を乗せて地面に固定。この方法だと自在を操作して張り綱の長さを調整できる

❸片側ずつ立ち上げる

落ちている枝を適当な長さに折って支柱をつくり、張り綱の頂点を枝に巻きつけたり節に引っかけて、片側ずつ立ち上げる

❹張り綱にテンションをかける

❸の支柱が動かなくなるように、張り綱の自在を操作してテンションをかけていく。❸と❹の作業をもう片方でも繰り返す

設営で使える小ワザ

ロープを使う

ふたつの支柱に渡したロープにクレムハイスト（P99）などで吊り下げる。これだと張り綱を使わなくても設営できる

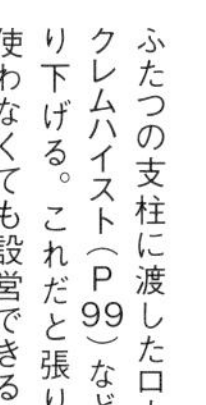

吊り下げるときはロープが低くならないように注意。高すぎる場合はスリングの長さを調整する

石を使う

ツエルトの四隅を地面に固定するとき、内側に石を入れてもいい。地面が河原や砂など、枝が刺さらない状況で有効だ

張り綱は石だけでも固定できる。テンションをかけるときは自在で長さを調整できないので石を動かす

ツエルトをより快適に

空間を広くする

ツエルトのサイドパネルの真ん中にループがある場合は、スリングなどで引っ張ると空間が広がり居住性が増す

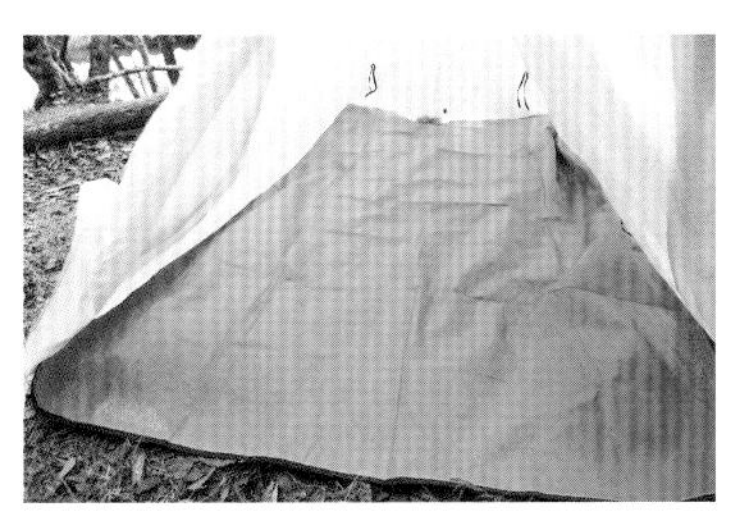

シートを敷く

市販されている丈夫なサバイバルシートなどを敷くと、地面からの冷えを遮るだけでなく湿気も防げる

タープをかける

雨が心配される場合は、上にタープをかける。この状態なら雨に降られても浸水を気にせず眠れる

ツエルトはドイツ語で「テント」を意味する言葉で、軽量簡易テントと呼ばれることもある。

ツエルトはタープと違い、テントのように設営して、冷たい風の影響を受けない空間をつくりだせる。中に入ると寒さをしのげるメリットは大きい。また、タープがあおられるような強風下でも、ツエルトはシェルターとして機能する。

しかし、テントのように使う場合は、使用人数が限られてしまう。市販されている大きいツエルトでも、収納人数は2〜3人しかなく、大人数には対応できない。また、素材には防水コーティングを施した生地が使われているが、縫い目は防水処理されていないものが大半なので、雨に降られると浸水することがある。晴れの日に限定して使用するか、タープと併用するといいだろう。

設営には基本、トレッキングポールやペグが使われるが、沢登りでは落ちている枝や石を利用することが多い。これも軽量化の一環だ。

大人数で使う場合は床を広げて張る方法もある。状況に応じて使い方を工夫できる汎用性の高さもツエルトの特長といえる。

焚き火

夜に欠かせない安堵の灯火

焚き火は沢登りの醍醐味のひとつ。暖かい炎が一日の疲れを癒やしてくれる

心が落ち着く至福の時間

焚き火は偉大だ。濡れた服を乾かしてくれるし、指先まで冷えた体も温めてくれる。調理に使うこともできるし、焚き火の傍らで眠れば暖かさに包まれて眠りにつける。登山のジャンルで焚き火の恩恵にあずかれるのは、沢登りだけと言っていい。

ビバーク地に到着したら、タープやツエルトの設営と並行して、手分けして薪を集めよう。一晩を明かすために充分な量の薪が集まったら、木っ端に着火してゆっくり火を育てていく。最初は煙が目立つが焦りは禁物。太い枝が燃え始めれば一安心だ。やっと腰を落ち着けて沢での一夜を楽しめる。

ここで紹介する手順は一例にすぎない。焚き火とはおもしろいもので、薪の並べ方やくべ方など、人の数だけこだわりがあり、それが美学にまで昇華されていることもある。まずは身近な先達から手ほどきを受けて、焚き火を楽しむことから始めよう。

焚き火の注意点

焚き火は沢登りで味わえる醍醐味であるが、どの沢で行なってもいいわけではない。焚き火は国の法律によって、自然公園法が定める「特別保護地区」、自然環境保全法が定める「原生自然環境保全地域」で、その行為が禁止されている。該当する区域では焚き火をしないこと。ただし、低体温症といったトラブルや事故など、非常時の応急措置はその限りではない。人命救助を最優先に考えて行動しよう。

では、禁止区域以外の場所なら自由に焚き火を楽しめるかというと、実はそうでもない。一般縦走路やキャンプ指定地でも禁止。自治体が独自に制限しているエリアでも焚き火はできない。特別に禁止されていない沢でも、後始末をきちんと行なうなど、当たり前のマナーを忘れないこと。沢登りの焚き火が問題視されることがないように、節度をもって行ないたい。

火をつける

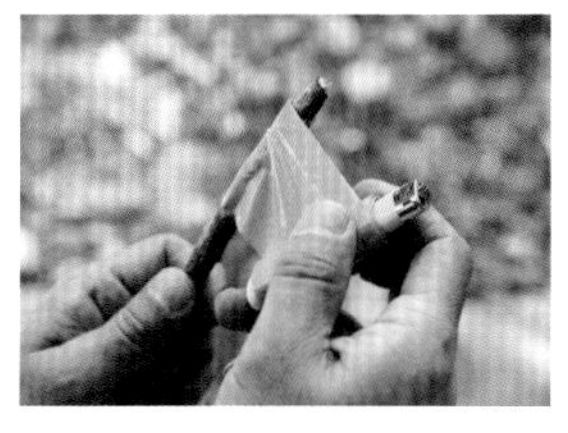

❶ 長い枝にガムテープを巻きつける

❷ ガムテープにつけた火を小枝に移す

❸ 火が小枝から周囲の木に燃え移るのを待つ

❹ 周囲に残りの薪をかぶせて火を成長させる

調理に使う

クッカーを乗せればお湯を沸かすことができ、生米も炊ける。焼き網があると便利。渓流魚を釣り上げれば、遠火の強火で塩焼きも楽しめる

後始末

沢水を満遍なくかけて完全に消化する。その上から砂をかけるとなおよい。可能なかぎり痕跡を残さないように、原状回復を心がけよう

下準備

❶ 薪を集める。スリングを使うと効率がいい

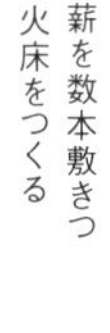

❷ 流れと平行になるように薪を並べる

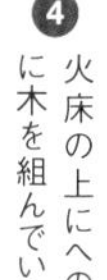

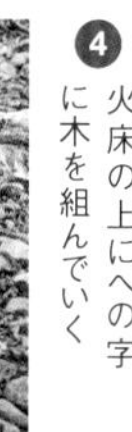

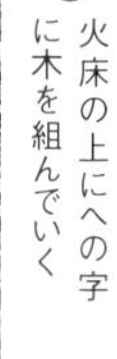

❸ 太い薪を数本敷きつめて火床をつくる

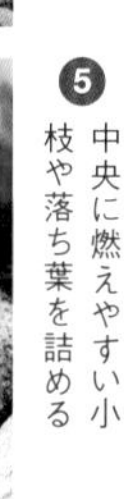

❹ 火床の上にへの字に木を組んでいく

❺ 中央に燃えやすい小枝や落ち葉を詰める

焚き火の美学

来たときよりも美しくというのは無理でも、来たとき程度には後始末をしたい。

前のパーティの焚き火の跡を見るのは不快なものだ。私が銀紙を燃やさないのは、回収が面倒だからだ。それならいっそ、最初から燃やさなければいい。流れが傍なら燃えさしは流れで消す。

ゴミがないか点検してから、汲んでおいた水で完全に火を消し、沢靴で平らにならして踏み固めれば、後始末は終わりである。ちょっと見、焚き火の痕跡がわからないくらいまで片づけるのが、私の美学である。

（高桑信一）

ここまで原状回復すれば、ほぼ完璧と言っていいだろう

山菜

雪解けから顔を出す春の味覚

遡行中、突如現われたコゴミ畑。思いがけない収穫に歓喜の声が上がる

山菜は、独特な苦味やえぐみを味わう春の味覚。沢シーズンのはじまりを告げる存在でもあり、地面から芽吹く初々しい新芽を見つけると、今年も沢の季節がやってきたと、自然と気持ちが高揚してくる。

季節　山域にもよるが、収穫の最盛期は5～6月。芽が出てからは成長が早く、育ちすぎた山菜は硬くなる。

採取のコツ　雪渓の欠片が残る泥の斜面が狙い目。群落があるかもしれない。採るときはナイフと収穫用の袋を携えて、トゲで手をケガしないように指先まで隠れるゴム手袋を装着する。

ルールとマナー　特定の区域では植物採取が禁止されており、山菜を生活の糧にしている人もいる。土地のルールに従い、採取可能な場合も乱獲しない節度をもとう。

注意点　毒をもっている山菜もあるので、自信をもって種類を特定できるようになるまでは安易に手を出さないこと。書籍で勉強しつつ、知識がある人に本物を教えてもらうと覚えが早い。

山菜の調理方法

王道は、なんといっても天ぷら。独特な風味をダイレクトに味わえる。手軽に調理するなら、沸騰したお湯でさっと湯がくだけでいい。醤油、鰹節、マヨネーズなどで軽く味をつける。ウルイはベーコンなどと一緒に炒めるとおいしい。コシアブラはそのまま細かく刻んで、塩でもむか醤油と砂糖で炒めて、炊きたてのご飯に和えると絶品だ。

ウドの胡麻味噌和え。シャキシャキした食感でみずみずしい

写真／鈴木孝昇、田宮公成

おいしい山菜図鑑

ウルイ

味にクセがないので、さっと茹でてマヨネーズなどと和えるといい。新芽が毒をもつコバイケイソウと似ているので注意

ウド

山菜の王様。葉は天ぷら。茎は炒めてもいいし、サバ缶と一緒に煮てもうまい。新芽の茎は生食可能。酢味噌が合う

アイコ

新芽や若い茎をいただく。トゲが生えているので採取にはゴム手袋が必要。茹でるとトゲは気にならなくなる。煮物や和え物に

コシアブラ

ウコギ科の樹木で、新芽が食べられる。枯れてしまう株もあるので乱獲はしない。爽やかな風味を天ぷらで味わいたい

ココミ

新芽をすべて採ると枯れてしまうので、必ずひとつは残すこと。サッと茹でて胡麻和えなどに。天ぷらにしてもおいしい

ギョウジャニンニク

強いニンニク臭が特徴。炒め物や餃子の具に入れてもおいしい。採取するときは、枯らさないように葉を一枚残す

ホンナ

三角形の新芽が飛び出る姿が特徴。クセがなくさっぱりとした味わい。生のまま天ぷらや、茹でて水にさらして和え物など

タラノメ

タラノキの新芽。先端がポキッと折れる。木肌には鋭いトゲがあるのでケガに注意。天ぷらでホクホクする食感を楽しめる

サンショウ

ヤブの中で独特の香りに出合うことがある。林道沿いに生えていることも多い。葉がそばやうどんの薬味に使える

×

コバイケイソウ

新芽がウルイに似ている毒草。間違わないように要注意。さらに大きく育つバイケイソウもあり、そちらも毒をもっている

シドケ

モミジのような葉が特徴。新芽の柔らかい茎を茹でて、おひたしや和え物にしていただく。シャキシャキした歯応えがおもしろい

ミズ

夏まで採取可能。茎を茹でて醤油と鰹節でおひたしに。皮を向いた茎をたたくとねばりが出る。それをトロロに和えてもいい

キノコ

沢シーズンの最後の楽しみ

道中で見つけたナメコの群生。ビニール袋いっぱいに収穫して味噌汁でいただいた

キノコは一年中、見ることができるが、沢登りでの収穫の盛りは主に秋。ブナやミズナラなど、広葉樹の森が広がる沢で出合うことが多い。

見つけ方　朽ちた倒木や切り株、立ち枯れした木などによく生えている。足元ばかり見ていると高い位置にあるキノコを見逃してしまうので、目線を下げたり上げたり、遡行中の探索は忙しい。

採取のコツ　ナイフを使い根元から切る。土や泥を取り除いておくと、調理するときに洗う手間が少なくなる。採ったものは種類が混ざらないように別々の袋に入れる。

ルールとマナー　山菜と同じく、採取が禁止されている区域で採ってはいけない。山の自然を糧にして暮らす人々もいるので、乱獲を避けてルールに従うこと。

注意点　キノコは種類が多く、毒キノコもたくさんある。知らないキノコや、少しでも種類の特定に不安がある場合は食用を避ける。確実に食べられるキノコを数種類覚えるといい。

キノコの調理方法

生で食べられるものはほとんどなく、味噌汁や鍋の具材にするのが一般的。特にナメコは群生を見つけると大量に収穫できるので、ナメコ汁や茹でてから大根おろしと和えるナメコおろしなど、晩ご飯の献立が一気に豪華になる。和の味付けだけでなく、ムキタケはシチューに入れてもおいしい。ブナハリタケは炒め物もおすすめ。

天然のナメコそば。ツルリとした喉越しがたまらない

写真／鈴木孝昇、田宮公成

おいしいキノコ図鑑

タマゴダケ

ツボと呼ばれる根元部分が割れたタマゴのように白い袋状をしている。一足早い夏のシーズンから登山道でも見かける

クリタケ

名前のとおり栗色をしている。初秋から晩秋にかけて、広葉樹の倒木や切り株に束状に生える。出汁が出るので鍋や煮物に

エノキ

スーパーで見かけるものとは姿形が大きく異なる。晩秋から春にかけて、コナラなど広葉樹の枯れ木や切り株に生える

ヌメリスギタケモドキ

春から秋にかけて、広葉樹の倒木や切り株、枯れ木に生える。名前のとおり傘や柄がぬめることもあるし、粘性がないこともある

ナラタケ

春から秋まで、主にブナやミズナラの倒木で見つけることが多い。生食は食中毒の危険があるので、必ず茹でてから食べる

ナメコ

秋の収穫の目玉。ブナやミズナラの倒木などに群生する。ぬめりがあり、独特な香りが特徴。一般的な商品よりも大きい

マイタケ

主にミズナラの根元に生える。めったに目にすることがない貴重なキノコ。市販品よりも大きく香り高い。天ぷらや汁物に

ブナハリタケ

秋になると名前のとおりブナなどの倒木に重なり合って群生する。独特な甘い香りがする。醤油・みりんで煮るとおいしい

ヒラタケ

晩秋から初春にかけて見ることができる寒い季節に生えるキノコ。毒をもつツキヨタケに似ているので、間違わないように注意

×

ドクツルタケ

夏から秋に広葉樹、針葉樹、どこにでも生える猛毒のキノコ。誤って食べると激しい胃腸系の中毒を起こし、最悪、死に至る

×

ツキヨタケ

傘が暗闇で光る毒キノコ。夏から秋、沢の中でよく見る。ヒラタケ、ムキタケと姿が似ている。柄の付け根に黒いシミがある

ムキタケ

夏から秋、主にブナの倒木などに重なり合って生える。名前のとおり傘の表面の皮がむけやすい。ツキヨタケとの見間違いに注意

渓流釣り

渓流魚との知恵比べ

目印と竿からの信号に集中。アタリがくるまでの緊張感も釣趣のひとつ（川内山塊・早出川）

渓流釣りのおもしろさ

遡行中、先頭を歩いていると俊敏な動きで上流の岩陰に走る魚影に出合うことがある。入渓者が少ない沢では、おだやかな淵や釜に警戒心を解いた渓流魚が悠々と泳いでいることも少なくない。

渓流釣りは、奥が深くておもしろい。それは頭を使うからにほかならない。バレないように、エサもしくは疑似餌を流して魚に食わせる。釣りの楽しみは駆け引きの瞬間から始まっている。竿を握る手に重みが伝わり、グッと竿がしなった瞬間がハイライト。見事釣り上げれば喜びもひとしおだ。

渓流に暮らす魚　もともとは神奈川県西部を流れる酒匂川を堺に、西日本の太平洋側にはアマゴ、東日本の渓流部にはヤマメ、本州以北の渓流上流部にはイワナが生息していたといわれている。ただし、現在は放流によって東日本の渓にもアマゴが確認できる。アマゴは体に朱点がある。

ちなみに北海道の渓谷にはイワナとともに、オショロコマというイワナの仲間が生息している。

いつ釣るか　沢登りで釣りを楽しむには、遡行しながら竿を振るか、ビバーク地に到着してから竿を出すかの、2パターンがある。

遡行しながら釣る場合、標準的なコースタイムと同じペースで歩くことはほぼ不可能。3倍は時間がかかると考えておいたほうがいい。遡行時間を気にするようなら、ビバーク地に到着してから竿を出そう。どうしても遡行中に釣る場合は、時間を決めておき、粘らないこと。

釣りの種類　沢で釣った渓流魚を生活の糧にしていた職漁師が生み出したとされるテンカラ（毛バリ釣法）をはじめ、生きたエサを使うエサ釣り、海外から輸入されたルアーとフライフィッシングが、現在の渓流釣りのジャンルになる。まったくの釣り初心者であれば、道具が少なく、仕掛けもシンプルなエサ釣りから挑戦するといいだろう。

釣りの種類

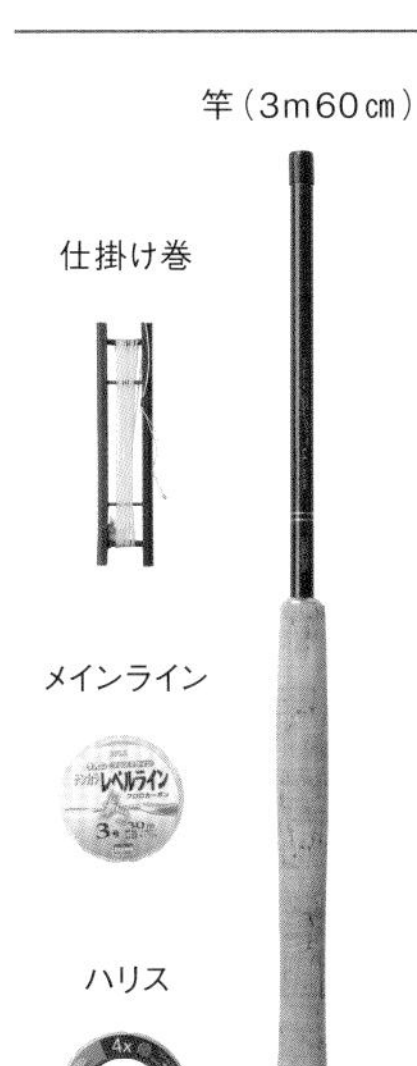

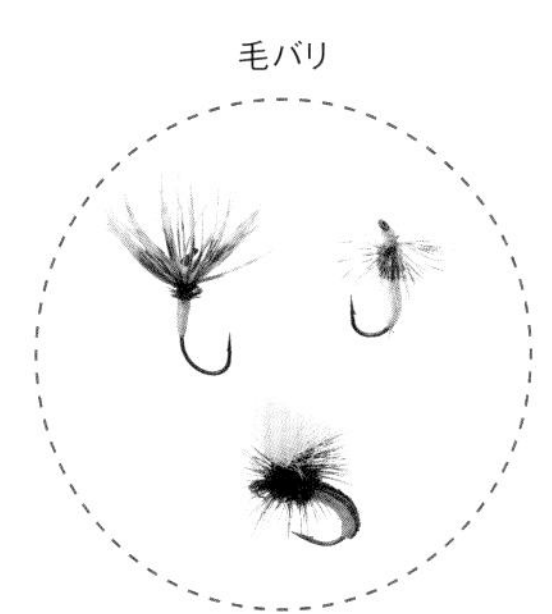

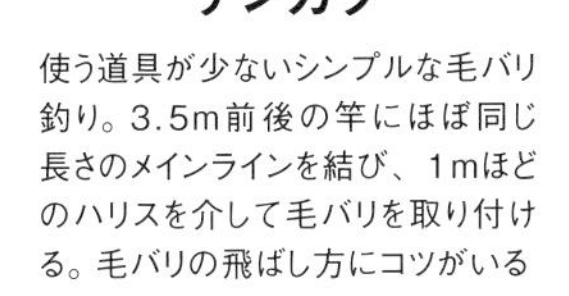

テンカラ

使う道具が少ないシンプルな毛バリ釣り。3.5m前後の竿にほぼ同じ長さのメインラインを結び、1mほどのハリスを介して毛バリを取り付ける。毛バリの飛ばし方にコツがいる

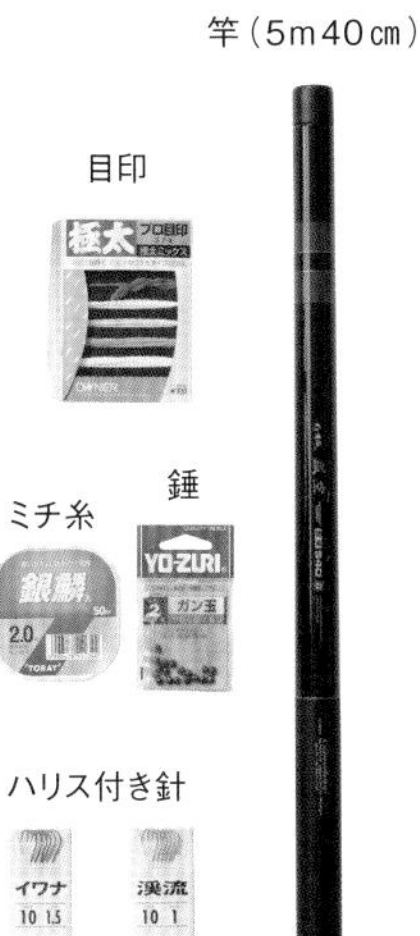

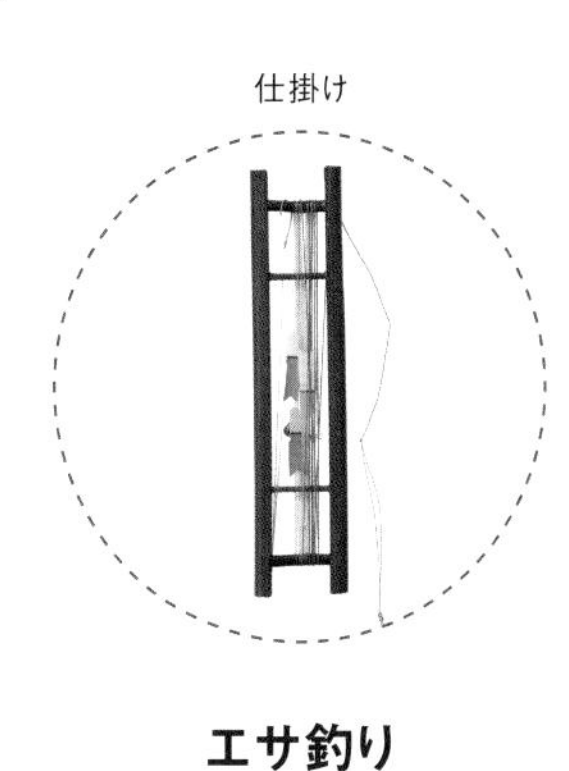

エサ釣り

市販品のブドウ虫やミミズ、現地で入手するバッタなどをエサとする。竿の長さは6m弱。ミチ糸、目印、ハリス、錘、釣り針からなる仕掛けを事前につくって持っていく

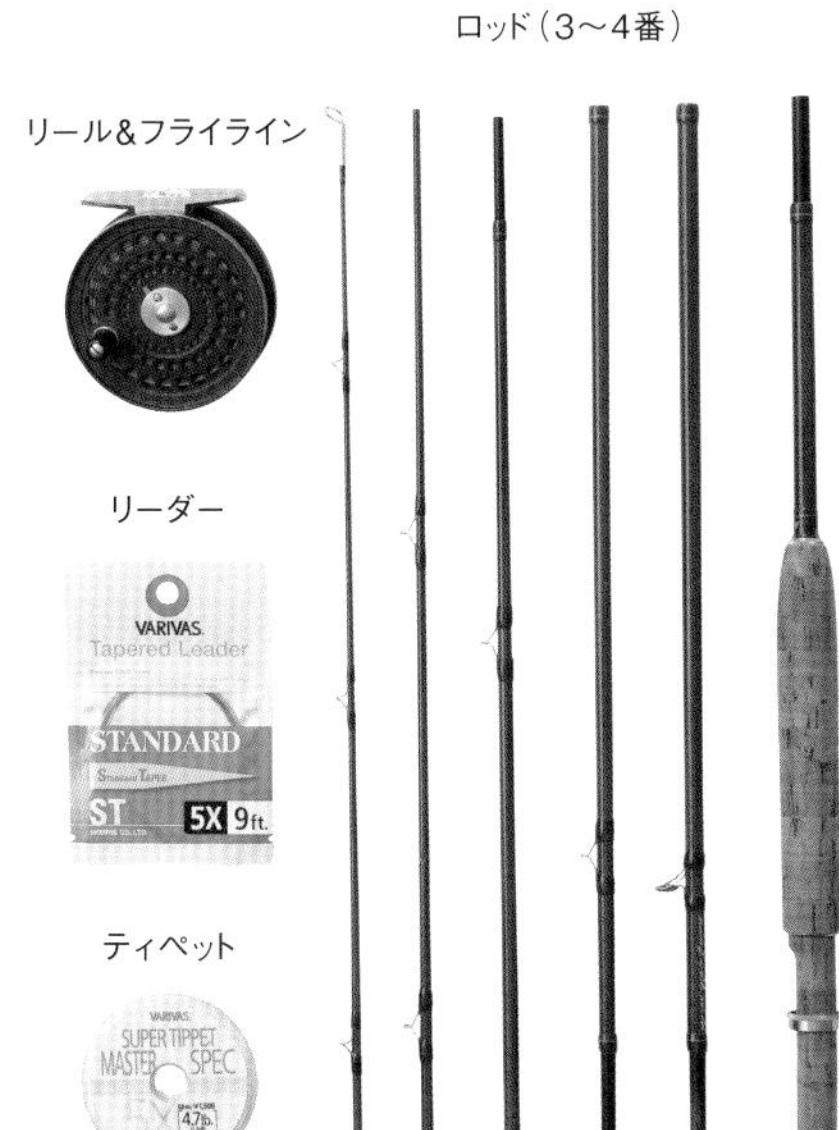

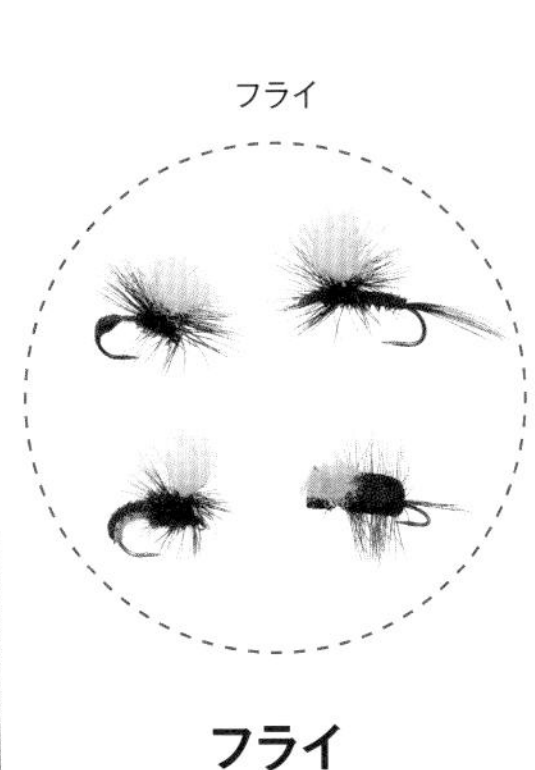

フライ

欧米由来の毛バリ（フライ）釣法。渓流では3番〜4番ライン指定で、仕舞寸法が短くなる竿を使う。フライライン、リーダー、ティペット、フライの順で仕掛けをつくる

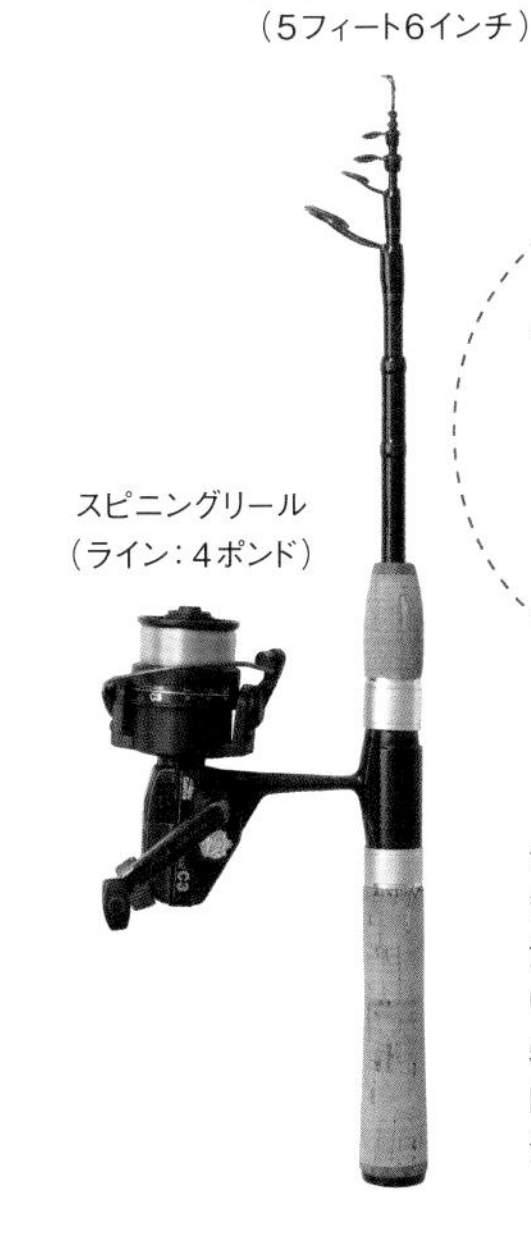

ルアー

金属やプラスチックでできた疑似餌を使う釣法。渓流魚の食い気や縄張り意識を利用して釣る。5フィート前後でコンパクトに収納できるロッドが渓流釣りによく使われる

提灯釣りとは？

長い竿に短い仕掛けを「提灯釣り」と呼ぶ。今の若い人は知らぬだろうが、電気のない時代、夜道を提灯で照らしながら歩くスタイルからの命名だ。仕掛けの先につけるのはエサでも毛バリでもいい。毛バリなら提灯テンカラになる。フライラインやテンカラ竿が振れないボサの多い沢などで無類の威力を発揮する。開けた沢でも、これ一辺倒で釣る人がいるほどだ

私の竿は6・2m。ラインは2号で1・3m。錘も目印もない。イワナをバカにするのかと言われそうな、鬼の仕掛けである。（高桑信一）

那須の峠沢を提灯テンカラで釣り上がる

渓流魚を釣るコツ

やみくもに竿を振っても、渓流魚が釣れる可能性は低い。魚がひそむポイントを覚えて、正確にエサを飛ばし、狙いどおりに釣る。これが渓流釣りの醍醐味だ。

釣りの基本 魚影が走ってから竿を出す。ただし、一度走られた魚は釣れないので、もう一段上のポイントから釣る。魚の気配がなければ、釣りは諦めたほうがいい。

渓流魚は警戒心が強く、エサが流れてくる上流を見ている。身を低くし気配を殺し、遠くからアプローチ。上流へ向かって釣っていく。

季節と時間帯 沢登りのハイシーズンとなる夏の季節は瀬に出ており、春や秋は釜にいることが多い。活発になる時間帯は、天敵に見つかりづらく、水生昆虫が多く流れる夕方で、それを夕(ゆう)マズメという。

狙う場所 大きく分けて、釜と淵と瀬がある。釜と淵は真っ先に流れの奥を狙いたくなるが、大場所に惑わされてはいけない。手前から狙うのがコツ。瀬は岩の裏側や両脇を狙う。支流に大物が潜んでいることもある。

釣り人に出会ったら まずは、にこやかに笑顔で挨拶。それから先へ進みたい旨を告げて、その場は迂回して上流から再び入渓するなど、提案を持ちかけよう。挨拶もせずにヅカヅカ進むのはマナー違反。双方が気持ちよく過ごせるように、最大の配慮と謙虚な気持ちをもとう。

渓流魚の食べ方

遡行中に釣った魚は、新鮮なうちにさばいて内蔵を取り出し、新聞紙などでくるむ。塩焼きにするなら塩をまぶし、味噌焼きなら味噌を塗る。ビニール袋に入れた市販のタレにニンニクを加え、そこに切り身を浸して蒲焼きで食べてもうまい。

ビバーク地の近くで釣った魚は、ホームセンターで購入できる水糸をエラから通して逃げないように結び、岩などに固定して生きたままにしておく。幕場に戻るとき、玉ねぎ袋などに入れて回収する。贅沢に寿司などでいただきたい。

ちなみに塩焼きを、外はパリッ、中はふっくら焼きあげるには、最低でも1時間半はかかる。うまいが実に根気が必要な料理である。

狙うポイント

釜や淵

釜や淵は流れがよどみ、いかにも渓流魚がいそうなポイントであるが、最初に狙うべきは流れが集まる手前の箇所(❶)。そこでアタリがなければ中心に狙いを移し(❷)、最後、両脇を探って反応を確かめる(❸)

瀬

岩の裏側や流れが集まる場所、瀬の両脇が初心者が釣りやすいポイント。星印がそれに当たる。狙い目を直接狙うか、エサ釣り、テンカラ、フライの場合は、エサや毛バリがポイントに流れ込むように上流から流す

渓流釣りの決まりとマナー

渓流で魚を取る行為は法律や条例で規制されている。遊漁券を購入し、定められた遊漁区、体長制限などに従うこと。産卵期にあたる秋から冬は禁漁期であることが多い。具体的な期間や決まりは、漁協か都道府県に確認する。

種を守るため乱獲も慎む。食べる分だけ釣り、小さいサイズや繁殖力が高い大きい個体はリリースしよう。21～27㎝が狙いどころ。

渓流魚のさばき方

1

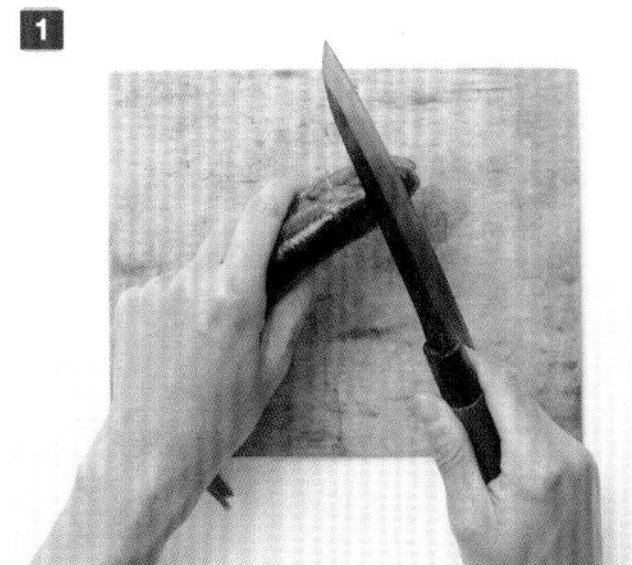

手頃な大きさの石かナイフの背で頭部を叩いて締める

2

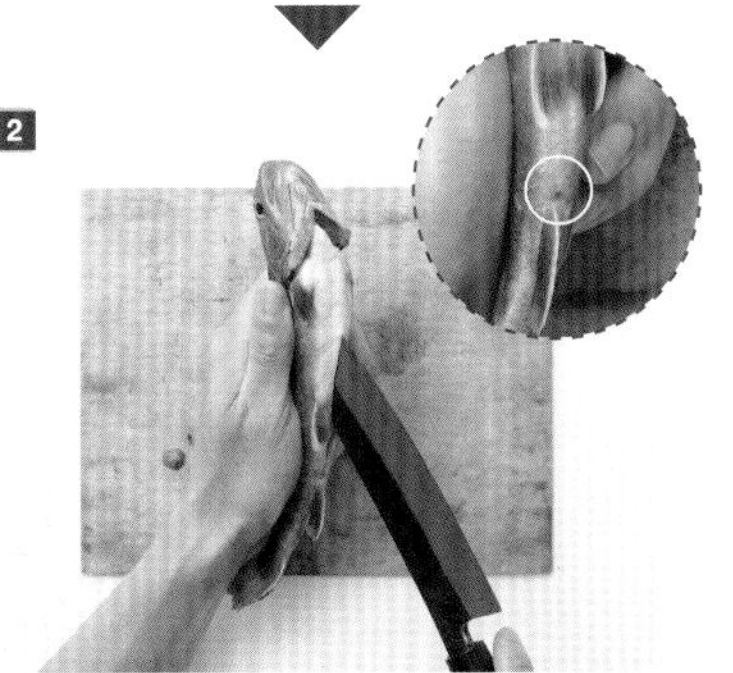

尻穴からナイフを入れて、腹部が完全に開くように首元まで腹を割く

3

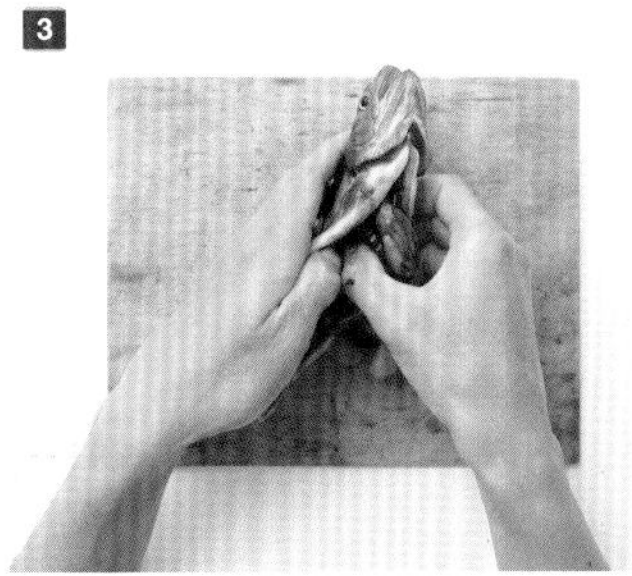

内蔵をつかんで取り出す。このときエラも一緒に取り除く

4

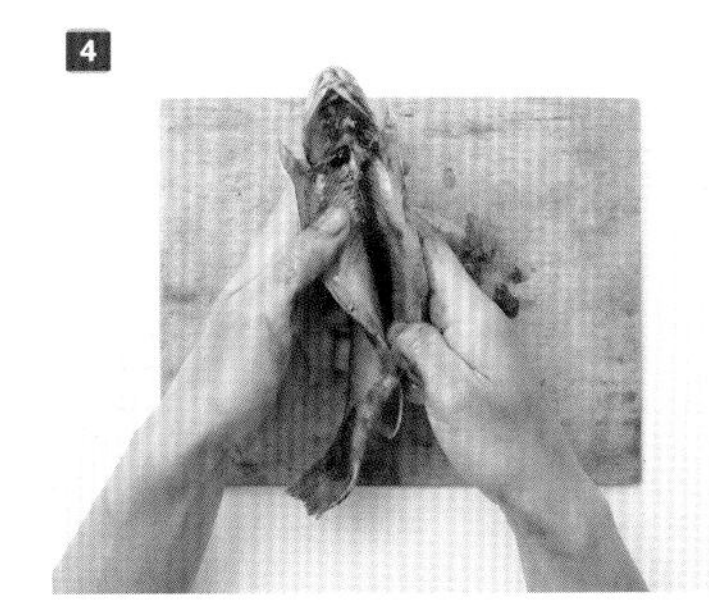

親指でこそぎ落とすように血合いを取る。沢水で洗っていいのはここまで

5

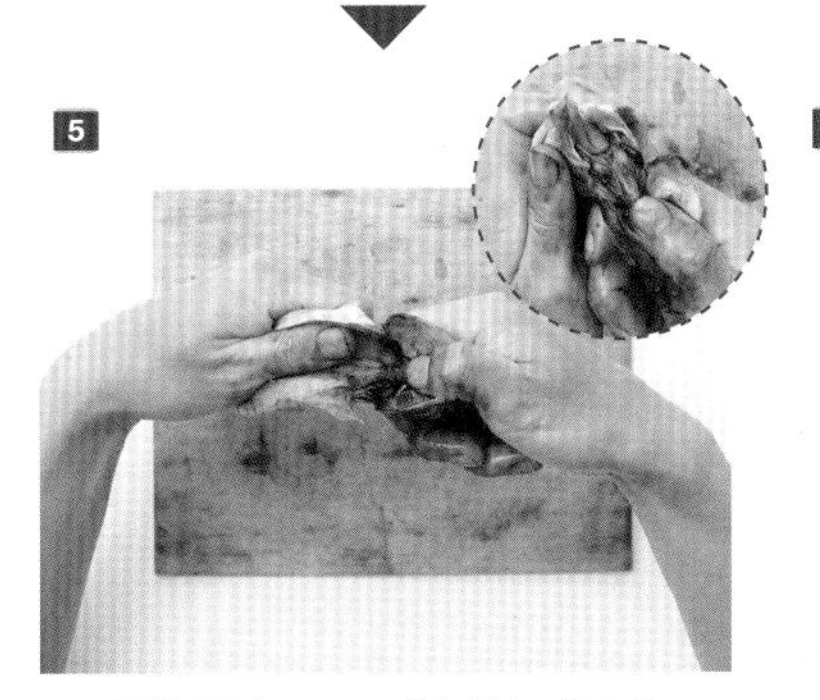

胴体と頭をつかんで首を折る。首の骨は力を込めると簡単にポキッと折れる

6

頭部を胴体を持つ手の反対方向へ力強く引っ張り、一気に皮を剥ぐ

7

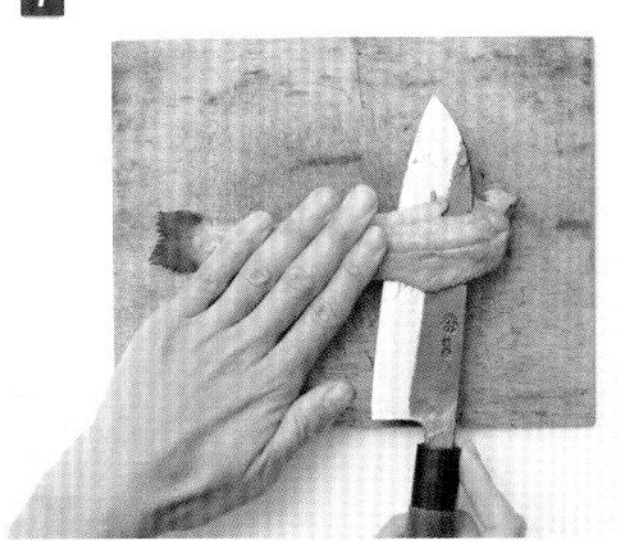

背骨に沿ってナイフを入れて、三枚におろしていく

8

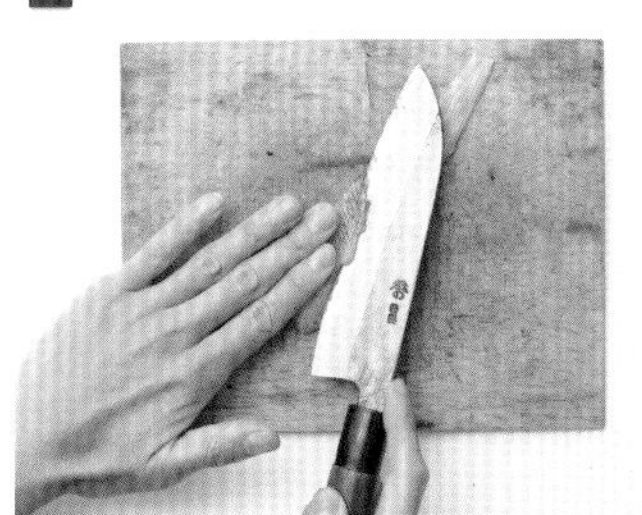

切り身の腹骨をすく。身を残すように薄くすくのがポイント

9

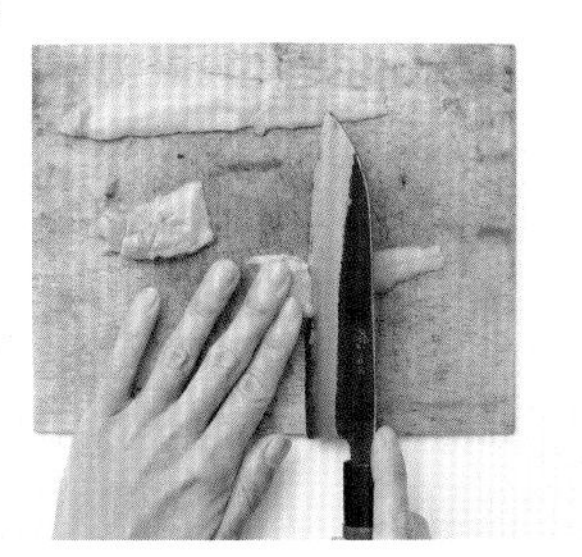

作る料理によって食べやすい大きさに切る

渓流魚のおいしい食べ方例

にぎり寿司

酢飯には市販の酢飯の素を使用。シャリを作る型が100円ショップなどで購入できる

漬け丼

大ぶりの刺身で作る。タレは市販品以外に、砂糖、醤油、みりんで自作も可

刺身

大物を釣ると味わえる逸品。遅くとも釣り上げてから1時間以内に食したい

Column 7

「四〇センチオーバーの夏」

～爆釣の奥利根遡行～

奥利根本谷を、ビデオ撮影の仕事で遡行したことがある。ある釣り雑誌の取材であった。

奥利根は利根川上流の水上以奥の最源流域を指すが、沢登りでは知られた険谷である。

YouTubeなど影も形もなく、DVDもなかった時代だ。

沢登りをしながら釣りにも手を染めたのは、流れにひそむイワナを食料にしたかったからだ。これに季節の山菜やキノコを加えれば、下界から背負いあげる食材は米と調味料だけでいい。軽量化を図ると同時に、山の恵みをいただくことで、渓と一体になれると信じたからにほかならない。

イワナを効率的におかずにする献立はどんぶりだった。山菜の山ウドの穂先とイワナの天ぷらを付け合わせた天丼は極上のうまさであった。

いまでは毛バリを使ったテンカラ釣り一辺倒になったが、当時はエサ釣りで、水中の川虫はもとより、トンボやバッタなどの季節の昆虫が主なエサだった。

仕掛けは、太く短いラインにデカいハリを直付けし、浮子も錘もない簡単なものだった。この仕掛けにしたのは、遡行スピードに支障を与えたくなかったからだ。イワナは流れの低層にも中層にもひそんでいるが、表層を泳ぐイワナだけを釣れば充分だったのである。

飯豊連峰胎内川支流鹿俣川で釣った40cmオーバー。下山日だったので無事流れに返された

深いゴルジュのガンガンの瀬音のなかで、泡立つ水面に投じたトンボをめがけて、四方の岩陰からイワナが殺到する。その光景が、いまでも鮮明に脳裏に残っている。

私たちの山岳会が標榜したのは、「渓谷から頂へ」であった。したがって、あくまでも遡行が主であり、釣りは従にすぎない。だが、取材の媒体は釣り雑誌である。存分に釣りをしながら遡行もこなし、坂東太郎の最後の一滴を極めて山頂に立つ、というのが目的であった。

山中4泊の末に完成したビデオのタイトルは『完全遡行　奥利根本谷・高桑信一の遡行哲学とイワナ釣り』だが、これに副題が付いた。「四〇センチオーバーの夏」である。

6mを超える竿の先に両手を広げるほどの長さのラインがあり、大きなハリにエサが付いているだけの無骨な仕掛けを、なんのためらいもなく尺を超える巨大なイワナがくわえるのだ。その光景は鮮烈であり、会心であった。それも1尾だけではない。私にも相棒にも、まるで神がかりでもしたかのようにイワナが殺到して、水面を炸裂させるのである。

奥利根本谷の遡行経験は多いが、これほど釣れたことは、かつてなかった。まさしく爆釣の名にふさわしい、奥利根の夏であった。

写真・文／高桑信一（文筆家、登山家）

Part 8

全国沢登りガイド

北海道……144
東北……146
南会津・上越……149
首都圏……152
日本アルプス……154
西日本……156
海外の沢……159

ルートカタログの見方

●グレード：総合グレードの基準は6等級グレードシステム（P19）を採用。さらに沢のタイプ、難度の性質を示すものとして登攀／水勢／泳ぎの3要素を4段階評価で示している。
●日程：遡行にかかる標準的な日数。
●適期：例年、一般的な遡行に適した時期。年により前後する。
●地図：国土地理院2万5000分ノ1地形図の図郭。

北海道

雄大な自然、原始の沢を満喫

中国、四国、九州を合わせた面積より少し狭いのが北海道である。広大な地域には知床連山、大雪山周辺、十勝連峰、日高山脈、増毛山塊、ニセコ連峰など、数えあげれば十指では足りない山域があり、沢の多様性は沢ヤには天国ともいえる。

最大の特徴は原始性だ。石狩川、十勝川、天塩川など大河には無数ともいえる支流があり、そこから派生する沢のなかには未知も多い。有名な沢を除けば、ほかのパーティに会うこともまれだ。原始性といえばヒグマとの遭遇もある。用心に越したことはないが、必要以上に過敏になることはない。ほとんどの場合、人間の存在を知ったヒグマは遠のいていく。エキノコックスは、沢水を煮沸して飲用することでリスクを防げる。

ほとんどの沢は源頭から先でヤブこぎが避けられない。標高にもよるが、密集したササや灌木、ハイマツが待ち構える。それが30分なら軽い部類で、１時間なら充分許容範囲だ。札幌を起点に移動を考えたとき、知床半島、日高山脈、道南の狩場山地、松前半島などは行くだけで半日から１日かかる。結果、強行スケジュールが必然となり、復路の交通事故対策が欠かせない。遠征には必ず複数の運転手をそろえることだ。

大雪山、十勝連峰

標高２０００ｍ前後の広大な一帯から十勝連峰までは大雪山国立公園に入っている。大河の石狩川、十勝川の源流域というだけでも、沢ヤには魅力たっぷりだ。クワウンナイ川が全国にその名を轟かせるが、トムラウシ川ヒサゴ沢や石狩川支流白水川など名渓は引きも切らない。

日高山脈

南北１５０kmに及ぶ褶曲山脈の沢の特徴は、原始性、狭い谷間、むき出しの岩稜だ。登山道が少なく、下降も沢をたっぷり味わえる。ソエマツ岳、ピリカヌプリへ突き上げるヌビナイ川の七ツ釜は有名だが、それは浜辺の一砂にすぎない。トヨニ岳から楽古岳への南日高周辺にも日帰り可能な秀渓が多い。

文／岩村和彦　写真／岩村和彦、阿部博子

北海道

日高山脈・日高幌別川水系メナシュンベツ川支流

ニオベツ川

力量に合わせて小滝登りを楽しむ

総合グレード:2級

項目	内容
登攀	★★★
水勢	★★
泳ぎ	なし
日程	前夜発日帰り
適期	7月～9月中旬
地図	楽古岳

数ある日高の沢でも初級から中級まで誰もが満足する筆頭の沢だ。1時間の平凡な歩きから一気に始まる怒涛のごとき滝の連続は時間の経過を忘れる。微妙な小滝も多く、気を抜くとしっぺ返しに遭う。無理すれば札幌から日帰りも可能だが、前夜は楽古山荘泊がいい。復路は南コルからの沢がおもしろいが、落石には注意だ。

北海道

大雪山・石狩川水系忠別川支流

クワウンナイ川

巨大なナメの中を行く

総合グレード:2級上

項目	内容
登攀	★★
水勢	★★★
泳ぎ	なし
日程	前夜発2泊3日
適期	8月～9月上旬
地図	旭岳、トムラウシ山

この沢の最大の魅力は延々と2km近く続く巨大なナメだ。天人峡温泉から7時間前後は平凡な河原歩きで魚止めの滝へ。通常はここで泊まり、その上から核心部が始まる。あいた口が塞がらない。誰もがわれを忘れるほどのナメはいったん滑ると危険が増す。増水時は絶対避けよう。源頭風景も桃源郷だ。2泊目はヒサゴ沼がいい。

北海道

白老岳周辺・白老川水系

大星沢右股・三重ノ沢

白老川本流にある白老滝は必見だ

総合グレード:2級

項目	内容
登攀	★★
水勢	★★
泳ぎ	なし
日程	日帰り
適期	6月中旬～10月上旬
地図	白老岳、徳舜別山

どちらも白老川支流にあり、2つセットで登られることが多い。北海道では初心者向き入門コースの代表的な存在といえる。清流に加え、岩盤の美しさには目を見張る。ナメ、小滝、釜が次々現われ、沢のワンダーランド状態だ。札幌を朝5時に出れば日帰り可能な地域性もいい。遡行者の99%はここで沢のとりこになるだろう。

北海道

知床連山・知西別川水系

知西別川

崖も岩床も柱状節理の中を行く

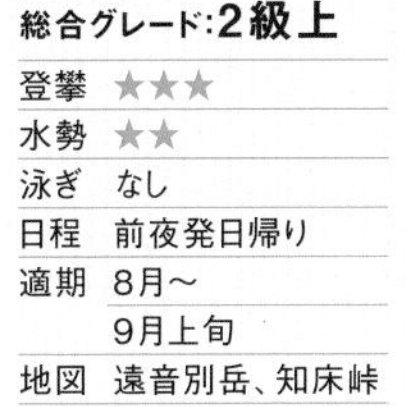

総合グレード:2級上

項目	内容
登攀	★★★
水勢	★★
泳ぎ	なし
日程	前夜発日帰り
適期	8月～9月上旬
地図	遠音別岳、知床峠

ゴールが羅臼湖となるこの沢の魅力は柱状節理の岩盤と、迷路のような巨岩の乗り越えだ。665m付近の大滝が最大の難関だ。8月だとまだ雪渓が残る。左20mから巻くのがいいが、バイルは必携で後続にはロープを出そう。メンバー次第で所要時間が変わる。静寂な羅臼湖に映る知西別岳が疲れを癒やしてくれるだろう。ワイルドさはピカイチだ。

北海道

札幌近郊・新川水系

琴似発寒川

440mからすぐに渓流美が始まる

総合グレード:1級上

項目	内容
登攀	★★
水勢	★★
泳ぎ	なし
日程	日帰り
適期	6月下旬～9月下旬
地図	手稲山

札幌市中心部から入渓点まで、徒歩を入れても1時間余り。そんな沢ならやめたと思うのは早計。苔むした渓相にうっとりする間もなく、次々と滝とイワナが現われる。巻くか直登かは経験値と気温次第だ。暑い時期なら大滝で水浴びも気持ちいいい。440mで入渓し、660m大滝までが一般的だが、300mの砂防ダムからもおすすめだ。

北海道

天塩山地・天塩川水系

天塩川

苔むした渓相には心身共に癒やされる

総合グレード:2級

項目	内容
登攀	★★
水勢	★★
泳ぎ	なし
日程	前夜発日帰り
適期	8月～9月中旬
地図	天塩岳、宇江内山

256kmと日本で4番目に長い大河の源頭は天塩岳のすぐ下にある。登り系の沢ではない。まさに癒やし系の渓流美こそが最大のウリだ。盛夏もいいが、8月上旬だとまだ雪渓が残る。紅葉のころの遡行もいい。フェルト靴とともにスパイク靴もここの岩には合っている。復路の夏道も選択肢が多い。無料の天塩岳ヒュッテは実に快適だ。

東北

深い森、穏やかな渓を沢旅でめぐる

東北の山の特徴は、緯度が高く標高が低い点にある。標高が上がれば亜寒帯の針葉樹になるが、多くはそれ以下の中級山岳で、ブナ帯の植生をもつ。渓谷もブナの原生の森を源流として流れるもので、沢旅と呼ぶにふさわしい遡行を味わえる。

大半が深い森の、滝の少ない穏やかな渓だ。沢旅を楽しむのだから1泊以上の遡行になるが、問題は雪渓処理と水量である。近年の突発性の豪雨には十二分の注意が必要だ。

白神山地

言わずと知れた世界遺産の山。穏やかな渓が多く、赤石川や追良瀬川、滝川や大川など、主要な沢のほとんどが1泊以上の遡行を強いられる。しかし山の深さと森の美しさは一級品なので、存分に楽しみたい。

八幡平と裏岩手連峰

秋田と岩手県境には名渓が多い。その代表的なものが大深沢と葛根田川である。それぞれが放射状の支流をもち、独自に遡行してもいいが、両者を結んで自在に遡下降を組めば、変化に富んだ沢旅が楽しめるだろう。

和賀山塊

主峰の和賀岳と羽後朝日岳の周辺に、堀内沢や生保内川、和賀川などの名渓がひしめく。同じ渓のなかにも難易が混在するので、自分の力量に合わせて計画を立てたい。

月山

長大な立谷川のほかにも、岩根沢登山口の上部に、あまり遡行者の訪れない濁沢やサカサ沢がある。ほかに、山頂にダイレクトに突き上げる藤島川の笹川があるが、遅くまで雪渓が残ると厄介な渓になる。

朝日・飯豊連峰

東北南西部に位置するこの山系が特殊なのは、標高の高さと山域の広大さからくる渓の難しさがあるからだ。なかでも飯豊連峰の渓の難しさは特筆していい。朝日連峰の八久和川は、東北を代表する名渓であろう。

文／高桑信一　写真／高桑信一、下田隆三、白鳥陽太郎

秋田県

和賀山塊・玉川水系

堀内沢 マンダノ沢

総合グレード:2級

登攀	★★
水勢	★★
泳ぎ	★
日程	前夜発2泊3日
適期	7月下旬～10月上旬
地図	抱返り渓谷・羽後朝日岳

上天狗沢は下流にあるが「上」が付く

仙北マタギが闊歩した悠久の渓。マンダノ沢に入るまで滝はないが、ワニ岩や三角錐岩などの奇岩があって変化に富む。マンダノ沢は多くの滝とゴーロで気が抜けない。やがて「蛇体淵」が幽玄の雰囲気を漂わせる。二俣を左の上天狗沢に入ってつめると羽後朝日岳に出る。下降は部名垂沢。遡行に専念すれば1泊だが、ぜひ2泊したい名渓だ。

宮城県

二口山塊・名取川水系

大行沢

登山道が最接近するナメ帯から入渓する

総合グレード:1級

登攀	★
水勢	★
泳ぎ	★
日程	前夜発1泊2日
適期	7月下旬～10月上旬
地図	作並

下流から遡行すれば充実するが、通常は登山道を使って避難小屋下流のナメ帯から入渓する。この美しいナメ帯が大行沢の白眉だ。樋ノ沢の避難小屋に泊まってもいいが、そのまま沢を遡れば穏やかなテント場に事欠かない。難しい箇所はなく、稜線に出て南面白山を往復し、小東岳を経て登山道を下れば避難小屋に戻ることができる。

山形県

吾妻連峰・阿武隈川水系

前川大滝沢

凄まじい大滝だが、左手に巻き道がある

総合グレード:1級

登攀	★
水勢	★
泳ぎ	★
日程	前夜発日帰り
適期	7月下旬～10月上旬
地図	天元台

入渓は、滑川温泉福島屋の下の橋からで、ほどなく15m滝が出てきて、少し緊張する。以後はしばらく平凡で、やがて大滝80mが圧巻の姿を見せる。これは左に巻き道がある。以後は登山道と並行しているので、そのまま滑川温泉に下れば日帰りだが、せっかくなので上流をめざしたい。潜り滝を過ぎたら登山道を使って明月荘に出る。

岩手県

八幡平・北上川水系

葛根田川 北ノ又沢

総合グレード:2級

登攀	★
水勢	★★
泳ぎ	★
日程	前夜発1泊2日
適期	7月下旬～10月上旬
地図	曲崎山、秋田駒ヶ岳

「お函」はすべて左岸を歩く

東北の名渓で知られる。闊達な流れとブナの原生林が秀逸。中流部の「お函」と呼ばれるゴルジュが壮観。お函はすべて左岸を通過する。中ノ又沢を分けると15mの葛根田大滝で、右手に巻き道がある。滝ノ又沢を過ぎてすぐ左の滝を登ると二俣で、どちらからでも稜線に立てる。稜線には登山道が延びているので、自在な計画が可能だ。

青森県

白神山地・追良瀬川水系

追良瀬川

総合グレード:2級

登攀	★
水勢	★★
泳ぎ	なし
日程	前夜発2泊3日
適期	7月下旬～10月上旬
地図	白神岳・二ッ森

追良瀬川は、上流ほど穏やかになる

世界遺産のため入山届が必要。追良瀬堰堤が起点になる。全体に変化に富んだ渓相が続くが滝はない。五郎三郎沢の少し上で、白神岳への最短コースであるウズライシ沢を合わせるが、本流を遡行したほうが充実する。マス止の「淵滝」を越えてサカサ沢をつめ、尾根を越えて秋田側の真瀬川に下りる。源流の「日暮らしの滝」が圧巻。

山形県・新潟県

朝日連峰・赤川水系

八久和川

長大な谷ゆえに泳ぎを強いられることも

総合グレード:4級

登攀	★★★
水勢	★★★
泳ぎ	★★
日程	前夜発4泊5日
適期	7月下旬～10月上旬
地図	大鳥池・大井沢・相模山・朝日岳

遡行距離20数kmに及ぶ東北屈指の長大な谷で、人工物を介在しないダイナミックな遡行が味わえる。上部に近づくまで滝はないが、的確な判断と遡行技術が求められる。中流を横切る登山道から上部を遡行しても楽しめる。源流部にある「呂滝」と呼ばれる美しい滝は一見の価値がある。

秋田県

森吉山塊・阿仁川水系

ノロ川桃洞沢

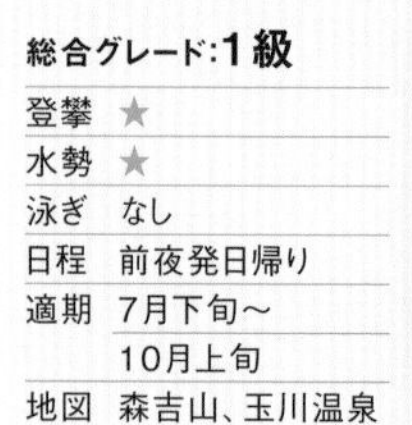

総合グレード:1級

項目	内容
登攀	★
水勢	★
泳ぎ	なし
日程	前夜発日帰り
適期	7月下旬〜10月上旬
地図	森吉山、玉川温泉

ノロ川の象徴である「桃洞ノ滝」が圧巻

天下の奇観、神秘の滝として知られる「桃洞ノ滝」が鎮座している。行政によって傷つけられたが、その威容は健在だ。滝の前後は全編これ圧倒的なナメである。通常は隣接する赤水沢と継続するが、地形図にはない「裏安歩道」を使い、高場・割沢分岐を経て黒石林道に下れば周回できる。源頭には「桃洞・佐渡の杉原生林」がある。

新潟県

飯豊連峰・加治川水系

内ノ倉川七滝沢

総合グレード:2級

項目	内容
登攀	★
水勢	★
泳ぎ	なし
日程	前夜発1泊2日
適期	7月下旬〜10月上旬
地図	上赤谷、二王子岳

七滝は登るのではなく眺めるための滝だ

なんといっても七滝が圧巻。七滝はすべて右を巻く。滝上から小滝が連続し、これを越えると静謐な河原となって、格好のテント場を与えてくれる。源頭で古い水路を見出すと二王子岳は近い。山頂には避難小屋があって泊まることができる。下山は参拝道として使われた登山道を、二王子神社に向けて下るが、車の回収に難が残る。

新潟県

朝日連峰・三面川水系

長津川

総合グレード:1級

項目	内容
登攀	★
水勢	★
泳ぎ	なし
日程	前夜発1泊2日
適期	7月下旬〜10月上旬
地図	三面

小さな滝が断続して現われ、すべて登れる

入渓地は廃村になった柳生戸。古くは山形の小国と結ぶ塩の道があった。長津川はその道に沿うように続く。滝はいくつかあるが、すべて登れる。短いゴルジュが点在する平沢なのでテント場には事欠かない。終了点は塩の道の大峠。軽装なら日帰りも可能だが、1泊して沢旅を楽しみたい。

山形県

月山・立谷川水系

立谷川清川

総合グレード:1級

項目	内容
登攀	なし
水勢	★★
泳ぎ	なし
日程	前夜発2泊3日
適期	7月下旬〜10月上旬
地図	月山

滝はないが、豊富な水量を楽しむ

信仰の山、月山を貫く渓。難しい滝もなく、清らかな流れを楽しみながら遡行できる。初日は清川橋付近で泊まり、2日目は源流にある無人の清川行人小屋に泊まる。岩根沢登山口から月山に詣でたゆかりの小屋で、3日目は登山道を使って山頂に立つ。下山口は、弥陀ヶ原、姥沢、岩根沢、肘折温泉と多彩である。

秋田県

森吉山塊・阿仁川水系

連瀬沢

総合グレード:2級

項目	内容
登攀	★★
水勢	★
泳ぎ	★
日程	前夜発日帰りまたは1泊2日
適期	7月下旬〜10月上旬
地図	太平湖、森吉山

連瀬沢の核心部分を遡行する

阿仁マタギで知られる森吉山に突き上げる沢。本流の小又川から忠実に遡行してもいいが、近年は登山道の途中から入渓するのが主流である。軽量化に徹すれば日帰り可能だが、重荷を背負って渓に宿れば森吉山の神髄を味わえる。源頭は深いヤブに苦しめられるが、稜線のお花畑と雄大な山頂が苦労を慰めてくれるはずである。

秋田県

八幡平・玉川水系

大深沢本流

総合グレード:2級

項目	内容
登攀	★★
水勢	★★
泳ぎ	★
日程	前夜発2泊3日
適期	7月下旬〜10月上旬
地図	八幡平、曲崎山

深山幽谷と呼ぶにふさわしい谷である

八幡平を代表する名渓。下部から忠実に遡行すれば2泊。稜線から下降しての入渓もできる。隣接する葛根田川から継続すれば、より充実した沢旅が楽しめる。イワナが豊富なので、釣りも楽しみたい。源流のナイアガラの滝は一見の価値あり。滝上の長大なナメも見事。遡行後は稜線の登山道を利用する。大深山荘は快適な避難小屋。

南会津・上越

豪雪の恵み、豊かな森と渓谷美

南会津は、行政として東北に区分されるが、山域としては平ヶ岳を仲介した上越国境山群と連動したほうがわかりやすい。

南会津の特徴は、その山深さにあって、昔から里人が山仕事の場として用い、親しんだ山塊。一方の上越国境山群は奥利根を含むが、脊梁山脈を擁するだけに、険悪なゴルジュや厄介な雪渓が遡行者を苛む一級品の渓がそろっている。

また、北部の下田・川内山塊は新潟県に位置するが、小ぶりだが峻烈な渓が待ち受けている。

奥利根

矢木沢ダムを中心に、大小さまざまな百本の渓が居並ぶ。なかでも日本三大渓流のひとつに数えられる利根川本谷は、本邦でも屈指の難渓。流域には闊達な流れの楢俣川や明媚な宝川がある。

谷川連峰

谷川岳の岩壁をめぐる湯檜曽川や南面の赤谷川本谷と笹穴沢、北に万太郎谷。峰続く巻機山にも米子沢などの知られた名渓がある。

越後三山

ほとんど登攀の連続と言ってもいいオツルミズ沢を筆頭に水無川、北ノ又川など、雪崩に磨き込まれた谷筋が展開する。また、三国川流域も侮れない渓が多く存在する。

駒・朝日山群

これぞ南会津の神髄を形成する山塊。黒谷川の大幽東ノ沢と西ノ沢、あるいは白戸川のメルガ股沢や会津駒ヶ岳に突き上げる御神楽沢の流麗な渓相が遡行者を魅了する。

下田・川内

北の川内山塊には、早出川流域の宝石のような美渓が展開するが、渓に嫌われ者のメジロアブやヤマビルが遡行者を苦しめる。稜線を挟んだ下田山塊には、青い水と花崗岩が美しさを演出する光来出川、連接する大川も美しさでは引けを取らない。

文／高桑信一　写真／高桑信一、吉澤英晃、昭和山岳会

新潟県

奥只見・只見川水系

恋ノ岐川

晴れた日にこそ遡行したい沢

総合グレード:2級

登攀	★
水勢	★
泳ぎ	★
日程	前夜発2泊3日
適期	7月下旬〜10月上旬
地図	平ヶ岳

輝くばかりの渓相に小粋な滝が連続し、これぞ沢登りと言わんばかりの遡行を楽しめる。源頭は言わずと知れた平ヶ岳。日本百名山のなかでも遠い頂のひとつだ。登山道を登って、オホコ沢を下っても入渓が可能である。イワナもまた豊富。のびやかな湿原を愛でながら山頂を踏む愉悦は格別だ。山頂からは奥利根の山々が指呼の間にある。

群馬県

奥利根・利根川水系

利根川本谷

剣ヶ倉土合にあるヒトマタギは目前だ

総合グレード:5級

登攀	★★
水勢	★★
泳ぎ	★★
日程	前夜発3泊4日
適期	7月下旬〜10月上旬
地図	奥利根湖、兎岳

坂東太郎の最源流、群馬県の聖地。大利根滝以外に目立った滝はないが、徒渉、高巻き、へつりに加え、分厚い雪渓やオイックイなどの険悪なゴルジュが遡行者を苛む、国内有数の難渓。ひるむことなく、積極的に活路を見出してほしい。以前は湖岸道も使えたが、近年は渡船による入渓しかアプローチは残されていない。

群馬県

谷川連峰・利根川水系

ナルミズ沢

水量によって難易度が変化するので注意

総合グレード:2級

登攀	★
水勢	★
泳ぎ	なし
日程	前夜発1泊2日
適期	7月下旬〜10月上旬
地図	藤原、茂倉岳

奥利根の至宝と言っても過言ではない名渓。近年は土合から丸山越えの入渓が多いが、宝川からアプローチするのが王道である。広河原で左にウツボギ沢を分けるが、かまわず進む。魚止滝を越え、源頭に至ると大きく開ける。稜線に出ると、魔の山で知られた谷川岳の岩壁群が眼前に展開する。下降は朝日岳から分かれる登山道を下る。

新潟県

巻機山・魚野川水系

ヌクビ沢

ヌクビ沢は米子沢を訪れる前に登りたい

総合グレード:1級

登攀	★
水勢	★
泳ぎ	★
日程	前夜発日帰り
適期	7月下旬〜10月上旬
地図	巻機山

ヌクビ沢は一般登山道でもある。したがって、ポイントにはすべてマークが記され、ロープなどが施されている。しかし、基本的には沢登りと変わらない難しさがある。そのため、登り専用とされている。その渓谷美は目を見張るほどだ。大きな滝やナメ滝が連続し、美しさを保ったまま割引岳と巻機山のコルに突き上げる。

新潟県

越後三山・魚野川水系

水無川 オツルミズ沢

難関のカグラ滝80mは右壁を登る

総合グレード:5級

登攀	★★★
水勢	★★
泳ぎ	★
日程	前夜発2泊3日
適期	7月下旬〜10月上旬
地図	八海山

越後三山における究極の難渓。カグラ滝、サナギ滝と手ごわい滝が続き、その上のゴルジュ帯を左から高巻くと大滝になるが、ここまですべてロープを使用する。大滝を越えると渓は明るく開け、源頭の様相を呈するが、滝はさらに際限なく続く。ナメを交えた小滝を遡ると駒の小屋に出る。遡行時間は雪渓の状態によって左右される。

長野県

志賀高原・中津川水系

魚野川本流

イワスゴゼンは右から楽に登れる滝だ

総合グレード:3級

登攀	★★
水勢	★★
泳ぎ	★
日程	前夜発2泊3日
適期	7月下旬〜10月上旬
地図	岩菅山、佐武流山

信濃川と日本海を母として流れる魚野川本流は、深い原生の森を流れて飽きさせない。ゼンと呼ばれるいくつもの滝は見応えがあり、いずれも登攀可能だ。小ゼン沢が唯一の最適なエスケープルートで、以奥の源流は、いずれも深いヤブこぎが待っている。以前は古い小屋掛けが点在して職漁の名残を留めていた渓で、イワナが多い。

新潟県

川内山塊・阿賀野川水系

早出川本流 割岩沢

ジッピは通常泳ぐが、高巻きも可能

総合グレード:**4級**

登攀	★★★
水勢	★★
泳ぎ	★★
日程	前夜発3泊4日
適期	7月下旬～10月上旬
地図	室谷

下田・川内山塊の中核の渓である。早出ダムから遡行するのが王道だが、室谷から一ノ俣乗越経由が妥当だろう。低山ながら花崗岩に刻まれた渓谷が美しい。滝の後退現象であるジッピの奇観を泳ぎ抜けて源頭に至ると、あとは逃げ場のない滝の数々を忠実に登攀して山頂をめざす。山頂からは魚止山を経て、室谷まで踏み跡が延びている。

群馬県

谷川連峰・利根川水系

湯檜曽川本谷

核心部を越えると大滝40mは近い

総合グレード:**3級**

登攀	★★
水勢	★★
泳ぎ	★
日程	前夜発1泊2日
適期	7月下旬～10月上旬
地図	茂倉岳

谷川岳の岩壁群を支えるようにめぐる沢。10m程度の顕著な滝がいくつも続くが、慎重に登れば問題ない。大滝40mを越えてすぐ峠ノ沢に出合う。ここから清水峠に抜けてもいいが、せっかくだから朝日岳をめざしたい。二俣はビバーク適地。あとは問題なく遡行して朝日岳に立つ。下山は白毛門を経て土合まで4時間とみればいい。

新潟県

下田山塊・五十嵐川水系

笠堀川光来出川

白根丸渕が満々と水をたたえている

総合グレード:**3級**

登攀	★★
水勢	★★
泳ぎ	★
日程	前夜発2泊3日
適期	7月下旬～10月上旬
地図	粟ヶ岳

下田山塊の核心と呼ぶにふさわしい渓で、うまくいけば粟ヶ岳のロボット雨量計に突き上げる。以前は笠堀ダムの渡船が使えたが、近年はダムのかさ上げ工事で湖岸道が荒廃し、アプローチが難しい。それでも白根丸渕までは踏み跡が使えるかもしれない。以後は快適な遡行になるが、滝が連続して気が抜けない。

群馬県

谷川連峰・利根川水系

赤谷川本谷

裏越ノセン、最下段のF滝

総合グレード:**3級**

登攀	★★★
水勢	★★
泳ぎ	★
日程	前夜発1泊2日
適期	7月下旬～10月上旬
地図	三国峠、水上

ドウドウセンを擁する谷川岳南面の沢。入渓者は多くなく、闊達とはいえないがマワットノセン、裏越ノセンなど、おもしろい滝が連続する。ドウドウセンの登攀はすでになされたが、無理をせず右岸を高巻く。ここから先は渓相も一変して開放感に満ちているので迷わず泊まりたい。下山は肩ノ小屋を経て土合に下りる。

福島県

駒・朝日山群・黒谷川水系

黒谷川大幽東ノ沢

二俣からすぐにサワグルミの純林になる

総合グレード:**2級**

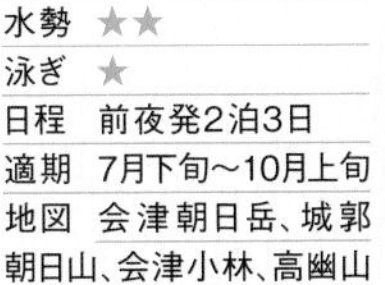

登攀	★
水勢	★★
泳ぎ	★
日程	前夜発2泊3日
適期	7月下旬～10月上旬
地図	会津朝日岳、城郭朝日山、会津小林、高幽山

南会津を代表する渓。道なき山頂の湿原は南会津の象徴のごとき存在。ブナはもとよりサワグルミの純林が渓畔林を形成し、幽玄な雰囲気を醸し出している。沢中合と呼ばれる窪ノ沢手前のゴルジュは、右に巻き道がある。以後は順調に高度を上げるが、稜線のヤブにつかまるかもしれない。山頂からは往路を下るのが順当である。

群馬県

奥利根・利根川水系

楢俣川本流

前深沢手前の滝を登る。少し手ごわい

総合グレード:**2級**

登攀	★
水勢	★★
泳ぎ	なし
日程	前夜発1泊2日
適期	7月下旬～10月上旬
地図	藤原、至仏山

至仏山と平ヶ岳に肉薄する奥利根の佳品。奈良俣ダムの湖岸道歩きの3時間が鬼門だが、その鬼門をクリアすると、利根川本谷とは異質のおだやかな空間が待っている。いくつかの滝はそれなりに手ごわい。南沢を過ぎると源頭で、やがて赤倉岳との肩に出る。下山は往路を戻るのがいいが、船を待たせて奥利根湖に下ってもいい。

首都圏

東京起点、日帰りで楽しめる沢も多い

東京を起点として気軽に沢登りを楽しめる山域が多く、初心者から熟達者まで多くの遡行者に親しまれている。ヤマビルが生息域を広げ、入渓しにくくなっている山域がある。

丹沢山塊

交通の便がよく、東京圏の沢登り愛好家には、最も親しまれてきた山域だが、近年ヤマビルが生息域を広げ、今では気軽に沢登りが楽しめるのは、花崗岩質のきれいな沢の多い西丹沢の中川川左岸流域と世附川流域だけとなってしまった。

丹沢山塊の遡行適期は、ヤマビルが休眠している春先と晩秋以降か、ヒルの少ない晴天の日に限られる。

奥多摩

急峻で深く険しい谷が多く、釜のへつりを主体とした遡行の楽しめる初級者向きの沢が多い。集中豪雨や台風の被害が大きく、奥多摩を代表する沢の多い日原川水系は、日原林道と小川谷林道が通年通行止めとなっている。多摩川流域の大丹波川真名井沢、入川谷、水根沢谷や秋川水系は豪雨の被害が少ない。

奥秩父

山梨県側の笛吹川流域と多摩川流域、埼玉県側の荒川流域の沢に分けられ、県境の山々を挟んで景観が異なる。笛吹川流域の沢は、アプローチが短く、東京圏から日帰りのできる沢が多く、花崗岩の明るく、登攀的な沢が多い。多摩川源流域や荒川源流域の沢は、交通の便が悪く、苔むした深山幽谷の趣の沢が多い。

その他

大菩薩、奥武蔵、西上州、足尾、奥日光、奥鬼怒、尾瀬と身近な山域に多くの楽しめる沢がある。

■**大菩薩**
小室川谷、葛野川流域

■**奥武蔵**
浦山川大久保谷、冠岩沢、川浦谷、谷津川本谷

■**妙義**
入山川裏谷急沢、中木川谷急沢、小山沢、碓氷川本谷、墓場尻川

■**足尾**
泙川本支流、渡良瀬川上流部

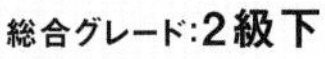

奥日光・鬼怒川水系

大谷(だいや)川柳沢(やなぎさわ)川

右俣スダレ状2段15m滝

総合グレード:2級下

登攀	★★
水勢	★
泳ぎ	なし
日程	前夜発日帰り
適期	5月下旬～10月中旬
地図	丸沼、男体山

奥日光ではいちばん美しいといわれる沢で、特に右俣はスダレ状のナメ滝が続き非常にきれい。右俣を登り稜線に出て、滝の多い隣の左俣右沢を下降するのが一般的だが、連瀑帯を越えると平凡な沢床となるので、最近は左俣右沢が近づくP2004付近の右岸尾根に上がり二俣に下りるコースをとるパーティが多い。

神奈川県

丹沢・神ノ川水系

神(かみ)ノ川伊勢(いせ)沢

大滝は左岸の枝沢から高巻く

総合グレード:2級

登攀	★★
水勢	★★
泳ぎ	なし
日程	前夜発日帰り
適期	5月上旬～11月上旬
地図	中川、大室山

裏丹沢に位置し、アプローチの不便さ、行動時間の長さから入渓する人は少なく、静かな沢登りが楽しめる。変化に富んだ大中小の滝と渓相、豊富な水量が特徴のこの沢は、全体的に登攀的な滝が多く、特に、2段15m滝左壁と大滝の登攀は登攀グレードが上がる。大滝の巻きも高度感があり、いやらしい。

群馬県

上州武尊・利根川水系

利根(とね)川武尊(ほたか)沢

源頭部の滝を登る

総合グレード:2級

登攀	★★
水勢	★
泳ぎ	なし
日程	前夜発日帰り
適期	6月～10月
地図	藤原湖、鎌田

遡行対象となる剣(けん)ヶ峰山登山道の横断地点から上流は、しばらくは傾斜のあるゴーロが続く平凡な沢筋だが、次第に両岸の岩壁が沢床を威圧するようになる。ナメ滝やナメ床が続き、岩壁の草付には高山植物も咲き乱れる。源頭部は露岩帯となり、沢床を覆いかぶすかのように広がる岩峰群は見事だ。

東京都

奥多摩・多摩川水系

峰谷(みねだに)川坊主(ぼうず)谷

4連瀑入口の2連瀑の滝

総合グレード:1級上

登攀	★★
水勢	★★
泳ぎ	なし
日程	日帰り
適期	4月中旬～11月
地図	奥多摩湖、丹波

奥多摩の沢のなかではマイナーだが、中流部までは滝場がまとまり、水量もあって、小ゴルジュ部分の連瀑帯の突破や小滝の深い釜のへつりなど、水線遡行に徹すれば夏向きの楽しい沢。上流部は取水設備やワサビ田跡が連なり、渓も荒れてくるので中ノ沢出合上の堰堤を越えたところで水源巡視路に出るとよい。

群馬県

西上州・神流川水系

神流(かんな)川橋倉(はしくら)川本谷

コロシアム型のくの字滝。上部は見えない

総合グレード:2級

登攀	★★
水勢	★★
泳ぎ	なし
日程	日帰り
適期	5月～10月
地図	神ヶ原

水が非常にきれいで、特徴のある滝やゴルジュが発達し、岩壁に造形された景観はすばらしいの一言。水に浸かることも多く、沢登りの楽しさ、すばらしさを味わうことのできる夏向き、西上州一ともいえる秀渓だ。2019年の台風で二俣下の右岸の山肌が崩落し、多くの釜が土砂に埋まってしまったのは残念。

山梨県

奥秩父・丹波川水系

一之瀬(いちのせ)川大常木(おおつねぎ)谷

五間ノ滝は右側をへつり、滝に取り付いて登る

総合グレード:2級

登攀	★★
水勢	★★
泳ぎ	★★
日程	1泊2日
適期	5月中旬～10月
地図	丹波、柳沢峠、雲取山

多摩川源流域一の美渓といわれ、特にカンバ谷まで続くゴルジュは、大常木谷の核心部。深い谷底に多くの滝を懸け、千苦(せんく)ノ滝以外はすべて登れる。沢登りの楽しさ、おもしろさが凝縮された一級の谷だ。バスの便はなく、日帰りは難しいが、大常木林道が渡る会所(かいしょ)小屋跡で遡行を打ち切れば日帰りも可能だ。

日本アルプス

3000m級の山々がつくりだす険谷

日本アルプスは南アルプス（赤石山脈）、中央アルプス（木曽山脈）、北アルプス（飛騨山脈）の3つの山域から構成されている。

南アルプス

主な河川は、西側から発する水脈は天竜川の支流となり、間ノ岳の南側を中心とした中央から発した水脈は大井川となり、東側から発する水脈は富士川の支流の早川となる。沢登りのルートとして人気が高い沢は大井川流域に集中している。主脈の山は3000mを超え、海に近い南アルプスの沢は急峻なイメージだ。伐採工事が奥まで行なわれたことで、林道が奥深くまで入り込んでいるためか、南アルプスの山は崩壊が著しく、今では通行できなくなっている林道も多い。リニア新幹線の工事が絡む沢の周囲には、新たに工事用の道や堰堤がつくられている。

中央アルプス

主な河川は、西側を発する水脈は木曽川の支流になり、東側を発した水脈は天竜川の支流となっている。山域が3つのなかではいちばん小さく、主脈の山は3000m未満だが、平坦な伊那谷から立ち上がる中央アルプスの沢は短いのが特徴で、短い区間に連なっているところが多い。近年の大雨で、多くの沢がダメージを受けているようだ。

北アルプス

日本アルプスのなかでいちばん大きな山域で、多くの河川をつくっている。西側を発した水脈は神通川、常願寺川、早月川の支流となり、三俣蓮華岳の北側を中心とした中央から発した水脈は黒部川となり、東側から発する水脈は姫川、信濃川の支流となる。北アルプスの川はいずれも日本海に注ぐ。主脈の山は3000mを超え、山域が広い北アルプスの沢は、奥深い。中央・南アルプス同様に大雨の影響で、滝が丸ごとなくなるといったことも起きている。

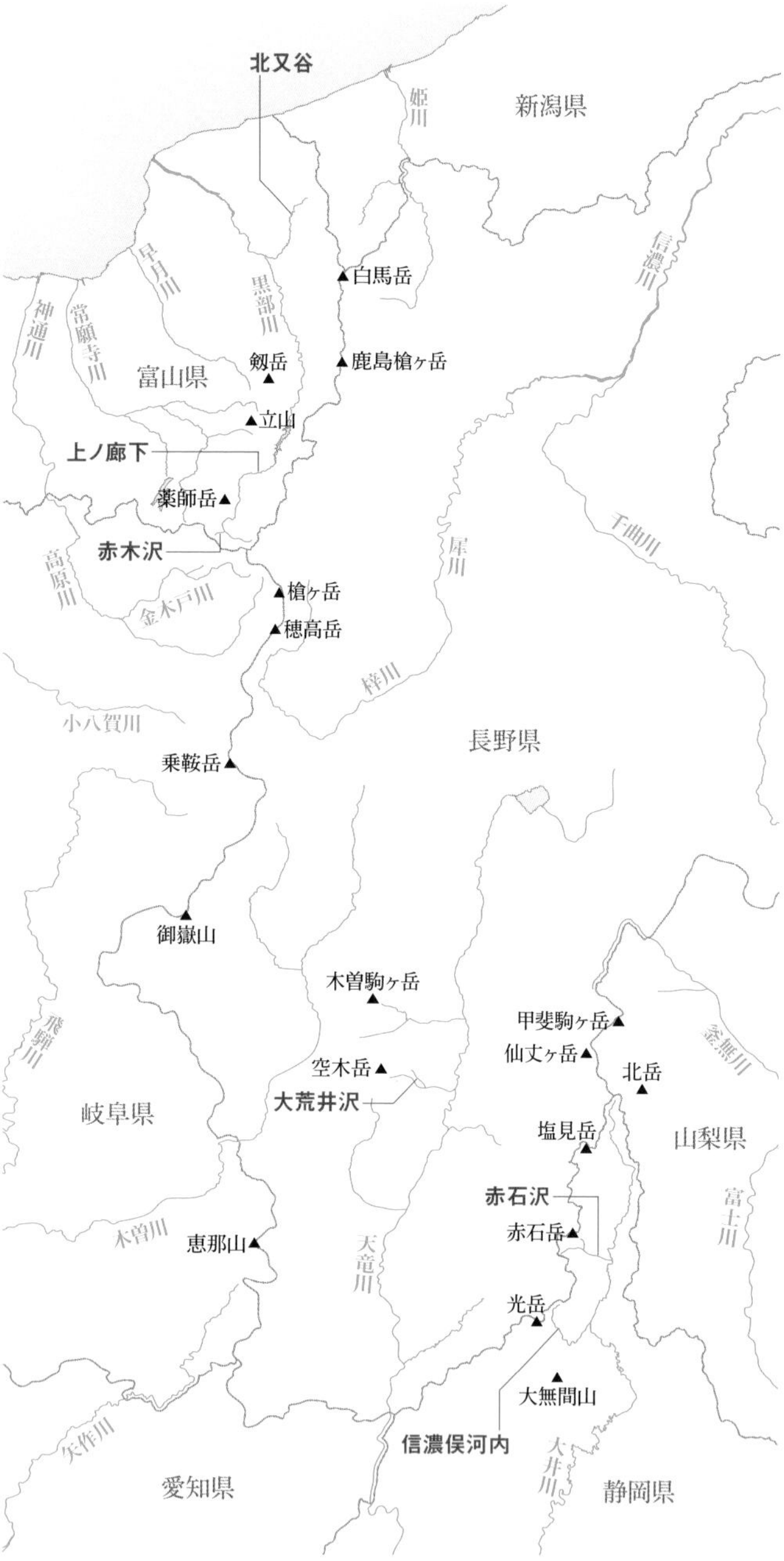

静岡県

南アルプス・大井川水系

赤石沢

下流部のハイライト、ニエ淵を左岸側から越える

総合グレード:4級

登攀	★★★
水勢	★★
泳ぎ	★
日程	前夜泊2泊3日
適期	7月下旬～9月下旬
地図	赤石岳、大沢岳

ラジオラリアの赤石が多いのが名前の由来。赤石沢へは椹島から入渓する。下流部のハイライトはニエ淵の通過だろう。北沢出合下には堰堤があり、そこから上流は水量が増える。X状に落ちる門ノ滝を右岸から越えると、岩の間を抜ける洞窟滝がある。大ゴルジュは右岸を高巻く。最後は百間洞をつめ上げ、赤石岳を経由して椹島に下る。

静岡県

南アルプス・大井川水系

信濃俣河内

下流部のゴルジュ帯は歩きやすい

総合グレード:3級

登攀	★★★
水勢	★★
泳ぎ	★
日程	前夜泊2泊3日
適期	7月下旬～9月下旬
地図	畑薙湖、池口岳、光岳、上河内岳

信濃俣河内へは林道信濃俣線から入渓するが、途中大崩れの場所がある。ヒルもいるので注意したい。下流部は広い河原歩き。かつては作業道が歩けたが、ほとんど廃道になった。西河内を過ぎるとゴルジュになるが、まだ歩きやすい。本格的にゴルジュが始まるのは中俣沢と小沢分岐を過ぎてから。最後は仁田岳手前の登山道につめ上がる。

長野県

中央アルプス・天竜川水系

大荒井沢

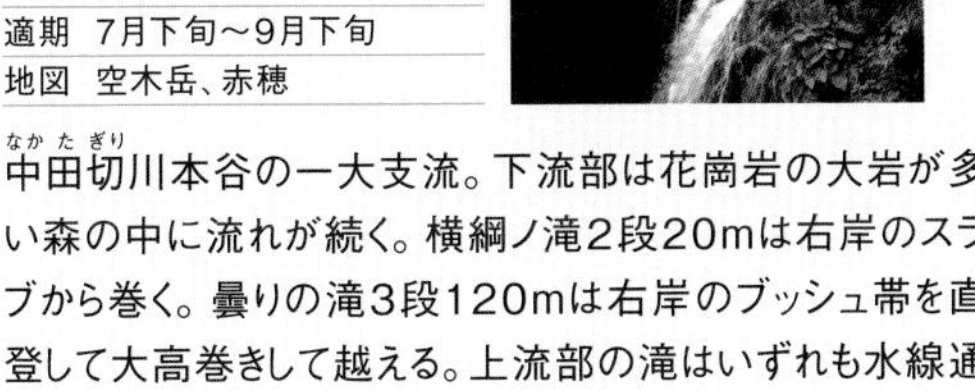

曇りの滝は3段120m

総合グレード:3級

登攀	★★
水勢	★★
泳ぎ	なし
日程	前夜泊1泊2日
適期	7月下旬～9月下旬
地図	空木岳、赤穂

中田切川本谷の一大支流。下流部は花崗岩の大岩が多い森の中に流れが続く。横綱ノ滝2段20mは右岸のスラブから巻く。曇りの滝3段120mは右岸のブッシュ帯を直登して大高巻きして越える。上流部の滝はいずれも水線通しに直登することが可能だ。上流部は草原になりお花畑が広がる。空木小屋から登山道で空木岳へ登る。

富山県

北アルプス・黒部川水系

上ノ廊下

上ノ黒ビンガ付近を徒渉する

総合グレード:4級

登攀	★
水勢	★★★★
泳ぎ	★★★★
日程	前夜泊3泊4日（予備日は多めに）
適期	8月上旬～9月下旬
地図	黒部湖、立山、薬師岳、烏帽子岳

黒部川の上流にある黒部ダム以奥は上ノ廊下と呼ばれている。上ノ廊下は東沢谷分岐から始まり、大東新道が現われる付近で終わる。流程には滝らしい滝がなく、河原とゴルジュを繰り返す。水量によっては遡行が困難になることもある。薬師岳を中心に立ち上がる壁は下ノ黒ビンガ、上ノ黒ビンガと呼ばれ、圧巻である。

富山県

北アルプス・黒部川水系

赤木沢

明るく開けた谷には階段状の滝が多い

総合グレード:3級

登攀	★★
水勢	★★★
泳ぎ	★
日程	前夜泊2泊3日
適期	8月上旬～9月下旬
地図	薬師岳、三俣蓮華岳

黒部川の源流部にある支流で、赤木岳につめ上げる。東側に開けた沢は全体的に明るい。赤い岩盤が階段状に続く滝が多く、その美しい流れの中を直登できる。巻きのある滝は2つあるが、いずれも簡単に巻くことができる。推奨コースは、折立から入山し、薬師沢小屋に1泊し、赤木沢をつめた後、北ノ俣岳を経由して太郎平小屋に1泊。

富山県

北アルプス・黒部川水系

北又谷

三階ノ滝は右岸側の壁から

総合グレード:5級

登攀	★★★
水勢	★★★★
泳ぎ	★★★★
日程	前夜泊3泊4日
適期	8月上旬～9月下旬
地図	舟見、小川温泉、親不知

黒部川の支流・黒薙川は上流で柳又谷と北又谷に分かれる。北又谷は栂海新道の犬ヶ岳につめ上がる。この地方では谷のことを「タン・ダン」と発音する。入渓方法はさまざまだが、下流部からなら、越道峠から初雪山に続く登山道の途中から入渓するのがいいだろう。ゴルジュと滝の連続する北又谷は、最後まで気が抜けない遡行が続く。

西日本

重畳たる山並みのなかに個性豊かな谷がきらめく

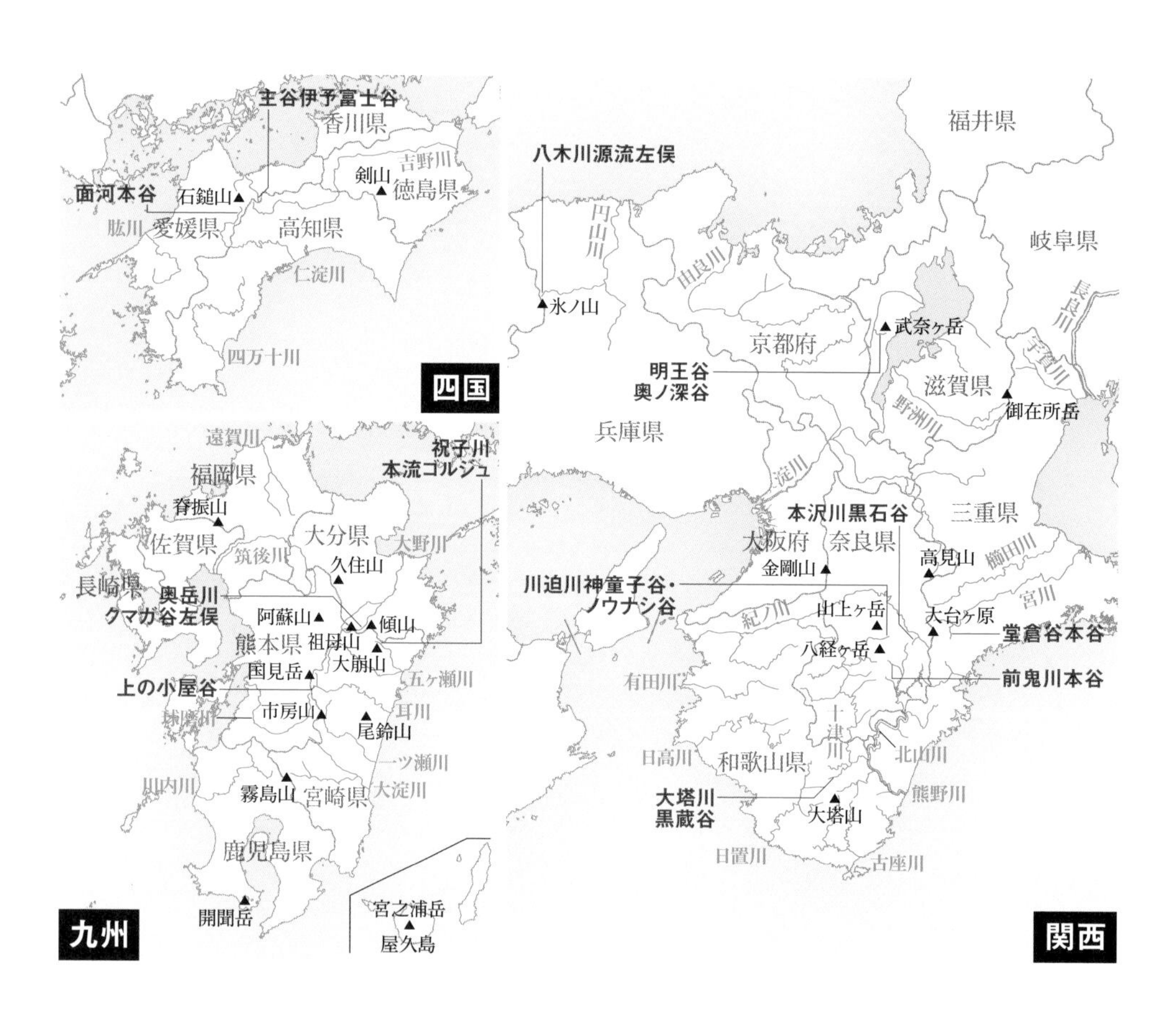

関西、中・四国、九州のどのエリアでも、内陸部には標高1000〜2000mの重畳たる山並みを連ねる。標高の高低にかかわらず深い谷や遡行価値の高い優れた谷が数多く存在し、「山高きがゆえに貴からず」といえる。温暖な気候の恩恵で冬でも沢登りができるエリアもある。

大峰山脈

近畿の最高峰・八経ヶ岳を頂点に1200m以上の名のある山だけでも50座を数える雄大な山脈で、水源には優れた渓谷が数多くある。白川又川、池郷川、芦廼瀬川、それに立合川は本流遡行の醍醐味を満喫できる谷として中・上級者に人気。

台高山脈

紀伊半島の東部に位置する山脈で奈良と三重の県境をなし、地形は複雑多岐にわたり、多くの谷々を形成している。日本有数の多雨地帯で水量豊富な豪快な谷が多い。北東面には宮川堂倉谷や大杉谷の支流群、南東面には銚子川岩井谷など一筋縄ではいかない谷も。

南紀

果無山脈以南の山域を指し、1222mの大塔山を中心に900m前後の山々が連なる。標高は低いが谷筋の浸食の深さや傾斜の強さで、他に類を見ない特異な地形をつくる。

四国

高速道路の開通で関西からもずいぶん近くなった。石鎚山系は盟主の石鎚山を中心に、南面に吉野川と仁淀川水系の渓谷を擁し、北面は水量豊富で急峻な谷が多い。赤石山系は主稜線を分水嶺として、南面は瀬場谷、床鍋谷などの初級〜中級の谷がそろい、北面は険しい谷が多い。

九州

短いが急峻で登攀的な谷が多い。代表的なエリアは祖母・傾・大崩山、尾鈴山など九州山地の山々に集中する。なかでも大崩山の花崗岩と清流がつくりだす渓谷美は一級品。九州北部の脊振山地、南部の大隅半島にもおもしろい谷がある。屋久島は島自体が花崗岩の塊で渓相は独特。深く険しい谷が多く上級者向け。

写真・文／P156吉岡 章、片山 昂、P157〜158吉岡 章、上仲昭子、片山 昂

奈良県

台高山脈・吉野川水系

本沢川黒石谷

豪快な明神滝25mが飛沫を上げる

総合グレード:**2級上**

登攀	★★
水勢	★★
泳ぎ	★
日程	1泊2日
適期	5月上旬～10月下旬
地図	大台ヶ原山

本沢川流域は名渓や名瀑が多いが、特にすすめたい流域最長の谷だ。明神滝25m・扇滝15m・霞滝45mなどの名瀑を越えていくと菅平谷との二俣に着く。左俣の奥黒石谷に進むときれいな小滝とナメが中心になるが、鬼滝2段20mがスパイスになっている。深い谷中に名瀑と美しい渓相が織りなす絶景は内容も豊富。（上仲昭子）

滋賀県

比良山地・安曇川水系

明王谷奥ノ深谷

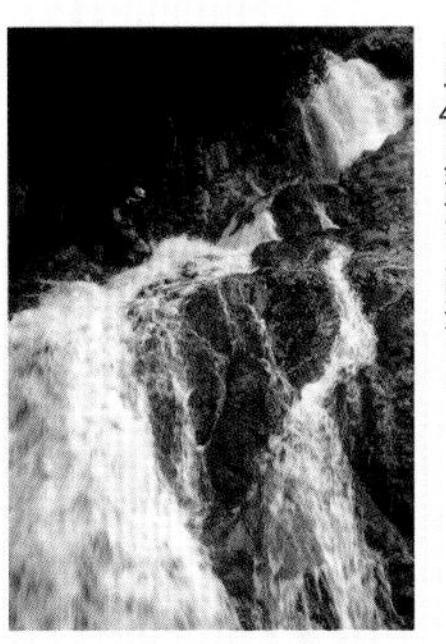
4段40m斜滝を直登する

総合グレード:**2級**

登攀	★★
水勢	★★
泳ぎ	★★
日程	日帰り
適期	4月下旬～11月上旬
地図	花背、比良山

日本百名谷にも選ばれている奥ノ深谷は別名「十九ノ滝」と呼ばれる。距離は短いが、4段40mをはじめいくつもの美瀑と淵を連続させ、へつり、泳ぎ、小滝登り、巻きと変化に富んでいる。巻き道もしっかりしたものがほとんどなので、巻くも登るもパーティの力量に合わせられる。下山も整備された登山道と林道で快適である。（上仲昭子）

奈良県

台高山脈・宮川水系

堂倉谷本谷

光り輝く堂倉滝が迎えてくれる

総合グレード:**2級上**

登攀	★★★
水勢	★★
泳ぎ	★★
日程	前夜発1泊2日
適期	5月中旬～10月中旬
地図	大杉峡谷、大台ヶ原山、河合

大杉谷の本谷にあたり、奥七ツ釜をはじめ滝と釜が連続する豪壮な谷。特に前半は豊富な水量で谷が深く削られ、滝と釜のオンパレードだ。中ほどはビバーク適地もあり、傾斜が増す後半は、連瀑帯をなし滝の直登が楽しめる。滝によっては、ロープを出す。本谷以外にも遡行価値のある支流が幾本もあり、沢登りの楽しさがそろう。（上仲昭子）

奈良県

大峰山脈・北山川水系

前鬼川本谷

前鬼ブルーの釜をもつ2段10m滝

総合グレード:**1級上**

登攀	★
水勢	★★
泳ぎ	★★
日程	前夜発日帰り
適期	4月下旬～10月下旬
地図	釈迦ヶ岳

不動七重ノ滝で有名な前鬼川だが、一般的な遡行対象は黒谷出合からを指し、真夏ともなると多くの遡行者でにぎわう谷。魅力はなんといっても前鬼ブルーと呼ばれる神秘的な青い水と白い岩とのコントラストで、ほかにも10m滝、谷幅いっぱいの美しいナメ、箱状廊下など魅力満載。10m滝上の徒渉は流されないように注意する。（上仲昭子）

和歌山県

南紀・熊野川水系

大塔川黒蔵谷

キラキラ輝く下ノ廊下を泳いでいく

総合グレード:**3級**

登攀	★★★
水勢	★★
泳ぎ	★★★
日程	前夜発1泊2日
適期	6月上旬～9月下旬
地図	皆地

名前から凄まじい谷を想像するが、神秘的で美しい。鮎返しの滝を越え、下ノ廊下から中ノ廊下、上ノ廊下へと抜けきるには発達した側壁の中をたっぷり泳がされるが、悲壮感はなく、壁と緑とエメラルドグリーンのキラキラ輝くなかを気持ちよく泳いでいける。中ほどに出てくる黒蔵滝34mも見応えがある。真夏におすすめの谷。（上仲昭子）

奈良県

大峰山脈・十津川水系

川迫川神童子谷・ノウナシ谷

緑と岩壁に囲まれたノウナシ滝35m

総合グレード:**2級**

登攀	★★
水勢	★
泳ぎ	★
日程	1泊2日
適期	5月上旬～11月上旬
地図	弥山

植生豊かで水の色も美しく、釜滝で左俣の犬取谷と右俣のノウナシ谷の2つの流れが合わさり、深い緑色の釜が神秘的な美しさを醸し出す。右俣のノウナシ谷を進み、ノウナシ滝、千手滝、馬頭滝、地蔵滝と4つの名のある滝を越えたあとは最高のビバーク地で泊まる。2日目、谷をつめ上がったら、大峯奥駈道の縦走も少し味わえる。（上仲昭子）

大分県

祖母・傾山系・大野川水系

奥岳川(おくだけ)クマガ谷左俣

総合グレード:2級上

登攀	★★★
水勢	★
泳ぎ	なし
日程	日帰り
適期	4月上旬〜10月下旬
地図	見立、小原

長いゴーロのあとに現われる最初の大滝

短い遡行距離のなかに多様な形状の滝が連続する。登攀に慣れた人なら、ほとんどの滝が直登可能で、シャワークライミングを存分に楽しめる。登るにつれ、岩質、植生がめまぐるしく変化するこの谷は、祖母・傾山系の自然を凝縮している。下山は本谷山から尾平越(おびらごえ)への縦走路を使う。この縦走路の景色もまたすばらしい。　(片山 昂)

兵庫県

中国東部山地・円山川水系

八木川(やぎ)源流 左俣

豪快に落ちる不動滝30mは、右岸を高巻く

総合グレード:2級

登攀	★★(★)
水勢	★
泳ぎ	なし
日程	前夜発日帰り
適期	5月下旬〜11月中旬
地図	氷ノ山

氷ノ山(ひょうせん)から流れ出る急峻な谷で、氷ノ山越の登山道を挟み大滝を懸ける2つの谷に分かれる。不動滝のある左俣は、前半部分は豪快な滝を連続させ、登攀力のあるパーティなら直登するのもよい。巻き道は滑りやすく注意が必要。穏やかな渓相の中間部を過ぎると後半も2段40mなどいくつかの大きな滝を越え、氷ノ山へとつめ上がる。　(上仲昭子)

宮崎県

大崩山系・五ヶ瀬川水系

祝子川(ほうり)本流ゴルジュ

総合グレード:3級

登攀	★★
水勢	★★
泳ぎ	★★★
日程	日帰り
適期	5月上旬〜10月上旬
地図	祝子川、木浦鉱山

深い淵の先は幅30cmのゴルジュ最狭部

美渓が集まる大崩山群のなかでも特に人気なのが祝子川。巨大な花崗岩スラブに挟まれた深いゴルジュは最狭部約30cm。ステミングを駆使して通過する。美しい淵を泳ぎ、迷路のような巨石群に四苦八苦。思わず童心に帰ること請け合いだ。しかし、ゴルジュの突破には相応の技術を要する。増水のスピードも速いので注意。　(片山 昂)

愛媛県

石鎚山系・仁淀川水系

面河(おもご)本谷

白い岩肌が美しいナメ床

総合グレード:2級下

登攀	★
水勢	★
泳ぎ	★
日程	前夜発日帰り
適期	4月中旬〜11月上旬
地図	面河渓、石鎚山、筒上山

石鎚山南面に突き上げるこの谷は、御来光(ごらいこう)ノ滝があることでも知られており、明るいブルーの水面と真っ白な岩のコンビネーションがよい。川幅いっぱいに広がるナメも美しく、御来光ノ滝が最高のフィナーレ。右岸にある巻き道から登山道へ出て、そのまま下山できる。巻き道途中から中沢へ転進して南尖峰(なんせんぽう)をめざすと登攀も楽しめる。　(上仲昭子)

宮崎県

向霧立山地・耳川水系

上の小屋谷(かみのこや)

明るいゴルジュが延々と続く

総合グレード:2級上

登攀	★★
水勢	★★
泳ぎ	★★
日程	前夜発1泊2日
適期	4月下旬〜10月下旬
地図	国見岳

九州脊梁の主峰・国見岳(くにみ)に突き上げる名渓。沢中1泊を要す。ゴルジュ主体だが側壁は低く、渓相は明るくやさしい。日差しに照らされ美しく輝く釜や淵は絶品。水量は多く、随所に泳ぎやへつりを交えながらの遡行となる。特別に難しい箇所はないが、落ちると危険な急流のへつりは慎重に。下山は雷(かみなり)坂経由で3〜4時間ほど。　(片山 昂)

愛媛県

石鎚山系 加茂川水系 谷川

主谷(おもたに) 伊予富士谷(いよふじ)

総合グレード:2級上

登攀	★★★
水勢	★★
泳ぎ	★★
日程	前夜発1泊2日
適期	4月中旬〜11月上旬
地図	瓶ヶ森、日ノ浦

東黒森西沢出合に懸かる35mの滝

本流である主谷と中流域で分かれて、伊予富士へとダイレクトに突き上げる谷。両岸の嵓が発達したなかに、突破困難なゴルジュや滝、釜を有し、遡行は一筋縄ではいかない厳しさをもつ。核心部は主谷出合から東黒森東沢出合までで、ゴルジュに詰まった滝場の高巻き、登攀はルートのとり方により遡行時間が大幅に違ってくる。　(吉岡 章)

海外の沢

世界各地の谷を楽しむ

日本という限られたエリアを離れて世界に目を向けてみよう。ヒマラヤ、アンデスの高峰の下にも未記録のすばらしい谷があるし、台湾の3000m級の高山の渓谷は日本の先鋭的沢ヤの羨望の的である。隣国の韓国の花崗岩のスラブ、ナメ滝もすばらしい。

各国にはそれぞれの登山規則があり、疫病、虫、蛇など害をなすものがいるかもしれない。海外用の登山保険への加入は必須である。海外の谷に憧れる人は充分に下調べをして行くべきであり、それができる人にのみ可能な世界であることを肝に銘じてほしい。

比較的に入渓しやすいニュージーランドを紹介する。

ニュージーランド

この国はキャニオニングと渓流釣りが盛んなので谷に入りやすい。南島の西部は「毎日が雨」といわれるぐらいに多雨で、苔の絨毯に覆われた森林や渓谷は神秘的な美しさを見せてくれる。樹林限界は1200mと北海道並みである。交通の便を考えるとクライストチャーチからバスや鉄道の便があるアーサーズ・パス国立公園がよいが、カフランギ国立公園やマウント・アスパイアリング国立公園にも優れた谷が多くある。

注意点

①入国に際して肉、乳製品などは持ち込み禁止。また靴の泥、テントのゴミもチェックされる。

②ディディーモという悪質な外来藻類の繁殖を防止するためにフェルトの靴は厳禁なので、ラバーソールで行くこと。

③サンドフライ（ブユ）が多いので虫よけの薬は必携で、幕営にタープは不可。

④流れは清浄に見えるが、牧場のヒツジの糞尿で汚染されている恐れがあるので煮沸して利用すること。

■アーサーズ・パス国立公園の沢

キャンプ場、ロッジがあるので、そこをベースに日帰りで大滝まで往復できるアバーランチ・クリークがおすすめ。ビジターセンターの横から入渓すると急峻な連瀑の先にワイドな100m滝がある。さらに大滝の上にもルンゼの中に幾多の滝を懸けている。50mロープは必携。

■カフランギ国立公園の沢

モツエカ川の源流にあるスキート川支流モーラン・クリークは苔むした自然に囲まれ、源流にある湖がすばらしい。国立公園東端のアーサーレンジにあり入りやすい。バートン渓谷との分岐からスキート川に入渓、湖の下の大滝は右岸から巻く。

下山は二俣から左岸のヤブを尾根に登り、登山道を利用する。4日必要。

アバーランチ・クリークの連瀑

New Zealand
オークランド
ルアペフ山 2797m
モーラン・クリーク
カフランギ国立公園
ウェリントン
アバーランチ・クリーク
アーサーズ・パス国立公園
アオラキ／クック山 3724m
クライストチャーチ
マウント・アスパイアリング国立公園
クイーンズタウン

モーラン・クリーク源流の湖

編集	山と溪谷社 山岳図書出版部
編集・執筆	西野淑子
	吉澤英晃
写真	宇佐美博之
	小山幸彦（STUH）
写真協力	オーセンティックジャパン
	キャラバン
	ファイントラック
	モンベル
	ミゾー
	ユニバーサルトレーディング
	ヨシキ&P2
カバーイラスト協力	モンベル
カバーイラスト	東海林巨樹
本文イラスト	眞木孝輔（gaimgraphics）
ブック・デザイン	赤松由香里（MdN Design）
デザイン	吉田直人
本文DTP	ベイス
地図製作	アトリエ・プラン
校正	戸羽一郎

監修

後藤真一［ごとう・しんいち］

表丹沢遭対協救助隊。マウントファーム登山学校主宰。学生時代より登山を始め、クライミング、沢登り、非一般登山道踏査、雪山など2500日以上を山で過ごす。著書に『丹沢の谷200ルート』（山と溪谷社）がある。

吉野時男［よしの・ときお］

1974年、千葉県生まれ。登山用品店「ヨシキ&P2」勤務。登山のジャンルで最初にはまったのが沢登り。多いときは一年で60〜70本の沢を遡行。山のさまざまなジャンルに精通し、一年中どこかの山を歩いている。

小林美智子［こばやし・みちこ］

国際山岳看護師取得、日本山岳ガイド協会認定登山ガイド。特定の病院に所属しないフリーの山岳看護師として、各地の山岳診療所に赴く。

写真・執筆協力

岩村和彦［いわむら・かずひこ］

北海道の沢に精通し、『北海道沢登りガイド』（北海道新聞社）など著書多数。沢の世界では「ganさん」が呼び名。

大西良治［おおにし・りょうじ］

溪谷冒険家、フリークライマー。国内外の難渓に赴き、沢登りやキャニオニングで数々の記録を残す。著書に『溪谷登攀』（山と溪谷社）。

片山 昂［かたやま・あきら］

日本山岳ガイド協会認定登山ガイド（くじゅうネイチャーガイドクラブ所属）。大分を拠点に活動するクライマー。

高桑信一［たかくわ・しんいち］

1949年、秋田県生まれ。文筆家、登山家。『狩猟に生きる男たち、女たち』（つり人社）など著書多数。茨城県在住。

丸山 剛［まるやま・つよし］

1962年生まれ。フィールドフォトグラファー。源流釣りに精通。著書に『日本尺名渓』『ひょいっと源流釣り』（つり人社）など。

宗像兵一［むなかた・ひょういち］

沢登り専門学校「渓友塾」主宰。一年の大半を沢登りに費やす。著書に『新版 東京起点 沢登りルート100』（山と溪谷社）。

茂木完治［もてぎ・かんじ］

1947年生まれ。日本山岳会会員。元大阪わらじの会、元海外溯行同人。大阪府在住。

吉岡 章［よしおか・あきら］

1950年生まれ。沢登り歴45年。『増補改訂 関西起点 沢登りルート100』（山と溪谷社）ほか著書多数。溯行同人渓游会所属。

ヤマケイ登山学校

沢登り

山と溪谷社 編

2021年7月25日　初版第1刷発行

発行人　川崎深雪

発行所　株式会社 山と溪谷社
〒101-0051
東京都千代田区神田神保町1丁目105番地
https://www.yamakei.co.jp/

印刷・製本　図書印刷株式会社

■乱丁・落丁のお問合せ先
山と溪谷社自動応答サービス ☎03-6837-5018
受付時間／10:00-12:00、13:00-17:30（土日、祝日を除く）

■内容に関するお問合せ先
山と溪谷社 ☎03-6744-1900（代表）

■書店・取次様からのお問合せ先
山と溪谷社受注センター
☎03-6744-1919　FAX 03-6744-1927

ISBN 978-4-635-04426-4

■参考文献

『ヤマケイ・テクニカルブック登山技術全書④ 沢登り』中村成勝・深瀬信夫・宗像兵一（山と溪谷社）、『ヤマケイ入門&ガイド 沢登り』手嶋 亨と童人トマの風（山と溪谷社）、『ヤマケイ登山学校 フリークライミング』北山 真・杉野 保（山と溪谷社）、『ヤマケイ登山学校 アルパインクライミング』保科雅則（山と溪谷社）、『ヤマケイ登山学校 山のリスクマネジメント』山と溪谷社編（山と溪谷社）、『山岳大全シリーズ別巻 実用 登山用語データブック』山と溪谷社編（山と溪谷社）、『改訂新版 サケマス・イワナのわかる本』井田 齊・奥山文弥（山と溪谷社）、『基礎から始める 渓流釣り入門』『つり情報』編集部編（日東書院）、『WILDERNESS FIRST AID GUIDE』（ウィルダネスメディカルアソシエイツジャパン）、『沢登り 入門とガイド』吉川栄一編（山と溪谷社）、『丹沢の谷200ルート』後藤真一（山と溪谷社）、『ヤマケイ登山学校 ロープワーク』水野隆信・阿部亮樹（山と溪谷社）、『アルパインクライミング教本』笹倉孝昭（山と溪谷社）、『持ち歩き きのこ見極め図鑑』大海 淳（大泉書店）、『ポケット図鑑 山菜』成美堂出版編集部編（成美堂出版）、『くらべてわかる きのこ』吹春俊光（山と溪谷社）